创新思维法学教材

商法学系列 总主编 赵万一

票据法学

Law of Negotiable Instruments

侯东德 ▸ 主编

WUHAN UNIVERSITY PRESS
武汉大学出版社

图书在版编目(CIP)数据

票据法学/侯东德主编.—武汉:武汉大学出版社,2010.7
创新思维法学教材·商法学系列/赵万一总主编
ISBN 978-7-307-07730-0

Ⅰ.票…　Ⅱ.侯…　Ⅲ.票据法—法的理论—中国—高等学校—教材
Ⅳ.D922.287.1

中国版本图书馆 CIP 数据核字(2010)第 077221 号

责任编辑:田红恩　　责任校对:黄添生　　版式设计:马　佳

出版发行:**武汉大学出版社**　(430072　武昌　珞珈山)
(电子邮件:cbs22@whu.edu.cn　网址:www.wdp.com.cn)
印刷:武汉中科兴业印务有限公司
开本:720×1000　1/16　印张:20.75　字数:368 千字　插页:2
版次:2010 年 7 月第 1 版　2010 年 7 月第 1 次印刷
ISBN 978-7-307-07730-0/D·997　定价:26.00 元

《票据法学》作者简介

侯东德，男，1973年10月出生，四川绵阳人，西南政法大学民商法学博士，中央财经大学工商管理博士后。

现任西南政法大学副教授、硕士生导师，兼任律师、高级经济师、四川省评标专家。

出版学术专著《股东权的契约解释》1部。在《人民日报》(理论版)、《法制日报》、《管理世界》、《现代法学》等权威报刊上发表学术论文数篇；在全国中文核心期刊及CSSCI来源期刊上发表学术论文近20篇。

主持省级研究项目1项，主研国家社会科学基金重大项目A级项目1项、省部级项目4项。

商法学系列教材总序

商法学是一个应用性和实践性都非常强的法律部门，也是中国改革开放三十年来所有的法学领域中发展最为迅速的一个学科。导致中国商法学快速发展的首要原因在于商法是与市场经济联系最为密切的法学领域，其调整内容直接契合了中国经济发展的需要。而中国经济的高速发展特别是中国市场经济体制的逐步完善，则为中国的商事立法和商法学研究留下了广阔的发展空间。另一原因则在于中国既有的商事立法相当不完善，商法学研究起步得也比较晚。甚至可以说中国改革开放三十年的商事立法和商法学研究基本上是在一张白纸上绘就而成。也正是基于以上原因，中国的商法学研究表现出明显的中国特色。这种中国特色主要表现在两个方面：一是中国的商法学研究和中国的商事立法基本上是同步进行的。不断进步的商法学理论为中国的商事立法发挥了智囊和参谋的作用。按照马克思主义的观点，法律规范来源于社会经济生活的实际需要，是不断重复的市场交易行为上升为法律的表现。市场经济的制度架构主要是通过商法来完成的，因此我们通常所说的市场经济就是法治经济，在很大程度上就是针对商法而言的。换句话说，市场经济的基本内容、基本规则及基本运作方式翻译成法律语言就变成了商事法律。因此在计划经济条件下不可能产生发达的商法制度；而中国市场经济体制的建立和经济活动的繁荣，必然导致商事立法的大量出现，从而影响到商法学研究的繁荣。从另一方面说，法律的制定并不是统治者的恣意妄为，而是人类基于社会经济发展的需要而通过理性思维的结晶。人们对市场经济发展规律认识水平的高低，决定了人们利用法律手段调控社会经济关系能力的强弱。没有罗马法学研究的复兴和深厚的理论积淀就不可能出现《法国民法典》和《德国民法典》；同样，没有中国商法学研究的空前繁荣，也就不可能有中国商事立法水平的不断提高和商事立法体系的不断完善。中国特色的第二个表现在于，无论是中国的商事立法，还是中国的商法学研究，都是采取兼收并蓄的发展路径，既恪守了大陆法国家的法典化立法模式和概念法学的表述传统，同时又适当借鉴了英美法国家实践优于理论、良善优于法律的理念和判例化的思维模式。其结果使中国的商事立法和商法学研究呈现出综合、繁杂和非典型性的发展模式，以大陆法为体，以英美法为用的中国式商法体系初露端倪。另一方面，由于受对中国立法和法学研究影响深远的经济法思潮的冲击和中国根深蒂固的民商法合一观念的浸染，中国商法的体系构架一直没有完成，研究边界一直没有厘清。这不能说不是中国商法学研究软肋之所在。我们稍感庆幸的是，就各国商法学的具体研究内容和研究现状来看，与民法学的逻辑谨严、体系严密、结构封闭不同，无论是英美法国家还是大陆法国家，商法学的体系大多呈现出体系松散，内容差异性较大，结构不封闭等诸多特点。当然，从某种意义上说，商法学研究内容的不确定性和体系结构的不完整性反倒使商法学的研究少了些条框的限制和束缚，从而为研究者提供了充分的发挥空间。

相对于其他法律部门而言，由于商法的内容并不是对商事活动的简单理论概括和抽象，而是对典型市场交易行为的具体认知和回应，因而商法规范必然具有很强的技术性。并且这些技术性规范含义确定、概念晦涩，既很难用常识加以判断，也不能简单地凭伦理规则就能判断其行为指向。要想有效把握这些技术性规范，只有借助于充分了解具体商法制度和商法规范赖以产生和存续的社会经济土壤，惟有如此我们才能真正明了这些商法规范的设计理念和制度价值。对此，法国著名社会学家涂尔干曾精辟指出："要想深刻地理解一种规矩或一种制度，一种法律准则或一种道德准则，就必须尽可能地揭示出它的最初起源；因为在其现实和过去之间，存在着密不可分的关联。毋庸置疑，由于这些规矩、制度或准则的运作方式已经发生了转变，所以从原则上讲，它们所依据的原因本身也会发生变化；但是这些转化仍然有赖于它们的发端。"①

为了更好地了解外国的现代商法制度，并对中国的商事立法和商法学研究有所裨益，我们编辑出版了这套商法学系列教材。其目的，一方面在于总结中国的既有立法实践，发掘中国社会实践对商法的需求内容，并推动国家把经过市场经济验证行之有效的习惯和制度上升为商法规范。另一方面则是要充分借鉴外国的市场经济法制建设成功经验，利用其他国家比较成熟的现代商法制度促进我国市场经济体系的尽快完成。我们一直认为，任何国家的现代化包括法治的现代化都应当是一个与国外先进文化的双向互动过程。外国先进文化作为人类社会文明的结晶无疑应为我国所移植和借鉴，但在对外国先进文化包括法

① ［法］爱弥尔·涂尔干《乱伦禁忌及其起源》，汲喆、付德银、渠东译，上海人民出版社 2003 年版，第 3 页。

律文化的吸收和引进过程中，我们不能一味地全盘否定传统的存在价值。因为外国的法律制度只有与中国文化、传统和习惯相结合，才能真正发挥其实际效用；也只有实现中国社会经济现实和传统文化与外国先进的法律制度和法律理念的有机融合，才能使我们制定出的法律更加适合中国的实际需要，也才能更好地发挥法律对社会经济发展的促进作用。

是为序。

赵万一

2009 年 7 月 28 日于重庆

前　言

票据法是调整市场经济关系的基本法律之一，我国社会主义市场经济建设需要掌握大量票据法基本理论的高端法律、金融人才。有鉴于此，我们编写了这本《票据法学》，作为创新思维法学教材商法学系列中的一种，以培养学生法学思维和实践能力。本教材不仅讲授票据法基本理论和制度，而且更重要的是讲授票据法的学习方法。其主要有以下特色：

学习指导：本教材以“了解”、“熟悉”和“掌握”对学习内容进行分类。要求了解的内容属于与基本理论和制度相关的延伸知识，学生如有兴趣，了解即可，老师可有选择性地讲授。要求熟悉的内容属于票据法学的一般知识，需要学生达到基本理解并知晓的程度。要求掌握的内容属于票据法学的重点内容，需要学生达到理解并能够运用基本理论和制度解决实际问题的程度。

理论讲授：本教材理论讲授围绕着培养学生理论思考和实践动手能力的目标，注重理论联系实际，结合我国现行票据法律法规，并以丰富的实例，对票据法的基本理论、基本制度和基本规则进行了系统阐述。对学界有争议的问题，在参考大量票据法学著作的基础上，采用学界通说。

参考习题：本教材每章后附有习题，并附有答案和考点，以供学生练习之用。这些习题有编者自行编写的习题，也有历年司法考试的真题。学生可以根据自身需要进行练习，以巩固已掌握的票据法基本理论和制度。

案例选读：为了培养学生的法学思维和实践能力，增强学生理论联系实际、以理论解决实际法律问题的能力，本教材精选了一批司法实践中的真实案例附在每章之后。学生可以在学习完理论讲授部分之后，选取部分案例来阅读和分析。老师可以选择部分案例为学生进行讲授，也可以组织学生进行案例讨论。

本教材分总论和分论上下编，共10章。从准备资料、收集案例、撰写书稿到修改定稿，本教材的编写历时一年多时间，其中，付强、宋修卫、张宝婷、马飞、付儆、吴进锋、王春洋、张军、熊雄等参加了本教材的部分工作，感谢他们对本教材所作的贡献。

由于编者才疏学浅，书中难免有不当及错误之处，敬请读者批评指正。

侯东德

2010年1月于重庆

目　录

下编 票据法分论

上编　票据法总论

第一章　票据法基础

【学习指导】

这一章是关于票据法的基础知识，是学习后面内容的基础。要求掌握票据的概念、票据的种类、票据的性质、票据法的概念和特征，熟悉票据的特征、票据的功能、票据法的性质，了解我国票据法发展的历史。

第一节　票据的概念和特征

一、票据的概念

票据的概念和票据法立法体系密切相关，我国《票据法》所称的票据是指汇票、本票和支票。汇票是出票人签发的，委托付款人在见票时或者在指定日期无条件支付确定的金额给收款人或者持票人的票据；本票是出票人签发的，承诺自己在见票时无条件支付确定的金额给收款人或者持票人的票据；支票是出票人签发的，委托办理支票存款业务的银行或者其他金融机构在见票时无条件支付确定的金额给收款人或者持票人的票据。由此可见，我国《票据法》不但对票据种类进行了严格的限制，而且对每种票据都进行了严谨的定义。这和我们日常生活中使用票据来泛指一切体现民商事权利或者具有财产价值的书面凭证（如汇票、本票、支票、股票、债券、国库券、提单、仓单、发票、会计凭证等）的用法大为不同。票据法中的票据概念只能严格按照票据法的规定来使用。

尽管我国《票据法》没有采用概括主义从本质上对票据加以定义，而是对票据种类进行了列举，并分别定义了汇票、本票和支票的概念，但是这并不影响学者们从学理上对票据概念进行一般概括，抽象出一个统一定义。出于票据法理论研究的必要，也为了促进票据法发展，对票据概括一个抽象的统一定义是非常必要的。有学者认为，票据是发票人依法发行的，由自己无条件支付或委托他人无条件支付一定金额的有价证券。① 有学者认为票据是指由出票人签发的，委托付款人或者由出票人自身向收款人或持票人支付一定金额，并可依法流通转让的有价证券。② 由上可知，学者们对票据概念的概括大同小异，基本上都包括了票据的一些基本特征和性质，如票据的法定性、票据的金钱债权性、票据的有价证券性、支付命令的无条件性等。综合学者们的概括并结合我国《票据法》的规定，本书采用的票据的概念为：所谓票据，是指由出票人依照票据法签发的，委托他人或者承诺自己见票时或者在指定日期无条件支付确定的金额给收款人或者持票人的有价证券。出票人，又称为发票人，是依法签发票据并将票据交付给收款人的人。收款人，又称受款人，是指从出票人处接受票据并享有向付款人请求付款的权利的人。持票人，又称执票人，指所有持有票据的人。出票人、收款人皆为票据关系的基本当事人。

二、票据的特征

从各国票据法的规定来看，票据作为一种市场交易、经济贸易往来的重要工具，主要具有法定性、要式性、金钱债权性、支付命令的无条件性、有价证券性和付款日期的确定性等特征。通过票据的特征，可以更好地理解票据的概念。

（一）票据的法定性和要式性

票据法尽管属于私法，但是其强制性色彩浓厚。票据的法定性主要体现在：票据的种类必须依据票据法的规定确定，当事人不得签发票据法规定以外种类的票据；票据的出票、背书、承兑、保证等票据行为都必须严格按照票据法规定进行，否则，轻则票据行为无效，重则整个票据无效。票据的要式性，指票据的记载事项必须严格按照票据法的规定进行记载；票据的格式必须严格按照票据法的规定执行；票据行为方式必须符合票据法规定的方式。票据不按照票据法规定进行记载，格式不按照票据法规定执行，票据行为方式不符合票据法规定，则可能使记载事项无效、票据行为无效，更严重的还可能使整个票据无效。

（二）金钱债权性

支付功能是票据的基本功能之一，票据上记载的支付内容必须是一定的

---

① 谢怀栻著：《票据法概论》（增订版），法律出版社 2006 年版，第 16 页。
② 董安生主编：《票据法》（第二版），中国人民大学出版社 2006 年版，第 6 页。

金钱，票据的收款人或持票人只能向票据债务人请求支付一定的金钱。这表明票据上的权利是债权，而且是金钱债权。这和一般民事合同不一样。民事合同中的权利人请求义务人交付的不但可以是债权，而且可以是一切其他合法的民事权利，如物权、知识产权、劳务等。要实现权利人的金钱债权，实现票据的支付功能，该金钱债权必须是确定的金额。因此，各国票据法都将票据金额作为票据的绝对必要记载事项，不记载或不依法记载票据金额，则票据无效。

（三）支付命令的无条件性

对于收款人或者持票人而言，占有票据并不是目的，而是实现票据上记载的金钱债权。进而言之，为了促进票据的流通，票据基础关系和票据关系相分离的无因性原则基本成为各国票据法的通行原则。而无因性原则最直接的表现就在于票据上记载的支付命令的无条件性。不论是委托他人支付的汇票、支票或者是承诺自己支付的本票，出票人都不得在票据上记载支付的条件。在票据上记载支付条件的，所附条件无效。

（四）付款日期的确定性

作为一种支付工具，票据目的在于实现一定金钱的支付，因此，必须确定付款日期。付款日期可以采用见票即付、定日付款、出票后定期付款以及见票后定期付款等方式来确定。各国票据法一般都要求出票人清楚、明确地记载票据的付款日期。根据票据上确定的日期，可以将票据分为即期票据和远期票据。见票即付的票据为即期票据；定日付款、出票后定期付款以及见票后定期付款的票据皆为远期票据。当然，不论是即期票据或是远期票据，其付款日期都是确定的。

（五）票据的有价证券性

当事人将民事权利记载在文书上，行使权利必须出示该文书，这样的文书即为有价证券。有价证券最基本的特性在于权利与文书不可分离，行使权利以持有文书为必要条件。对于付款人或者持票人来说，持有票据并不是为了单纯占有或者收藏“票据”这张纸，而是为了实现这张纸上记载的权利，即请求票据债务人付款的权利。权利人行使票据权利必须向付款人或者承兑人提示票据，票据遗失或者毁损等都会导致权利人不能正常行使权利。由此可见，票据是有价证券，表现出有价证券的特性。

三、票据的种类

（一）票据法上的分类

我国《票据法》采用包括主义立法原则，① 将票据分为三类：汇票、本票和支票：

1. 汇票

汇票是出票人签发的，委托付款人在见票时或者在指定日期无条件支付确定的金额给收款人或者持票人的票据。汇票的基本当事人有出票人、收款人和付款人。

我国《票据法》规定的汇票又可以分为银行汇票和商业汇票。

2. 本票

本票是出票人签发的，承诺自己在见票时无条件支付确定的金额给收款人或者持票人的票据。本票的基本当事人有出票人和收款人，付款人即为出票人。

我国《票据法》规定的本票仅指银行本票。

3. 支票

支票是出票人签发的，委托办理支票存款业务的银行或者其他金融机构在见票时无条件支付确定的金额给收款人或者持票人的票据。支票的基本当事人有出票人、收款人和付款人，而付款人只能为办理支票存款业务的银行或者其他金融机构。

（二）学理上的分类

1. 自付票据和委托票据

以付款人是出票人本人还是他人为标准可将票据分为自付票据和委托票据。付款人为出票人本人的票据为自付票据。自付票据上记载的支付命令为出票人本人无条件付款的承诺，本票即为自付票据。付款人为出票人之外的他人的票据为委托票据。委托票据上记载的支付命令为由他人无条件付款的委托，汇票和支票即为委托票据。

2. 支付票据和信用票据

---

① 世界各国的票据立法原则大体可以分为两类：包括主义和分离主义。包括主义将汇票、本票和支票统一规定在票据法中；分离主义将汇票、本票规定在票据法中，而将支票单独规定在支票法中。

以票据的主要功能为标准可以将票据划分为支付票据和信用票据。通常而言，票据具有支付、汇兑、信用和融资的功能，而汇票、本票和支票在这四个功能中侧重点是不同的。以支付功能为其主要功能的票据是支付票据，如支票；以信用功能为其主要功能的票据为信用票据，如汇票和本票。

3. 即期票据和远期票据

根据票据的付款日期记载的不同，可以将票据分为即期票据和远期票据。如果票据上记载的是“见票即付”字样，表示持票人可以随时持票向付款人请求付款的票据则为即期票据。如果票据上记载的是定日付款、出票后定期付款以及见票后定期付款，表示持票人可以在将来确定的一个日期向付款人或承兑人请求付款的票据则为远期票据。付款日期为票据的相对必要记载事项，如果票据未记载付款日期的，法律视其为见票即付，该票据即为即期票据。

第二节 票据的性质和功能

一、票据的性质

票据的性质指票据在法律上区别于其他民商法律所规范的证券的基本属性。学者们一般认为票据具有设权证券、完全有价证券、金钱证券、文义证券、要式证券、无因证券、流通证券七个性质，分述如下：

（一）票据是设权证券

根据证券发行的目的，可以将证券分为设权证券和证权证券。设权证券是指证券的发行目的在于创设新的权利的证券。证权证券是指证券的发行目的不在于创设新的权利，而在于对已经存在的权利进行证明的证券。典型的证权证券如民法中的仓单和提单，其发行的目的在于证明已经存在的仓储合同和运送合同中的返还请求权；又如公司法中的股票，则证明已经存在的股东权利。对票据而言，票据权利的发生必须发行新的证券，至于为什么要发行票据，则属于票据的原因关系。原因关系的权利内容和票据权利是不一样的，票据权利是独立于原因关系中的权利而存在的，依据票据法而创设、行使和消灭。票据一经发行，即在票据基本当事人之间产生权利关系，收款人即取得票据权利。因此，票据为设权证券。

（二）票据是完全有价证券

根据证券权利的产生、转让、行使与对证券本身（有形的一张纸）占有的联系程度，可以将证券划分为完全有价证券和不完全有价证券。如果证券权利的产生、转让、行使都必须以占有证券为必要，此类证券即为完全有价证券。如果证券权利的产生、转让、行使不以占有证券为必要，此类证券即为不完全有价证券。对不完全有价证券，就算权利人离开对证券的占有，也可以行使证券权利，如仓单、提单。而票据权利的产生必须发行票据；收款人取得票据权利必须持有票据；持票人转让票据权利必须向受让人交付票据；持票人请求付款必须向付款人或承兑人提示票据。即票据权利的产生、转让和行使都离不开对票据的占有。因此，票据为完全有价证券。

（三）票据是金钱证券

从票据权利的内容上来看，票据是以一定金钱的给付为标的的证券。持票人享有的票据权利为向票据债务人请求支付票据金额的权利，而非物权、金钱以外的债权、社员权等。因此，票据为金钱证券。票据债权人只能就票据上所表示的票据金额行使请求权，票据债务人也必须严格按照证券所记载的票据金额为一定货币给付。①

（四）票据是文义证券

所谓文义证券，是指证券上的权利义务必须依据证券上记载的文字的含义（即文义）来确定，不得依据记载文字含义之外的事项或因素认定证券上的权利义务。为了保护善意第三人，为了促进流通，各国法律通常都严格规定票据的文义性，即票据上的权利义务的确定必须依据票据上记载的文义来确定，而不得以记载文义之外的事项来确定。如我国《票据法》规定，票据出票人制作票据，应当按照法定条件在票据上签章，并按照所记载的事项承担票据责任；其他票据债务人在票据上签章的，按照票据所记载的事项承担票据责任。由此可见，票据为文义证券。

（五）票据是要式证券

出票人签发票据，必须严格按照票据法规定的方式进行，如记载事项必须符合票据法规定，应当按照法定条件在票据上签章，向收款人交付票据等；持票人转让票据，必须严格按照票据法规定的方式进行，如依法背书、交付票据等；持票人行使票据权利，应当按照法定程序在票据上签章，并出示票据。简单地说，为保证票据行为有效，必须严格按照票据法规定的格式和方式实施票据行为。因此，票据为要式证券。违反票据法关于要式性的规定，轻则票据行为无效，重则整个票据无效。如我国《票据法》规定，汇票必须记载下列事

① 汤玉枢著：《票据法原理》，中国检察出版社 2004 年版，第 5 页。

项：表明“汇票”的字样、无条件支付的委托、确定的金额、付款人名称、收款人名称、出票日期、出票人签章，汇票上未记载上述七项事项之一的，汇票无效。

（六）票据是无因证券

根据证券上权利义务的确定与发行证券的原因之间的关系，可以将证券分为无因证券和要因证券。无因证券，是指证券上权利义务依据证券上记载的文义来确定，而与为什么要发行证券没有关系，发行证券的原因关系的有效与否都不会影响证券上的权利义务。要因证券，指证券上权利义务的确定不但与证券上记载的文义有关，而且与发行证券的原因直接相关，如果原因关系无效或者被撤销，将直接导致要因证券无效，如股票。为了促进票据的流通，保护善意第三人的利益，作为文义证券，票据上的权利义务是依据票据上记载的文义来确定，而与票据发行的原因没有直接的关系，票据发行的原因关系无效或被撤销，通常都不会影响票据的效力。因此，票据是无因证券。

票据的持票人行使票据权利，只须依法向票据债务人主张票据权利即可，无须向票据债务人讲明票据原因，更无须向票据债务人证明票据原因的正当性和合法性。凡在票据上签名的票据债务人，无论其原因是什么，均须对票据上所记载的事项负责，除持票人以欺诈、偷盗或者胁迫等手段取得票据或者出于恶意取得票据，票据债务人不得以自己与出票人或者与持票人的前手之间的抗辩事由，对抗持票人。

（七）票据是流通证券

流通证券，是指证券权利可以依照法律规定进行转让、交易的证券。票据作为一种金融工具，通常具有支付、汇兑、信用和融资的功能，而要实现这些功能，流通是票据的基本生命。为促进票据流通，各国法律通常都规定票据权利可以依法自由转让，而且为了方便票据权利的转让，对票据权利转让的格式和方式都进行了严格的规定。一般来说，票据权利可以采取背书并交付，或者以单纯交付的方式进行转让。由此可见，票据是流通证券。

二、票据的功能

票据功能指票据在商品交易、贸易往来、投资建设等经济活动中具有的经济职能。票据通常具有支付、汇兑、信用和融资的功能，分述如下：

（一）支付功能

支付功能是票据的基本功能，以票据代替现金作为支付工具，可以节约现金。在市场经济中，不论商品买卖、商品租赁、劳务给付、资金借贷，还是其他任何类型的市场交易都需要以一般等价物（即货币）进行支付，如果都以现金进行支付，遇到大额现金交易情形，不但笨重、不方便，而且容易发生危险，而票据不但具有代替货币的作用，而且具有便于支付、简化支付和安全支付的特点。因此，票据已经成为现代商业社会中不可缺少的支付工具。① 票据是流通证券，经背书转让，不断流通，而背书人对票据的付款负有担保责任，背书越多，担保力就越强，票据就更能代替货币，实现其支付功能。

（二）汇兑功能

古语有云："商之谓言章也，章其远近，度其有无，通四方之物，故谓之商。"言下之意，商品交易不仅仅限于同一个地方，异地交易、异地付款在商品交易中极其常见，特别是现代经济全球化，商品交易不但跨越一个国家的不同地区，而且跨越国界，在不同的国家和地区发生交易和款项的付受。如果都以现金进行支付，不但携带不方便，而且也容易发生危险。遇到大额现金的情形，就连运送现金的费用都不是小数，这必然增加当事人的交易成本，影响经济效益。因此，商品经济的发展需要一种简便、安全的异地付款工具来代替现金支付。各国早期票据制度正是基于这一需求而建立的。我国古人使用的"飞线"、"交子"，中世纪出现在意大利城邦国家间的"汇兑证书"正是为了解决上述金钱异地付款的困难，这是早期使用票据汇兑功能的主要例证。随着经济发展，结合现代银行等金融系统，票据的异地汇兑功能得到了长足发展。其中，汇票渐渐成为异地交易、异地支付金钱的最佳工具。举例说明：如位于上海的甲公司欲向地处北京的乙公司支付款项，甲公司可以将该款项缴纳给某银行上海分行，申请该银行发行汇票一张。该银行即签发汇票一张，委托地处北京的北京分行支付一定金额给收款人乙公司。甲公司取得汇票后，寄给乙公司。乙公司即可持有该汇票，前往该银行北京分行请求支付一定金额。

（三）信用功能

所谓信用功能，就是把出票人未来的支付能力提前到当前使用的功能。依据付款时间，票据可以分为即期票据和远期票据。远期票据具有信用的功能，它可以将出票人未来取得的资金转化为现在的支付能力。票据信用功能大大提高了当事人的交易能力，可以促进交易、繁荣经济。举例来说，甲向乙购买一批急需货物，但是甲现在没有资金，但在三个月之内，甲将会取得一笔资金。于是，乙向甲供应货物，甲向乙签发三个月到期的本票一张。三个月到期时，

① 董安生主编：《票据法》（第二版），中国人民大学出版社 2006 年版，第 10 页。

乙即可持票向甲请求付款，甲以取得的资金支付。甲就此获得了三个月的信用。当然，票据的信用功能，也要视一国的票据立法政策而定。在我国目前的票据法体系下，实际上票据的信用功能是受到严格限制的，《票据法》严禁当事人签发无可靠资金关系的票据。而世界各发达国家的票据法却是非常重视发挥票据的信用功能的。

（四）融资功能

融资功能，是指以未到期的票据融通资金的功能。对于远期票据来说，持票人要实现票据权利、取得票据金额，必须要等到票据到期之后才能向票据债务人请求支付票据上所载的金额。票据到期之前，如果票据持有人需要使用现金，利用票据的融资功能，持票人可通过背书转让票据以取得现金。在现代社会，票据的融资功能主要是通过向银行申请贴现实现的。根据我国《支付结算办法》规定，持票人需要现金，可以持未到期的商业汇票向银行申请贴现。持票人在商业汇票上背书并交付给银行，银行按票据金额扣除贴现日至票据到期前1日的利息后的贴现金额支付给持票人。贴现银行可持未到期的商业汇票向其他银行转贴现，也可向中国人民银行申请再贴现。

第三节　票据法的概念、性质和特征

一、票据法的概念

票据法是有关票据的法律规范，在法学理论上有广义票据法和狭义票据法之分。广义的票据法是一切有关票据的法律规范的总称，除包括狭义的票据法之外，还包括民法、刑法、行政法等其他法律法规中有关票据的具体规范。如民法中民事行为、代理等的规定，刑法中伪造有价证券罪的规定等。狭义的票据法是调整票据关系及票据法上的非票据关系的法律规范的总称。狭义的票据法又可分为形式意义上的票据法和实质意义上的票据法。形式意义上的票据法是票据法法典，如《中华人民共和国票据法》，实质意义上的票据法不但包括票据法法典，还包括其他调整票据关系和票据法上的非票据关系的法律规范，如票据法实施细则、银行支付结算办法的规定等。一般意义上的票据法，即为狭义的票据法。①

① 汪世虎著：《票据法律制度比较研究》，法律出版社2003年版，第10页。

二、票据法的性质

（一）票据法是私法

私法主要的特点在于调整对象和调整方法的平等性。从调整对象来看，票据法调整的主要是票据关系。票据关系是票据当事人之间基于票据发行、转让、承兑、保证而产生的社会关系，而是否从事票据活动，票据当事人具有完全的意识自治。因此票据关系具有平等性，而不具有命令与服从的上下等级性。即，票据法调整的对象具有平等性。从调整方法来说，票据当事人从事票据活动、实施票据行为，采用的是权利义务设定的方法，如有当事人一方利益受到损害，采用的是民法上的利益补偿原则。因此，票据法的调整方法即为民法的方法，也具有平等性。既然票据法的调整对象和调整方法都具有平等性，符合私法的主要特征，那么票据法从性质上来说就是私法。

（二）票据法是私法中的商法

票据行为是传统商法中的绝对商事行为，票据法是调整票据行为的法律规范。作为私法两大支柱之一的商法，从调整内容上来说，可以分为商事组织法和商事行为法。商事组织法是调整商事组织的设立、运行、变更和终止的法律规范；商事行为法是调整商人从事商事行为的法律规范。票据法所规范的票据行为，在历史上早已经出现，如我国古代出现的使用“飞线”和“交子”的行为，中世纪意大利城邦国家间使用的“汇兑证书”的行为。这都是商人之间为了便利资金汇兑和异地结算而实施的早期票据行为。后来国家为了规范这些行为，将其规范在商事法律中。因此，票据行为属于商事行为，是传统的绝对商事行为。当然，票据法即为商法的范畴。

（三）票据法是民法的特别法

商法和民法的关系为特别法和一般法的关系，票据法属于商法的一种，当然票据法也是民法的特别法。民法的基本原则、关于民事法律行为的规范、关于代理的规范都是票据法的一般规定，对票据行为和票据活动起着指导作用。票据法关于票据和票据活动的具体规定，是对民法的基本原则、民事法律行为规范及代理规范的具体应用。从法律适用上来看，对于票据和票据活动，票据法有规定的，适用票据法的规定，票据法没有规定的，可以适用民法的基本原则、民事法律行为等规定，民法对票据法起着指导和填补空缺的作用。

三、票据法的特征

（一）强制性

票据具有支付、汇兑、信用和融资的功能和作用，属于一个国家金融系统的重要组成部分，票据行为是否规范不但关系到当事人合法权益的保护，而且直接关系到国家金融秩序、社会经济秩序的稳定，因此，尽管票据法属于私法，国家对票据行为的干预却是非常强的。票据法体现出明显的强制性色彩，票据法中充满强制性的条款，对强制性规范的违反将导致当事人承担不利的法律后果。比如票据法关于票据行为要式性的规定，如果票据当事人的行为不符合票据法的强制性规范，轻则票据行为无效，重则整个票据无效。

（二）技术性

票据法具有大量技术性规范，体现出专门性、科学性、职业性，没有经过专门的学习和训练，是无法掌握并运用票据法处理实际票据问题的。这与一般民法上的伦理性规范不同，对于伦理性规范，如诚实信用、借债还钱、孝敬老人等，就算不经过专门学习，单凭伦理传统、社会良知都是可以知晓和遵守的。首先从票据法中的术语和概念来说，都具有专门性和科学性，如汇票、本票、支票、出票、承兑、参加承兑、背书、保证、参加付款等。这些术语，没有经过专业学习，单凭字面意思是无法理解它们的含义和区别的。其次从票据行为的格式和方式来看，也是具有技术性的。如我国《票据法》规定汇票必须记载：表明“汇票”的字样、无条件支付的委托、确定的金额、付款人名称、收款人名称、出票日期及出票人签章。不经过专门学习，凭传统和良知是无法知道的。还有关于票据权利、票据责任、票据抗辩、票据的无因性等规范都由技术性规范组成。由此可见，票据法具有技术性。

（三）国际统一性

商法具有国际性，作为商法重要组成部分的票据法也不例外，而票据法国际统一立法运动促使票据法体现出更强的国际统一性。随着国际贸易的发展，商品经济活动跨越国界，国际支付和结算越来越频繁，作为支付和结算的重要工具，票据必然会在不同国家之间流通，这客观上要求各国票据法具有统一性，以方便国际支付和结算。《日内瓦统一汇票本票法》、《日内瓦统一支票法》以及《联合国国际汇票和国际本票公约》的意义就在于促进票据的国际统一性，众多国家纷纷以《日内瓦统一汇票本票法》和《日内瓦统一支票法》为蓝本制定了本国的票据法。各国的票据法从术语的使用、基本概念、基本制度等都表现出一定的统一性。

第四节　我国票据法的历史发展

一、旧中国的票据立法

(一) 1911年《大清票据法草案》

1907年7月，即光绪三十三年，受宪政编查馆聘请，日本学者志田太郎开始起草票据法。在整理中国当时的票据习惯，参考1910年海牙第一次国际票据法统一会议拟定的《统一票据法草案》、《票据统一有关条约草案》以及当时德国、日本票据法的基础上，志田太郎于1911年完成《大清票据法草案》。但清政府尚未公布实施该草案即被辛亥革命所推翻。

(二) 1913年"志田案"和1922年"共同案"

1913年，即民国二年，法典编纂会聘请志田太郎为顾问重新起草票据法，分3编15章94条，名为"志田案"，但并未公布实施。1922年，即民国十一年，北洋政府修订法律馆推举5人委员会起草了新的票据法，被称为"共同案"，也称"修订法律馆第一案"。该草案分总则、汇票、本票和支票4章，11节，共109条。同时，法国顾问也起草了票据法草案。以后，修订法律馆又起草了第二、三、四、五案，但均由于军阀混战未公布实施。

(三) 国民政府的《票据法》

1929年，即民国十八年，国民政府立法院制定《票据法立法原则》，共19条，经中央政治会议通过。规定票据为汇票、本票和支票三种。立法院商法委员会在该立法原则的基础上，参考以前各次票据法草案、1912年海牙国际会议《统一票据规则》以及德、日、英、美等国的票据法，起草了票据法草案。① 该草案经过修订，于1929年9月28日由立法院审议通过，并由国民政府于同年10月30日公布实施。这是我国历史上第一部正式的票据法，共5章146条。之后，为推动票据法的实施，国民政府又于次年7月1日公布了包含20条的《票据法实施法》。1929年《票据法》历经1954年、1960年、1973年、1986年四次修订，现在仍在我国台湾地区适用。

---

① 王小能主编:《票据法教程》(第二版)，北京大学出版社2001年版，第5页。

二、新中国的票据立法

（一）1949—1978 年计划经济时期

新中国成立后，旧中国包括票据法在内的一切旧法被废除。20 世纪 50 年代末，我国正式建立起计划经济体系，生产资料和生活资料主要按国家计划统一分配和调拨，限制商品经济的发展。国家为了严格现金管理和信用管理，银行结算以托收承付、托收无承付、委托付款的方式进行，在国内取消了汇票、本票，仅在国际贸易中保留汇票的使用，禁止个人对支票的使用。因此，在 1949—1978 年整个计划经济时期，我国票据立法基本处于荒废阶段。

（二）1988 年的《上海市票据暂行规定》和《银行结算办法》

党的十一届三中全会以后，随着改革开放的深入，我国票据制度逐渐恢复，一批有关票据制度的重要规定和办法得以制定和发布实施。如 1982 年上海市人民银行制定《票据承兑贴现办法》；1984 年中国人民银行发布了《商业汇票承兑贴现暂行办法》；1988 年 6 月 8 日，上海市人民政府发布《上海市票据暂行规定》，这是新中国第一个地方性的票据法规定。1988 年 12 月 19 日，中国人民银行颁发了《银行结算办法》，并于 1989 年 4 月 1 日起施行，建立起了以汇票、本票、支票和信用卡为核心的"三票一卡"制度。

（三）1996 年的《中华人民共和国票据法》

为了适应我国社会主义市场经济建设的需要，1990 年中国人民银行总行成立票据法起草小组，起草了《中华人民共和国票据法讨论稿》，后历经多次修改，最终于 1995 年 5 月 10 日由第八届全国人民代表大会常务委员会第 13 次会议通过，并于 1996 年 1 月 1 日起施行。1997 年 8 月 21 日，中国人民银行颁发了《票据管理实施办法》，并于当年 10 月 1 日起施行。1997 年 9 月 19 日中国人民银行又颁发了《支付结算办法》，并于当年 12 月 1 日起施行，同时废止了 1988 年的《银行结算办法》。

参考习题

1. 我国《票据法》中所称的票据是指（　　）

A. 汇票、本票

B. 汇票、本票、支票

C. 汇票、支票

D. 汇票、本票、支票及其他有价证券

2. 票据上的权利义务必须依据票据上记载的文字的含义来确定，不得依据记载文字含义之外的事项或因素认定证券上的权利义务。这指的是票据的什么性质（　　）。

A. 票据是无因证券

B. 票据是设权证券

C. 票据是文义证券

D. 票据是完全有价证券

3. 某公司签发汇票一张，在汇票上记载“货到后才付款”字样，则下列说法正确的是（　　）。

A. 该公司行为符合票据法规定，该汇票有效。

B. 该公司行为违反票据法无因性规定，所作“货到后才付款”记载无效。

C. 该公司行为违反票据法关于无条件支付文句不得附有条件的规定，汇票无效。

D. 将该记载画去，该汇票依然有效。

4. 甲为向乙支付120万元的购房款，向丙银行交付120万元申请签发本票。这张本票的当事人为（　　）

A. 出票人甲，付款人丙，收款人乙

B. 出票人甲，付款人甲，收款人乙

C. 出票人丙，付款人丙，收款人乙

D. 出票人丙，付款人甲，收款人乙

5. 票据法的特征有（　　）。

A. 强制性

B. 技术性

C. 私法性

D. 国际统一性

【案例选读】

案例一：

2004年，魏某给一家家具厂送油漆，开始时他陆续送货，厂家陆续结账。后来因为家具厂不景气，就不能按时结账了。11月，魏某又给家具厂送去一批油漆，货款为8000元，家具厂当时没有付款。经过魏某多次催要，家具厂在2006年给了他一张转账支票。因为魏某没有账户，为了方便自己取款，他让家具厂以一家他熟悉的单位为收款人。可支票拿到这个单位以后，会计发现支票纸张是已经作废的，无法承兑。于是魏某以票据追索权纠纷为由提起诉讼，要求家具厂支付所拖欠的货款。

（本案例选自北大法意网 http：//www. lawyee. net）

思考：魏某可否以原告身份向法院提起诉讼？法院应如何判决？

案例二：

Y 农产品有限责任公司与 Z 经济发展有限责任公司联营，向玉山银行申请签发银行承兑汇票。玉山银行开出 3 张汇票，其中一张收款人为 H 有限责任公司，金额为 3000 万元。其他 2 张收款人为 W 有限责任公司，金额为 2500 万元和 4000 万元。在 Y 农产品有限责任公司与 Z 经济发展有限责任公司联营合同中约定，除经签发银行同意外，该有关汇票不得贴现或转让。玉山银行也在合同上签了字。Z 经济发展有限责任公司收到汇票后，分别将其交给 H 有限责任公司和 W 有限责任公司。

H 有限责任公司收到金额为 3000 万元汇票和玉山银行发来的“予以确认，到期付款”的确认书后，根据联营合同，向有关单位支付了商品和代清偿债务。

W 有限责任公司收到汇票后，将其中一张金额为 2500 万元的汇票在龙口银行贴现，另一张金额为 4000 万元的汇票背书以后转让给 D 有限责任公司。D 有限责任公司又到南海银行贴现，南海银行与 D 有限责任公司签订了汇票贴现契约，同时经省人民银行分行查询汇票情况。随后，南海银行收到玉山银行复电：汇票不予贴现。但是南海银行仍然按汇票贴现契约予以贴现。

玉山银行以受到欺骗为由起诉，要求判决汇票无效，持票人交回汇票。

（本案例选自中国贷款网 http：//www. loancn. com/zhishi/news_ detail. asp？ id=16615）

思考：

1. 什么是票据的无因性？

2. H 有限责任公司是否应享有票据权利？

3. W 有限责任公司是否应享有票据权利？

第二章　票据法律关系

【学习指导】

这一章讲述票据法律关系，具有一定的理论性，对掌握整个票据法律制度有重要的作用。通过这一章的学习，要求掌握票据关系和非票据关系的内容；熟悉票据关系与票据基础关系，并能够对二者作清晰的界定；了解票据法律关系的含义、种类及内涵。

第一节　票据法律关系

票据法律关系是指有关当事人之间因设立、变更或消灭票据上的权利义务而形成的一种票据债权债务关系。票据法律关系是一种复合关系，包括因票据本身所产生的法律关系（即票据关系）及与票据相关的法律关系（即非票据关系）。

一、票据关系的概念

票据关系是指票据当事人之间因票据行为而产生的票据权利义务关系。票据关系的主要内容是持票人（债权人）的付款请求权和追索权，债务人的付款义务和偿付义务。在票据关系中，收款人、持票人等为票据债权人；出票人、承兑人等为票据债务人。收款人、持票人对出票人、背书人、承兑人等所享有的权利为票据权利；相对应的后者则要承担票据义务。

作为特殊的商事关系，票据关系具有以下特征：

1. 票据关系基于票据行为而产生。

票据关系的发生具有限定性，只有票据行为才能引起票据关系，其他的各种事件或是票据行为以外的其他行为都不能产生票据关系。这体现了意思自治的私法精神，也是商事关系最充分的体现。

2. 票据关系具有独立性。

同一票据可能因不同的票据行为而存在不同的票据关系，其所形成的票据权利义务关系独立存在于同一票据上，彼此互不影响。这也是票据的特点之一。

3. 票据关系以金钱给付为内容。

票据的权利和义务都是以金钱的给付为中心内容，票据权利的内容是请求义务人按票据上记载的金额支付金钱（付款请求权），若票据债务人不履行其义务，持票人所行使的追索权仍是金钱债权。所以票据关系是以金钱给付为内容的。

4. 票据权利义务具有多重性与多数性。

因票据关系主体是多元的，且票据主体在不同的票据关系中所处的地位是相对的，所以票据上的权利与义务也具有多元性。为保证票据的流通，法律规定所有在票据上签章的人都是票据的债务人，所以票据义务主体较多，这也保证了债权人最大可能地实现债权。

二、票据关系的当事人

票据关系的当事人也就是票据关系的主体，是票据权利享有者和义务承担者。票据当事人可分为基本当事人和非基本当事人。

1. 基本当事人

票据基本当事人是指在票据出票时就存在于票据上的当事人。不同的票据其基本当事人是不同的。汇票和支票的基本当事人有三个，即出票据人、收款人和付款人。本票的基本当事人只有出票人和收款人，因为本票的出票人就是付款人，所以本票的基本当事人只有两个。如果基本当事人不存在或不完全，票据不能生效，票据法律关系也就不能成立。

2. 非基本当事人

非基本当事人是指在票据签发后通过各种票据行为加入票据关系中，成为票据当事人的主体。它包括背书人、被背书人、保证人、承兑人等，国外票据法还规定有参加付款人、预备付款人。由于票据关系当事人在各种票据行为中所处的地位不同，其称谓也不同，同一当事人可以有多重身份。如汇票中的收款人在背书转让汇票时则称为背书人；又如前一次背书行为中的被背书人在后一次背书时则成为背书人，其身份也由后手变成前手，这也是票据主体相对性的表现。

票据的所有当事人都是在债权债务关系中，票据通过背书而辗转于多人，在票据的背面或粘单上填写法定事项的当事人为背书人（称为前手），背书人转让的是票据权利。被背书人则是指接受前手所转让的票据权利的人。经过背书后被背书人成为新的票据持有人（称为后手）。出票人到最后的持票人，构成背书的连续。在行使追索权时只有后手有权利向前手追索，前手无权向后手追索，并且后手可以向全部的前手追索。所以全部的背书人都是票据付款责任的连带债务人。

在票据法律关系上，票据的债权人为持票人。通过出票人签发票据而成为持票人或是通过背书行为，被背书人成为持票人。而票据的债务人都是与债权人相对应的。除持票人外，其他票据当事人相对于前手都是债权人，相对于后手为债务人。同时票据的债务人也可分为第一债务人和第二债务人。第一债务人又叫主债务人，是向持票人承担付款义务的债务人（此时持票人行使的权利为付款请求权）。第二债务人也称从债务人，是票据在被拒绝承兑和付款时承担偿还义务的人（此时持票人行使的权利为追索权）。第一债务人承担的是付款的责任，第二债务人承担的则是担保付款的责任。只有向第一债务人先行使付款请求权未果，才能向第二债务人行使追索权请求偿还(《票据法》第 62 条第 1 款)。

三、票据关系的种类

依票据行为和票据种类的不同，可以分为不同的票据关系。不同的票据关系，其内容也不同。

（一）依票据种类的不同可分为汇票关系、本票关系和支票关系

汇票关系的三方基本当事人中，付款人是第一顺位的债务人，出票人为第二顺位的债务人。但是付款人在未承兑之前，不负担付款义务。承兑后，持票人才可向其请求付款。而出票人对收款人有担保票据承兑和担保票据付款的义务。收款人不获承兑时对出票人有追索权。票据转让后，会增加新的当事人。

本票关系只有出票人和持票人两方基本当事人。本票无需承兑，因为出票人为票据债务人也是付款人，所以本票无承兑制度。持票人在付款日到来时直接请求出票人无条件付款。本票背书转让，增加新的当事人。

支票关系的基本当事人有三方：出票人、持票人和出票人委托的付款银行。支票是见票即付的票据，无需承兑。

在上述票据中，除基本当事人以外，当存在背书、保证、承兑等票据行为时当事人的数量和种类也会增加，其中的权利义务关系也会更复杂。

（二）依票据行为的不同，将票据关系区分为票据发行关系、票据背书关系、票据承兑关系、票据保证关系、票据参加关系及因履行票据债务所形成的关系。

1. 票据发行关系。这是基于票据的签发而形成的票据关系。而依票据的种类，又可分为汇票发行关系、本票发行关系和支票发行关系。上面已提到了三种票据的发行关系中的基本当事人与其权利义务关系。

2. 票据背书关系。票据背书关系因收款人或持票人的背书行为而产生。票据背书当事人为背书人和被背书人。背书人将票据权利全部或部分授予被背书人行使，并承担担保票据承兑和付款的义务。不同的背书，背书关系的种类也是不同的。转让背书的被背书人取得背书人的票据权利。对于质权背书而言，被背书人依法实现质权时有权行使背书人的票据权利。对于委托取款背书，被背书人有权代背书人行使被委托的票据权利。

3. 票据承兑关系。票据承兑关系只有在汇票中才有。它是因汇票付款人的承兑行为而发生。汇票一经承兑，承兑人与收款人或持票人间便形成了票据债权债务关系。承兑人有义务为票据付款，若拒付，则要承担法律责任。

4. 票据保证关系。票据保证关系是因保证人的保证行为而发生的，保证人与被保证人所承担的责任内容是相同的，两者对票据权利人承担连带责任。在我国，因支票没有保证行为，所以支票没有保证关系。

5. 票据参加关系。这是基于参加人的参加行为而发生的票据关系，包括参加承兑和参加付款。参加承兑人负有依票据金额付款的义务，参加付款人有义务为特定票据债务人利益而向持票人支付票面金额，从而对承兑人（或本票的出票人）、被参加付款人及前手取得持票人的权利。我国无票据参加制度。

6. 因履行票据债务所形成的票据关系。若票据付款人或承兑人履行票据债务，票据关系全部消灭，此时无任何票据关系。但若付款人或承兑人以外的其他票据债务人履行票据债务，只是导致票据关系的变动，不会使之全部消灭。背书人一旦履行票据债务，则享有持票人的权利；保证人、参加承兑人履行票据债务，即对承兑人、被保证人或被参加人及其前手取得持票人的权利。

第二节 非票据关系

非票据关系是指非基于票据本身，存在于当事人之间票据关系以外的但与票据有密切联系的权利义务关系。非票据关系可分为两种：票据法上的非票据关系与民法上的非票据关系（即票据基础关系）。

一、票据法上的非票据关系

票据法上的非票据关系是指票据法中规定的，与票据行为有一定关系的法律关系。非票据法律关系不是由票据行为本身所产生的权利义务关系，而是票据法基于促进票据流通和票据权利的实现而直接规定产生的。票据关系和票据法上的非票据关系虽然都为票据法所规定，但截然不同。首先，两者产生的基础不同：前者是基于出票、背书、保证等票据行为而产生，后者则是基于票据法的规定而产生。其次，两者权利的性质与内容不同：票据关系中的票据权利为付款请求权与追索权，权利具有二次性（双重性），且是以金钱给付为内容，而非票据关系中的权利不具有二次性，且不以金钱为限。最后，权利行使的限制不同：票据关系中票据权利的行使必须以占有票据为前提，而非票据关系中的权利之行使则没有此限制。

票据法上的非票据关系主要有以下内容：

1. 汇票回单签发关系

汇票的持票人向付款人提示承兑，必须将票据交给付款人，但付款人并非必须承兑。在付款人考虑是否承兑的期间，持票人为证明因提示承兑已向付款人交付票据，有权要求付款人签发收到汇票的回单。

2. 票据返还关系

票据是设权证券，权利的产生与享有必须以占有票据为前提。票据一旦丧失，原权利人便不能正常行使票据权利，甚至使拾得人或偷盗者等非法票据持有人或票据上所载的债务人获得不当得利。为了维护当事人的合法权益，票据法规定了票据返还关系。票据返还关系主要表现为以下几种情形：（1）票据债务人履行票据义务后请求持票人返还票据而形成的权利义务关系。此时债务人成为持票人，若是付款人（本票为出票人）则票据关系可以消灭，其他人在收回票据后仍可行使票据权利。（2）持票人提示承兑后或请求付款不能后，持票人可要求付款人将票据返还。票据在提示承兑后，无论其是否获得承兑，在承兑期届满后，付款人都应当将票据返还。票据在付款期间若得不到付款，持票人可行使追索权，此时付款人应返还票据；若得以付款，付款人取得票据，持票人实现权利，票据关系消灭。（3）正当持票人请求因恶意或重大过失而取得票据之人返还票据。为了保护正当权利人的利益，防止非正当权利人享有票据权利，我国《票据法》第 12 条规定："以欺诈、偷盗或者胁迫等手段取得票据的，或者明知有前列情形，出于恶意取得票据的，不得享有票据权利。持票人因重大过失取得不符合本法规定的票据的，也不得享有票据权利。"依此规定，不当取得票据人与票据正当权利人之间形成票据返还关系。（4）直接当事人之间因票据基础关系违法或无真实交易关系或应付对价而无对价，债务人有权请求返还票据。①

3. 票据复本的签发与返还关系

我国没有规定复本制度，在国外，许多国家为了促进票据流通、鼓励交易，允许出票人应持票人的要求签发票据复本。若持票人通过背书继受取得票据，其有权请求前手依次向出票人请求签发票据复本，同时有权请求各前手在复本上进行与原本同样的背书。票据复本与原本的实质效力完全相同，各复本都独立地具有效力。为了避免重复付款，付款人和被追索人有权请求持票人交出全部票据复本，从而形成票据复本返还关系。

4. 誊本的持票人与原本接收人间的票据原本返还关系

我国没有规定誊本制度。在国外，票据提示承兑后，持票人可用票据的誊本背书转让，受让的持票人可以凭借誊本要求原本的接收人（即付款人）返还票据原本，这是为了保障票据流通与安全。

5. 利益偿还关系

票据法为达成促进票据流通、保障市场交易安全之目的，明确规定持票人因时效届满或因手续欠缺而丧失票据权利时，有权要求受有利益的出票人或承兑人返还相应的利益。

6. 损害赔偿关系

若票据当事人违反票据法使他人受损，应赔偿损失。如汇票的持票人不获承兑时未依法通知前手，前手因此造成损失的，可以请求持票人赔偿损失。

二、民法上的非票据关系

民法上的非票据关系，又称为票据的基础关系，是指虽不为票据法所调整，但又与票据行为、票据关系有密切联系的法律关系。票据的基础关系是票据的实质关系，包括票据原因关系、票据预约关系和票据资金关系三种。

（一）票据原因关系

票据原因关系，是指根据票据当事人之间授受票据的原因所形成的权利义务关系。它是民法上的权利义务关系，本身不具有票据权利义务的内容，也叫原因关系。票据原因主要有支付价金、借贷、赠与和委托取款等情形。票据原

---

① 《最高人民法院〈关于审理票据纠纷案件若干问题的规定〉》第2条。

因关系可分为有对价和无对价两种类型。一般来说，票据原因关系都是有对价的，我国票据法承认的无对价票据原因关系仅限于税收、继承和赠与。

票据原因关系对票据关系的效力。票据关系一经产生即与票据基础关系相分离，后者的成立、生效与否对票据关系都不发生影响，亦即票据具有无因性。但在特殊情况下，票据关系与票据原因关系存在无因性的例外适用，此时，票据关系的效力，会受到原因关系的影响。该特殊情形主要包括：

1. 接受票据的直接当事人之间，票据债务人仍可基于原因关系而主张抗辩。例如：甲向乙买货，甲签发本票用于付款，乙接受本票后不交货，反持票要求甲付款，甲可以乙不履行债务为抗辩事由，对乙行使抗辩权。又如仍是甲向乙买货，甲将一张已有他人背书过的支票背书转让与乙，若乙接受支票后不交货，后因得不到付款而持票向甲追索时，甲可以乙不履行交货义务为抗辩事由，对乙行使抗辩权。但乙可以向甲的前手追索，此即票据抗辩切断制度。

2. 对于不法取得票据的持票人，票据债务人可以因其取得票据的原因关系有瑕疵而行使抗辩。我国《票据法》规定："以欺诈、偷盗或者胁迫等手段取得票据的，或者明知有前列情形，出于恶意取得票据的，不得享有票据权利。持票人因重大过失取得不符合本法规定的票据的，也不得享有票据权利。"

3. 持票人取得票据时，未支付对价，则不能享有优于其前手的票据权利。《票据法》第11条规定："因税收、继承、赠与可以依法无偿取得票据的，不受给付对价的限制。但是，所享有的票据权利不得优于其前手的权利。"

4. 若因支付而授受票据，原因关系中的债务不因票据授受而消灭，此时他与票据债务同存；若票据权利实现，原因关系中的债务也一并消灭。

5. 若因担保债务而授受票据，被担保之债权未获清偿时票据关系即存在；若得到清偿，票据得以收回，则票据关系即消灭。

（二）票据预约关系

票据预约关系是指当事人在授受票据之前，就票据的发行或转让达成合意，以此预约为授受票据之依据的协议关系。买卖双方对于其支付的方式、票据的种类及如何实施票据行为等一般都要预先约定。但是，预约并不直接发生票据关系。票据预约是否成立，票据行为是否与预约一致对票据关系没有任何影响。这是因为票据权利义务关系的发生原因是票据行为，而票据预约是民法上的预约合同，是由民法上的合同制度来规定的，票据法并不对其进行规制。

（三）票据资金关系

票据资金关系是指汇票或支票的出票人与付款人之间因委托付款而形成的

财产性关系。由于本票是自付证券，不存在委托他人付款的问题，所以只有汇票和支票存在票据资金关系。但是如果本票上记载担当付款人的，出票人与担当付款人之间有类似资金关系，以确保担当付款人付款。同理汇票中的预备付款人或担当付款人也是如此。这种类似资金关系在学理上称为“准资金关系”。

票据资金关系产生的原因多种多样，如在支票中，支票的出票人在银行存有资金，约定由银行以该资金代为支付支票的金额；又如汇票的付款人因对出票人有到期债务，约定以支付汇票金额为偿还债务的方式等。

票据关系与票据资金关系同样适用无因性原理，即两者相分离，票据关系不受票据资金关系的影响。也就是说不管资金关系是否存在，只要票据得以签发或承兑，出票人都要承担出票责任（担保承兑和担保付款的责任），而承兑人应当承担付款义务。此时票据关系与资金关系完全分离，但在票据直接当事人之间例外。分述如下：

1. 汇票承兑人与出票人存在资金关系的，若持票人即为出票人，承兑人可以票据资金关系不存在为由进行抗辩。一般而言，付款人承兑汇票后即应当承担到期付款的责任，不得以资金关系不存在为由对抗持票人，但在持票人为出票人时则可以以之对抗。

2. 支票的付款人与出票人存在资金关系的，付款人对出票人的存款足以支付支票票面金额时，应当无条件支付。如果该支票无资金关系，付款人有权拒付，由持票人向前手或出票人进行追索。

三、票据的无因性与票据基础关系

前已述及，票据是无因证券，票据关系与票据基础关系相分离是原则，票据关系与票据基础关系牵连则是例外。票据关系一旦成立就脱离了基础关系，即使基础关系无效也不影响票据权利人行使票据权利，这也是票据得以在市场交易中频繁使用的制度支撑。但在我国，由于特殊的国情，《票据法》在认可票据无因性的同时，为了保护金融安全，防止票据欺诈，又对其进行了一定的限制。换言之，某些情况下票据仍与基础关系存在牵连。我国《票据法》第10条规定：“票据的签发、取得和转让，应当遵循诚实信用的原则，具有真实的交易关系和债权债务关系。票据的取得，必须给付对价，即应当给付票据双方当事人认可的相对应的代价。”该法第21条规定汇票的出票人必须与付款人具有真实的委托付款关系，并且具有支付汇票金额的可靠资金来源。在实践中使用票据，往往要求有真实的合同关系，并提供合同的交易号码。上述立法与实务中的做法，均是票据关系与票据基础关系存在牵连的体现。立法者的意图很明显，不保护没有合法基础关系而签发的票据的效力，以保护市场交易的安全，但是由此以来，将不利于票据的流通与使用，甚至在一定程度上阻碍经济的发展。上述矛盾一直是学术界争论最多、讨论最激烈的焦点之一。如何既能贯彻票据法的无因性又能保护金融安全，建立适合我国国情的票据无因性制度，是我国票据法研究的方向和目标。

参考习题

1. 下列关于票据当事人的叙述中正确的有（　　）
   A. 根据是否在出票行为中出现，可以将其分为基本当事人和非基本当事人
   B. 承兑人是基本当事人
   C. 委付票据通常具有三方当事人，而自付票据则只有两方当事人
   D. 缺少基本当事人的票据属于无效票据
2. 以下情形中存在票据关系的是（　　）
   A. 甲因纳税而签发以税务局为收款人的支票
   B. 甲乙签订买卖合同，约定甲以银行承兑汇票付款
   C. 丙签发一张以乙为收款人的支票，甲乙签订合同约定甲为保证人
   D. 甲与银行订立承兑协议，约定银行为甲签发的汇票作承兑
3. 票据的基础关系包括（　　）
   A. 票据原因关系
   B. 票据资金关系
   C. 票据预约关系
   D. 票据出票关系
4. 以下可能是票据原因关系的是（　　）
   A. 出票
   B. 背书
   C. 赠与
   D. 担保
5. 张某偷王某的一张汇票，后悔悟将票据返还给王某，这种关系属于（　　）
   A. 票据关系

B. 民法上的非票据关系

C. 非票据关系

D. 票据利益返还关系

6. 如果汇票的出票人与付款人之间无真实的资金关系，则下列关于票据效力和票据权利表述中正确的是（ ）

A. 该汇票无效

B. 付款人承兑后，不得以此对抗所有的持票人

C. 付款人在未收到资金或是未收到足够资金时自愿为出票人支付票据金额的，其付款行为有效

D. 持票人明知此情况而取得票据的，票据债务人依然要承担票据责任

7. 甲拾得某银行签发的金额为5000元的本票一张，并将该本票背书送给女友乙作为生日礼物，乙不知本票系甲拾得，按期持票要求银行付款。假设银行知道该本票系甲拾得送乙，对于乙的付款要求，下列（ ）说法正确？（2005年司考卷三第31题）

A. 根据票据无因性原则，银行应当支付

B. 乙无对价取得票据，银行可以拒付

C. 虽甲取得本票不合法，但乙不知情，银行应当付款

D. 甲取得本票不合法，且乙无对价取得票据，银行可以拒绝支付

8. 下列由票据法规范的法律关系有（ ）

A. 甲向乙借款5000元，并签署借据交乙保存

B. 甲向乙借款5000元，并背书转让给乙一张面额为5000元的汇票

C. 甲向乙借款5000元，并签发以甲为出票人、乙为受款人的本票

D. 甲向乙借款5000元，并转让给乙当时市价为5000元的某公司股票

【案例选读】

案例一：

甲公司与乙公司的法定代表人为同一人，两公司于1997年1月23日订立购销合同，乙公司以1020万元将16件玉雕出售给甲公司，在乙公司仓库履行，甲公司以其持有的以其为收款人的两张银行承兑汇票，作为合同履行的对价，总金额为1000万元。3月6日，乙公司向汕头工行提示付款，该行在查询时，荆州工行以这两张汇票已被湖北荆州地区法院宣告无效而拒绝付款。5月26日，乙公司将荆州工行起诉到法院，请求判令其支付票据金额和利息。湖北省高院和最高人民法院均认为，甲公司明知这两张汇票已被宣告无效，仍

将其背书转让，应当承担背书后的法律后果；而且汇票具有明显的瑕疵，其中一张和解通知已被撕成两半，用透明胶粘贴而成，乙公司盲目接受，未尽到注意义务；对于取得汇票的对价，乙公司虽然提供了购销合同，但不能证明履行的事实，应认定乙公司取得汇票无对价。为此驳回了乙公司的诉讼请求。

（本案例选自最高人民法院民事判决书（1998）经终字号第123号）

思考：本案所涉票据基础关系对票据关系的效力如何？

案例二：

1998年1月，湖南甲公司与福建乙公司签订了名为联营实质上是借贷性质的《联营合同》，约定乙公司向甲公司借款人民币500万元，湖南交通银行衡阳某分行（下简称为交行）对该借款作担保并给甲公司出具了担保书。之后，甲公司签发了以浙江某服装厂为收款人，到期日为1998年8月底的500万元商业汇票一张，还同该厂签订了虚假的《购销合同》，将该汇票与合同一并提交给农业银行某县支行（下简称为农行）请求承兑，双方签订了《委托承兑商业汇票协议》。甲公司告知农行拟使用贴现的方式取得资金，并承诺把该汇票的贴现款项大部分汇回该行，由该行控制使用。其后，该农行承兑了此汇票。而后收款人浙江某服装厂持票到建设银行浙江某分行贴现，并将贴现所得现款以退货款形式退回给甲公司，后者则按《联营协议》的约定，将此款项全部借给乙公司。汇票到期后农行以受甲公司等诈骗为理由拒绝付款给贴现行，而当甲公司要求乙公司及交行归还借款时，该行则以出借方签发汇票套取资金用于借贷不合法为由，拒绝承担保证人责任。

（本案例选自考研教育论坛 http：//bbs. cnedu. cn/print. php？ topicid=303308&offset=0）

思考：

1. 此案中哪些属于票据关系？
2. 此案中有哪几种非票据关系？
3. 农行和交行的理由能否成立？为什么？

案例三：

1993年至1997年，甲公司法定代表人徐某在甲公司成立之前挂靠在乙厂处经营，其间共向乙厂借款人民币97万元。1998年起，徐某与乙厂脱离挂靠关系，以新成立的甲公司名义经营，并归还乙厂借款人民币15万元。2001年12月5日，徐某以甲公司名义出具给乙厂欠条一份，约定所欠款人民币82万元于2002年3月前分期还清，其中第一期15万元约定于2001年12月底归还，2001 年 12 月 31 日甲公司签发支票一张，收款人为乙厂，票载金额为人民币 15 万元。乙厂持该票向银行提示付款，因甲公司账户存款不足而遭退票，进而引起诉讼。

对于本案中乙厂是否有权向甲公司主张给付票据款有不同意见：

第一种意见认为：甲公司与乙厂之间无任何经济往来，不存在债权债务关系。甲公司也未在系争的欠条上加盖公章，该欠条系甲公司的法定代表人擅自向乙厂出具，欠条中关于甲公司结欠乙厂借款的内容与事实不符。此外，除系争欠条外，乙厂也无确凿证据证明徐某确向其借过系争的欠款及经与甲公司及徐某协商，由甲公司代为归还的事实，故本案所涉票据并无基础关系，乙厂无权向甲公司主张给付票据款。至于乙厂与徐某之间的经济往来关系，与本案票据纠纷无直接联系，应另行处理。

第二种意见认为：乙厂、甲公司虽无借款合同关系，但甲公司法定代表人徐某在公司成立之前挂靠乙厂经营时曾向乙厂借过款，其在公司成立后以甲公司名义向乙厂出具欠条的行为，应视为甲公司代为履行公司成立前债务的承诺。本案乙厂、甲公司之间因此而引起债的发生，故本案票据的基础关系成立。乙厂作为支票的收款人，依法享有票据权利。

（本案例选自中顾网法律案例频道 http：//news. 9ask. cn/flal/jjfal/pjfal/200905/178936. html）

思考：本案中的基础关系是否成立？

第三章　票据行为

【学习指导】

这一章详细讲述票据行为，涉及的内容比较繁杂，可以对照分论中汇票行为一起学习。通过这一章的学习，要求掌握票据行为的有效要件、票据代理的特殊规定、空白票据的认定及其效力；熟悉票据行为的种类；了解票据行为的性质和特征。其中，票据行为的有效要件和空白票据是本章的重点和难点。

第一节　票据行为概述

一、票据行为的概念

（一）狭义票据行为与广义票据行为

1. 狭义票据行为

狭义票据行为是指以负担票据债务为意思表示的法律行为。包括出票、背书、保证、承兑。狭义的票据行为以行为人意思表示为要素，法律基于这种意思表示而赋予这些行为一定效力。（1）出票，也称票据的发票或发行，指出票人签发票据并将其交付给收款人的票据行为。票据为设权证券，票据上的权利义务是通过出票行为而创设的。票据的效力，票据权利义务的内容等，都须通过出票行为来确定，其他票据行为都是在出票行为的基础上，并在出票行为完成以后才能进行。出票由作成票据和交付票据两部分构成。仅仅作成票据而不交付并不产生出票的效力。（2）背书，指背书人在票据背面或粘单上记载相关事项并签章的行为。根据背书行为，背书人负担对被背书人及其后手的担保责任，被背书人成为新的持票人并取得票据权利。（3）承兑，指票据的付款人承诺在票据到期日支付汇票金额的票据行为。票据关系中，持票人往往不是出票人，出票人仅仅单方委托付款人对持票人付款，付款人是否接受付款委托并不一定。承兑前付款人只是关系人而不是债务人，没有绝对的付款义务。但是，一旦付款人作出承兑行为，付款人就成为票据债务的主债务人，承担第一位的付款责任。(4) 保证，指保证人对特定票据债务人的票据债务承担保证责任的票据行为。保证人本人不是票据的当事人，与票据债务没有当然的联系。但保证人一旦作出保证行为，就成为票据的债务人之一。

2. 广义的票据行为

广义的票据行为是指以发生、变更、消灭票据关系为目的的全部法律行为。除包括全部的狭义票据行为外，还包括提示、付款、变造、更改、涂销等。与狭义票据行为不同，广义票据行为中的提示、付款、变造、更改、涂销等不是由当事人的意思表示发生效力，而是由法律的直接规定而产生效力。(1) 提示，指持票人现实地向付款人或担当付款人出示票据并要求支付票据金额的行为。债权人提示票据得以保全追索权，债务人经提示不付款则要负迟延责任。(2) 付款，指付款人或担当付款人支付票据金额以消灭票据关系的行为。(3) 变造，指无权更改票据内容的人，对票据上签章以外的记载事项加以改变的行为。(4) 更改，指有权利更改权限的人更改票据记载事项的行为。(5) 涂销，指有涂销权限的人将票据上的签名或其他记载事项加以涂抹、刮削、粘贴或消除的行为。

我国《票据法》详细规定了出票、背书、保证、承兑四种狭义的票据行为和付款一种广义的票据行为，对其他一些票据行为也有所涉及。本书在讲述时也以这几种票据行为为主，并适当介绍其他几种票据行为。

(二) 基本票据行为与附属票据行为

依据票据行为的性质，又把狭义的票据行为分为基本票据行为和附属票据行为。基本票据行为是创设票据的行为，仅出票一种。只有经有效出票行为之后，票据才得以存在，其他的票据行为才具备得以实施的前提。所以出票行为以外的狭义票据行为被称为附属票据行为。附属票据行为的附属性体现在其效力受到出票行为的影响，出票行为无效，将导致所有附属票据行为无效，并且是自始、当然、确定的无效。

(三) 共有票据行为与独有票据行为

根据涉及的范围，可将票据行为分为共有票据行为和独有票据行为。出票、背书、改写、涂销、付款是各种票据都具备的；保证为汇票和本票所共有，称为共同票据行为。承兑和参加承兑为汇票独有；画线、保付为支票独有，称为独有票据行为。

二、票据行为的性质

关于票据行为的性质，目前理论界主要存在契约行为说和单独行为说两种。

（一）契约行为说

该说认为，票据行为人将已完成记载及签章的票据所有权让与他人是要约，相对人取得票据是对这一要约的承诺，契约因而成立。英美法系学者多赞成此说。契约行为说又分为单数契约说与复数契约说。单数契约说主张，票据行为只有一个契约，即出票行为，出票人因出票行为一个契约而负担票据债务；复数契约说主张，票据债务人对于多数票据债权人之所以负担债务，是由于对各债权人各有契约。契约行为说以交付作为票据行为成立的要件，能够反映票据行为人意思表示的本质，但可能由此产生持票人利益受损，降低票据信用，影响票据流通等问题。

（二）单独行为说

该说认为，票据书面形式一经作成即产生票据上的义务，票据行为由于票据债务人一方的行为而成立，因而负担票据上的债务并不以意思表示到达相对人方可成立。大陆法系学者多支持此说。单独行为说又分为创造说和发行说。创造说主张，票据债务依票据行为人以签名为要件的单方行为而成立，只要票据行为人已签名于票据之上，即使违反票据行为人的意思而使该票据为他人取得，票据债务仍然成立；发行说主张，票据债务的成立，除必须有出票人的签名外，还须有交付行为的存在，这样单方行为才能完成。单独行为说侧重促进票据的流通和对善意持票人的保护，但在一定程度上较为忽视当事人意思表示的本质。

简言之，上述诸种学说主要是围绕票据交付是否构成票据行为成立要件而展开的，相较而言，单独行为说中的发行说比较有效地解决了因欠缺交付行为而被流通使用的票据的行为人可否主张票据行为无效的难题，因而为多数学者所赞同，亦为我国立法所采纳。①

第二节　票据行为的特征

票据行为属于民事法律行为，具有民事法律行为的一般特征，但是票据行为同其他法律行为相比较，又具有其自身的特点。票据行为的特征表现为票据行为的要式性、无因性、文义性以及独立性。

---

①　参见于莹著：《票据法》（第二版），高等教育出版社 2008 年版，第 50 页；汪世虎著：《票据法律制度比较研究》，法律出版社 2003 年版，第 36 页。

一、票据行为的要式性

民事法律行为可以分为要式行为与非要式行为。要式法律行为是指，法律行为的当事人必须遵照法律要求的形式，其法律行为方能成立。凡不具备法律规定形式的民事行为便是无效的。而票据行为的要式性，指的是票据行为具有法律规定的行为方式与效力，不允许行为人任意加以选择或变更。票据为流通证券，票据行为的要式性使得票据款式明确统一，有利于加快票据的流转。票据行为的要式性要求票据必须具备三项法定款式：（1）书面。票据行为的意思表示必须以书面方式进行，以口头方式进行的“票据行为”不发生票据法上的效力。（2）签章。票据行为人为票据行为，必须在票据上签章，未在票据上签章的，行为人不承担票据责任。（3）款式。票据上所记载的内容以及应当遵循的格式成为票据的款式。我国《票据法》第9条第1款规定：“票据上的记载事项必须符合本法的规定。”也就是说，票据行为人必须按照法律的具体要求为票据行为。例如，我国《票据法》要求票据上的金额、日期、收款人名称属于绝对不可更改的事项，如更改则无效。

二、票据行为的无因性

所谓票据行为的无因性，指的是票据行为与票据基础关系相分离，只要该票据行为在形式上是有效的，即可产生相应的法律效力。也就是说，即使票据基础关系存在瑕疵或无效，其对票据行为的效力也不产生影响。票据行为无因性主要体现在三个方面：（1）票据行为独立产生效力，票据行为的效力与原因关系相分离，即使原因关系无效或者被撤销，票据行为仍然有效。（2）票据权利人行使票据权利，仅负有出示票据和证明权利流转连续性的责任。（3）票据债务人不得以原因关系对抗非直接当事人的持票人。也就是说，由于票据是无因证券，票据的基础关系不影响票据的流通。

三、票据行为的文义性

所谓票据行为的文义性，是指票据行为的内容完全以票据上记载的文义为准，即使票据上记载的文字与实际情况不符，仍应以文字记载为准。我国《票据法》第4条第1款和第3款规定：“票据出票人制作票据，应当按照法定条件在票据上签章，并按照所记载的事项承担票据责任。”“其他票据债务人在票据上签章的，按照票据所记载的事项承担票据责任。”也就是说，票据行为仅以票据的外在表示为准，不得依票据当事人所谓真实意思表示变更或者推翻原票据记载。

四、票据行为的独立性

所谓票据行为的独立性，指的是票据行为人的票据行为各自独立，票据关系中的每一个票据行为的效力是根据各行为本身的效力确定的，与其他相关行为不发生联系。票据行为独立性的意义在于，由于票据是流通证券，如果在流通过程中某一票据行为的瑕疵就导致票据行为无效，则不利于确保票据交易的安全和加快票据的流转，而票据行为的独立性不但可以切断票据行为同基础关系的联系，还可以保持各个票据行为的独立，可以较为圆满地解决这个问题。根据我国《票据法》的规定，票据行为的独立性主要体现在以下四个方面：(1)《票据法》第5条规定，票据代理人没有代理权而以代理人名义在票据上签章的，应当由签章人承担票据责任；代理人超越代理权限的，应当就其超越权限的部分承担票据责任。(2)《票据法》第5条规定，无民事行为能力人或者限制民事行为能力人在票据上签章的，其签章无效，但是不影响其他签章的效力。(3)《票据法》第14条规定，票据上有伪造、变造的签章的，不影响票据上其他真实签章的效力。(4)《票据法》第49条规定，被保证人的债务即使无效，保证人仍然需要承担保证责任。①

第三节　票据行为的有效要件

所谓票据行为的有效要件，是指票据行为具有法律约束力所应当具备的法定条件。票据行为的有效要件包括实质要件与形式要件，这是由票据行为的双重属性所决定的。首先，票据行为作为一种民事法律行为，具有民事法律行为的一般特征，故票据行为的有效应当符合民事法律行为的一般构成要件，此即票据行为有效的实质要件；其次，票据行为又是商事特别行为，还要受到作为商事特别法的票据法的规制，故票据行为的有效还应当符合票据法所规定的特别构成要件，此即票据行为有效的形式要件。

一、票据行为有效的实质要件

民事法律行为有效的实质要件包括行为人具有相应的民事行为能力、意思

---

① 参见我国《票据法》第19条。

表示真实、不违反法律和社会公共利益。具体到票据行为而言，其必须符合下列内容要求：

（一）行为人应具备票据能力

所谓票据能力，是指票据权利能力和票据行为能力。票据权利能力是行为人享有票据权利和承担票据义务的资格。票据行为能力是行为人能够以独立的意思，为有效的票据行为的资格。票据权利能力为进行有效的票据行为提供了可能性，票据行为能力则为进行有效的票据行为提供了现实性。① 由于票据是市场交易的工具，其能否安全流通在很大程度上仰赖于整个社会的信用体系和票据行为人的资信能力，因此，票据法律制度尤其注重对票据主体资格的审查与规制。针对不同的民事主体，票据法对其票据能力作了特别的规定。

1. 自然人的票据能力。对于自然人的票据能力，我国《票据法》的特别规定主要体现在以下两方面：一是对自然人的票据权利能力予以限定。鉴于我国社会主义市场信用体系的不健全，我国《票据法》对自然人的票据权利能力作了较为严格的限制。目前《票据法》只允许自然人签发支票，而无汇票与本票的出票资格。二是对票据行为能力的及其效力作了特别规定。民事行为能力一般分为无行为能力、限制行为能力和完全民事行为能力，并由此存在行为无效、效力待定、行为有效等效力界分。但由于票据特别强调其流通性，对自然人的票据行为能力只作了无票据行为能力和有票据行为能力两种划分，规定无民事行为能力人或限制行为能力人所实施的票据行为，统归无效处理，行为人不负担票据责任。当然，值得注意的是，票据行为具有独立性，无民事行为能力人或限制行为能力人所为之票据行为无效，并不影响其他票据行为的效力。

2. 法人和其他非法人组织。对于法人和其他非法人组织的票据能力，由于它们在票据权利能力和票据行为能力上具有一致性，因而谈及票据行为能力之差异，则必须涉及票据权利能力之区别。依我国《票据法》的规定，在票据权利能力方面的差异主要体现为出票主体资格的不同。为了维护票据的信用，依主体是否为银行，我国《票据法》对出票行为人作了一定的区别对待。根据该法第 73 条第 2 款的规定，目前仅允许银行签发本票，其他法人或组织不具有本票出票的资格。当然，在汇票、支票中的票据权利能力，银行与其他法人或非法人组织并无差别，即其他法人或非法人组织也享有签发汇票和支票的资格。

---

① 汪世虎著：《票据法律制度比较研究》，法律出版社 2003 年版，第 41 页。

(二) 意思表示真实

票据行为的意思表示原则上可以适用民法之一般规定，但由于票据是无因证券、文义证券，行为人的意思仅以行为外观判断，尤其是在不特定的非直接当事人之间，只能以票据的行为外观即记载事项判断，难以从票据外的信息去判断意思表示的真实与否、合法与否。因而，我们必须对民法中的意思表示理论作变通规定。下面就意思表示瑕疵的具体适用及其效力进行必要分析。

1. 欺诈、胁迫或乘人之危，使对方在违背真实意思情况下所为的民事行为。此种事由因可以发生在票据行为领域，故可以适用民法的意思表示理论，即当票据行为是基于欺诈、胁迫或乘人之危而实施的，则意思表示受害人可以意思表示不真实而主张票据行为无效。但是，由于意思表示是否真实在票据流通中只能通过外观记载来判定，因此，对于不特定的非直接当事人来说，要探知原票据行为当事人的意思表示是否真实，将变得非常困难甚至不可能。如果一味地认为意思表示受害人仍然可以此抗辩，将对非直接第三人造成明显的不公平，最终可能阻滞票据的正常流通。为此，票据法特别规定了票据抗辩限制制度，以切断意思表示不真实的受害人的抗辩事由，维持其与善意第三人的利益平衡。例如甲以欺诈手段使乙在票据上签章并完成出票，则在此情况下，乙可以意思表示存在瑕疵为由主张出票行为无效，以对抗甲的票据权利，但乙不得以甲的欺诈事由来对抗后续善意持票人。

2. 恶意串通、损害国家、集体或者第三人利益的行为。当行为人出于损害国家、集体或者第三人利益而恶意串通实施票据行为时，该票据行为无效，票据债务人在知情后可以此为由拒绝履行票据义务；但若该票据为其他人善意取得时，则仍发生票据抗辩切断的效力，票据债务人不得以意思表示违法来对抗善意持票人。

3. 票据行为错误。当行为人基于错误的认识而实施了票据行为时，行为人可以运用民法意思表示的一般理论，请求法院撤销该票据行为。例如出票人对票据金额、到期日等事项记载错误，或将票据交与错误的对象，在此情况下，票据债务人可以此对抗直接当事人，但必须负担证明自己认识错误的证明责任，且该票据一旦流转到善意第三人之手，则票据债务人也不可以票据行为错误的事由来对抗善意持票人。值得一提的是，票据行为错误不同于票据原因行为的错误，票据原因行为的错误是基于错误的原因而实施了票据行为，但该票据行为本身是正确的，例如甲将白糖当做砒霜购买而误算了 1000 元价金，在出票时基于该误算而多记载了票据金额。而票据行为错误是行为人基于认识的错误而使票据行为本身出现了差错，引起该票据行为发生的原因行为可能是正确合法的。例如甲从乙处购货后出票，在交付时将该票据交与了与乙长得相像的丙。

（三）不违反法律和社会公共利益

我国《民法通则》第58条规定了无效民事行为的具体情形。其中的违反法律或者社会公共利益、经济合同违反国家指令性计划、以合法形式掩盖非法目的等民事行为，属于票据原因关系范畴，与票据行为相分离，故上述无效事由一般不适用于票据行为，也不影响票据行为的效力。换言之，违反法律和社会公共利益等票据原因行为存在瑕疵的票据行为的效力不受其影响。

二、票据行为有效的形式要件

票据行为具有要式性、文义性特征，因此，票据行为的有效成立必须满足一定的形式要件。票据行为的形式要件包括书面、票据记载、票据签章和票据交付四项内容。

（一）书面

票据是文义证券，票据的出票、背书等票据行为，都必须以书面的形式作出，该行为才能有效。我国《票据法》第108条第2款明确规定，票据凭证的格式和印制管理办法，由中国人民银行规定。任何口头形式所为的票据行为均属无效。但值得注意的是，随着现代电子计算机技术的发展，电子票据开始在商业活动中出现，并发挥着越来越重要的作用，有学者即认为："如果说书面票据的出现代替现金支付是市场交易中支付工具与支付方式的第一次革命的话，那么以无形化的电子数据形式代替书面票据支付则是支付结算领域的第二次革命。"由此看来，票据的书面形式要求在未来的票据发展中将会受到电子票据的巨大挑战，其书面化要求在电子票据领域必将作出相应调整。

（二）票据记载

票据记载事项是票据行为有效成立的核心内容，依其效力的不同，可分为必要记载事项、任意记载事项、不产生票据效力的记载事项和不得记载事项。

1. 必要记载事项

必要记载事项，是指票据法规定必须在票据上进行记载，不可缺少的事项。其分为绝对必要记载事项和相对必要记载事项两类。（1）绝对必要记载事项，是指票据法规定的行为人为票据行为时必须在票据上进行记载，否则将使票据无效的记载事项。我国《票据法》第22条、第75条和第84条分别规定了汇票、本票和支票的绝对必要记载事项。主要包括：表明票据种类的文字、票据金额、无条件支付的文句、出票日期、汇票和本票的收款人、本票和支票的付款人。(2) 相对必要记载事项，是指票据法规定的行为人为票据行为时应在票据上记载，若未记载则依票据法的规定执行，而并不因此导致票据行为无效的记载事项。我国《票据法》第 23 条、第 76 条和第 86 条分别规定了汇票、本票和支票的相对记载事项，主要包括付款日期、付款地、出票地。

2. 任意记载事项

任意记载事项，是指票据法未规定当事人必须记载，由当事人自行选择是否记载，但当事人一旦选择记载，则产生票据效力的事项。例如我国《票据法》第 27 条第 1 款规定："出票人在汇票上记载'不得转让'字样的，汇票不得转让。"该法第 34 条规定："背书人在汇票上记载'不得转让'字样，其后手再背书转让的，原背书人对后手的被背书人不承担保证责任。"由此，如果出票人或原背书人的后手不依规定仍背书转让的，出票人或原背书人对后手的被背书人及其他持票人不承担保证责任。

3. 不产生票据效力的记载事项

所谓不产生票据效力的记载事项，是指票据法既未规定当事人必须记载，也未规定不得记载，如果选择记载也不发生票据法上的效力的事项。我国《票据法》第 24 条规定："汇票上可以记载本法规定事项以外的其他出票事项，但是该记载事项不具有汇票上的效力。"该法第 33 条第 1 款规定："背书不得附有条件。背书时附有条件的，所附条件不具有汇票上的效力。"当然，如果选择记载该事项，则并非完全无效，只是不发生票据法上的效力；但若符合民法的规定，则产生民法上的效力。例如，出票人在记载票据金额的同时，又记载了违约金，则违约金记载虽无票据效力，但可产生民法上的效力。

4. 不得记载事项

不得记载事项，又称禁止记载事项，是指根据票据法的规定不允许在票据上记载的事项，一旦记载，将导致票据效力出现瑕疵或记载本身无效。依其效果的不同，又分为记载使票据无效的事项和记载本身无效的事项。(1) 记载使票据无效的事项，是指票据法规定不应记载，一旦记载，将使票据无效的事项。例如在票据上记载附条件支付的语句，将明显违背票据的无条件支付要求，导致该票据无效。(2) 记载本身无效的事项，是指票据法规定不允许记载，一旦记载，该记载本身将归于无效的事项。例如我国《票据法》第 90 条规定："支票限于见票即付，不得另行记载付款日期。另行记载付款日期的，该记载无效。"记载本身无效事项与不产生票据效力的记载事项的最大区别，在于前者记载后除使记载本身无效外，不会产生其他任何效力，包括票据法上的效力和民法上的效力；而后者记载后仅仅不发生票据法上的效力，但可能产生民法上的效力。

（三）票据签章

票据签章是票据行为有效成立的必备条件，是票据行为人确定参加票据关系，承担票据义务的主观意志体现，也是判定票据行为人是否同一的客观依据。为此，各国票据法都无一例外地规定票据签章为绝对必要记载事项。欠缺该记载事项，在为出票行为时，将使票据无效，在为背书、承兑等其他票据行为时，将使该票据行为无效。

我国票据上的签章，分为签名、盖章或签名加盖章三类。①签名，是指票据行为人在为票据行为时，在票据上亲自书写自己的姓名。根据我国《票据法》第7条第3款的规定，在票据上的签名应当为该当事人的本名，不得为笔名、艺名、小名、曾用名等。对此，我国《票据管理实施办法》第12条特别规定："票据法所称'本名'是指符合法律、行政法规以及国家有关规定的身份证件上的姓名。"票据上的签名还要求行为人自己亲自书写，若为委托他人代签，则代签者应附上代理人的签名；若未委托他人而被他人冒签，将发生票据伪造的后果。②盖章，是指票据行为人在为票据行为时，在票据上加盖自己的印章。盖章由于非行为人的真正笔迹，故其只能推定而不能完全确定票据行为为本人亲自所为，在效力上稍逊于签名。③签名加盖章，是指票据行为人在为票据行为时，签上自己的姓名并加盖自己的印章。这种签章方式兼具签名和盖章的特征，增强了票据行为的真实性，深得市场的推崇，特别是在单位为票据行为时，更是成为法定的签章方式。我国《票据法》第7条第2款明确规定："法人和其他使用票据的单位在票据上的签章，为该法人或者该单位的签章加其法定代表人或者其授权的代理人的签章。"实务操作中，票据当事人通常与银行等金融机构存在票据资金预约关系，因此，票据行为人的签章应与其在金融机构的预留签名及印章相符，否则，将构成对票据资金预约的违反，金融机构可依票据形式不符合要求为由拒绝承兑或付款。

（四）票据交付

票据交付是指票据行为人基于自己的意志将票据交予他人的行为。对于票据交付是否为票据行为有效的要件，理论界存在争议。依契约行为说和发行说，票据行为的有效成立，必须有交付票据的行为存在。而依创造说，作成票据的行为本身即是行为人意思表示的完成，是否交付并不影响票据行为的效力。我国《票据法》采用票据行为发行说，该法第20条明确规定，出票必须由出票人签发票据并将其交付给收款人。

根据我国《票据法》的规定，票据交付具有以下特征：第一，票据交付是出票、背书等票据行为有效完成的最后一道不可或缺的环节，只有经过票据交付程序后，票据行为才得以最终完成，票据权利义务才得以产生法律效力。第二，票据交付必须基于行为人自己的意思所为，如果是基于非正常原因而导致票据未经交付就流转至他人之手的，票据债务人可以未经交付为由对抗持票人，但不得对抗善意持票人的权利请求。例如票据作成后即丢失或被盗窃，则票据债务人对票据拾得人或盗窃者均不负票据责任，但票据如果已经为第三人善意取得，则依票据抗辩切断规则，票据债务人仍应对善意持票人承担票据付款或保证责任。

第四节　票据行为的代理

法律行为可以由他人代理进行，而票据行为也属于法律行为的一种，当然也可以由他人代理，但由于票据注重流通，注重保护持票人的权利以维护交易安全，因此各国票据法在适用民法关于代理的一般原则时，又对票据行为的代理作出了特别的规范。我国《票据法》第5条第1款规定："票据当事人可以委托其代理人在票据上签章，并应当在票据上表明其代理关系。"

一、票据行为的代理的概念及特点

票据行为的代理，是指代理人在代理权限内以被代理人（本人）的名义，记明为被代理人（本人）代理的意思并签章，而使法律后果直接由被代理人（本人）承担的法律行为。在代理关系中，一般包括三方当事人，分别称为被代理人（本人）、代理人和相对人。票据代理是民事代理的一种，具有民事代理的一般属性。但由于票据代理实行严格的显名主义，与普通民事代理相比，又具有自己的特点：（1）票据代理最为常见的是委托代理，而普通民事代理包括委托代理、法定代理和指定代理三种。（2）形式要件的严格性。票据代理采取严格的显名主义，而民事代理中原则上采取显名代理，但也例外地承认隐名代理。票据代理只能是书面的，而普通民事代理却可以是书面的也可以是口头的。（3）效力的确定性。票据代理中一旦具备应有的条件，效力也就确定地发生了，即使出现了无权代理或者越权代理的情形，其效力也是确定的。例如票据代理不存在追认制度。在普通民事代理中，无权代理或者越权代理均可以由被代理人追认，而在票据代理中不存在该制度。这是因为在发生无权代理或越权代理时，其效力必须确定，否则票据债权债务处于不确定状态不利于票据的流通。

二、票据行为代理的构成要件

票据行为代理需要具备实质与形式要件两个方面。实质要件是代理人必须经被代理人（本人）的授权，未被代理人的授权而为的票据行为，称为无权代理。

（一）形式要件

票据代理的形式要件，根据我国《票据法》的规定，分以下三个方面叙述：

（1）明示以被代理人（本人）的名义。票据行为的代理，必须在票据上明示以本人的名义，才能负票据上责任。被代理人是自然人的，应该载明其姓名；是法人的，应该载明其名称。没有载明被代理人的姓名或者名称的，被代理人不负票据责任。即使取得票据的相对人，明知代理人是为被代理人所为票据行为，被代理人也不负票据责任。

（2）记明为被代理人（本人）的意思。即应当明确表示代理人是为被代理人而为票据行为。我国《票据法》第5条规定："应当在票据上表明其代理关系。"至于表示代理关系的具体方式即代理文句，法律没有特定的形式要求，只要从整个票据记载内容、票据交易规范以及法律规定，足以认为是代理人代理被代理人实施有关票据行为的记载，就可以视为有效的记载。一般来说，代理文句的记载是在票据上签上被代理人的姓名，再由代理人签上自己的姓名，并在二者之间写明代理的意思即可，例如载明"某某的代理人某某"或者"某某公司经理某某"字样。

（3）代理人签章。票据行为的代理，必须要求代理人在票据上签名或盖章。如果没有代理人的签章，也就没有票据行为人签章，也就不产生票据行为的效力，也就没有人承担票据责任。如果代理人仅仅在票据上签上被代理人的姓名，而没有加上自己的签章，法律后果如何，要视情况而定。此时，如果代理人的签章行为已经获得了授权，则构成票据法理论上票据行为的代行。所为票据行为的代行，实际上就是代表被代理人在票据上签名盖章。代行行为的法律后果由被代理人自行承担。相反，如果代理人的签章行为没有获得授权，就构成了票据伪造，被伪造人与伪造人均不负票据责任。如果票据上只有代理人签章，没有表明代理，也未表明被代理人的姓名，则由代理人自负责任。

（二）实质要件

票据行为的代理中，代理人必须有代理权，这是票据行为代理的实质要件。因为票据行为代理的效果直接归属于被代理人，代理人只有在代理权限内，以被代理人的名义而为的票据行为，其行为效果才直接归属于被代理人。根据代理权发生的原因，可将代理分为委托代理和法定代理。前者代理权产生于被代理人的授权，后者代理权产生于法律的直接规定或法院等的指定。

代理人在没有得到被代理人授权的情况下为票据行为，被代理人对此不负责任，而由代理人承担责任。我国《票据法》第 5 条第 2 款规定："没有代理权而以代理人名义在票据上签章的，应当由签章人承担票据责任。"

三、其他票据代理行为的效力

(一) 自己代理或双方代理的效力

自己代理是指代理人以被代理人的名义同自己发生代理行为；双方代理是指在同一个法律关系中代理人同时代理双方当事人为法律行为。由于票据行为是以负担票据债务为目的的行为，双方之间要发生债权债务关系，在同一个票据关系中，双方在利害关系上是直接对立的，票据法当然不应该承认其法律效力。但这种无效仅存在代理人和被代理人之间，对第三人来讲，仍属于有效的代理行为，如果第三人取得票据是出于恶意，则可以进行人的抗辩。

(二) 隐名代理的效力

隐名代理指的是不表明被代理人名义和代理之意的代理。民事法律一般都承认隐名代理，但票据法实行严格的显名主义，所以，票据法不承认隐名代理的效力。

(三) 无权代理的效力

无权代理是指行为人没有代理权而以代理人名义为票据行为的代理。民事法律对无权代理做出了追认制度，将无权代理的效力的决定权赋予了被代理人，这样票据行为的效力在追认之前处于不确定的状态，不利于票据流通。票据法一般没有追认制度。我国《票据法》第 5 条第 2 款规定："没有代理权而以代理人名义在票据上签章的，应当由签章人承担票据责任。"

(四) 越权代理的效力

越权代理是指代理人具有代理权，但其代理行为超越了代理权限的代理。我国《票据法》第 5 条第 2 款规定："代理人超越代理权限的，应当就其超越权限的部分承担票据责任。"理论上这样规定公平合理，但在实务操作中比较困难。

(五) 表见代理的效力

表见代理是指代理人虽然没有代理权，但是客观上有足以使第三人相信其有代理权的理由而为的票据代理行为。表见代理制度的核心是为了保护善意持票人的权利而不在于保护无权代理人。因此，就表见代理，持票人有权主张被代理人承担票据责任。被代理人承担票据责任后，可要求表见代理人承担其他法律责任。

第五节 空白票据

一、空白票据的概念

空白票据又称空白授权票据，是指出票人在签发票据时，有意识地将票据上应记载的事项不记载完全，授权持票人其后补全记载的票据。英美法上称空白票据为“未完成票据”，日本票据法称其为“白地手形”。

空白票据的出现是市场经济发展的需要。当事人进行商品交换时，可能因某种原因而使票据上部分应记载的事项暂不能确定，须日后确定才能补填，为此，票据法允许出票人先签发票据，交予他人授权其补填，以减少交易困难，促进票据的流通。国外多数国家都承认空白票据的效力①，而我国只准许支票空白②。在空白票据的效力上，内地《票据法》借鉴了我国台湾地区“票据法”的做法，仅规定了空白票据补齐的效力，未解决保护善意第三人的持票问题。

空白票据与不完全票据不同。不完全票据是指票据上欠缺绝对必要记载事项，出票人并无日后由持票人补充完全使之生效的意思，所以不完全票据是无效票据。空白票据虽然在形式上是不完全的，但是由于出票人有意空白，由持票人日后补记而使之有效，所以不一定是无效。理论上而言，空白票据是种附补充权的票据，出票人将补充权授予持票人行使。由于实践中关于票据空白是否为有意很难判断，所以票据法对此做了具体规定，以保护票据的流通和安全。

空白票据也不是空头票据。空白不等于空头。空白是将票据的记载事项有意空白，待日后补记。空头则是多记票据金额，通过透支行为，达到欺诈或诈骗的目的，签发空头票据是对票据流通秩序的一种破坏行为，所以其签发人要

① 《日内瓦汇票本票统一法公约》第10条，《英国票据法》第20条，《德国票据法》第10条，《日本票据法》第10条，《美国统一商法典》第3~115条。

② 参见我国《票据法》第86条、第87条。

负法律责任。①

二、空白票据的性质

空白票据作为一种特殊的票据也是基于票据行为而产生的，但是对于空白授权行为的性质，理论界有不同的观点②。目前通说认为，该行为的性质为出票人对持票人的一种授权，出票人将空白票据交付给持票人，此时持票人即取得了空白票据的补充权。此补充权不是法律行为的委任，而是授权他人对所欠缺事项进行补记的记载，是一种准法律行为。

空白票据的补充权是采用客观说还是主观说，学界至今并无定论，但是从学理上来看，由于票据是文义证券和完全提示性证券，应当采用客观说，不重视补充权的委托意思而仅从票据的外观来判断即可。只要票据依法定程序签章发行，即发生票据效力。在实务中，由于我国《票据法》未规定汇票和本票的补记，所以对于汇票与本票的金额、收款人预留，由持票人补记的，付款人可以拒绝付款。对于空白支票，因《票据法》有明确规定，付款人应当对其承担付款责任，但是对恶意补记的可以进行抗辩。

三、空白票据的种类

依票据空白的内容，可将空白票据分为以下几种：

1. 预留收款人的空白票据

票据具有融资功能，如果出票人有意将收款人预留，然后将空白票据交由他人通过向银行申请贴现即可达到融通资金的目的。将收款人预留可以限制背书，但是相应的票据债务人也将减少。我国《票据法》第 86 条第 1 款规定："支票上未记载收款人名称的，经出票人授权，可以补记。"我国台湾地区"票据法"第 125 条第 2 款规定："支票未记载收款人的，持票人为收款人。"

2. 预留出票日的空白票据

我国《票据法》不允许预留出票日期，否则票据无效。有些国家则允许出票人将出票日预留，以使到期日长期化，从而有利于收款人贴现。

3. 预留票据金额的空白票据

交易的不确定或是连续进行，可能导致债务价金一时不能确定，为此，债务人有意将票据金额预留后再由持票人补记，成为市场交易的重要形态。我国

---

① 参见我国《票据法》第 103 条第 3 款。

② 如附条件的票据行为说、授权行为说、代理票据行为说和预约票据行为说等。

《票据法》因应交易现实，对支票的金额空白予以了确认。该法第86条规定："支票上的金额可以由出票人授权补记，未补记前的支票，不得使用。"

4. 预留票据到期日的空白票据

预留票据到期日，持票人可以根据自己的需要，在适当的日期补填到期日，付款人在确定的相应时期内承担付款责任。我国《票据法》不允许预留票据到期日，否则票据无效。

四、空白票据的构成要件

空白票据必须具备以下条件，才能发生法律效力：

1. 空白票据上须有行为人的签章。票据是要式证券，行为人的签章是票据和票据行为有效的绝对必要记载事项，关涉到票据签章人是否承担票据责任。同时，票据签章也是空白票据区别于票据用纸的主要标示，没有签章，票据不产生任何法律效力。因此，空白票据必须存在签章，否则，该空白票据将不具票据的效力。

2. 空白票据上必须是某些绝对必要记载事项的欠缺

没有欠缺应记载事项的票据是完全票据，空白票据在外观上是欠缺必要记载事项的。其中，前已述及，由于签章是空白票据的构成要件，所以只能是其他应记载事项的部分空缺。若空白票据所欠缺的记载事项非为票据的绝对记载事项的，即使不补记，票据仍有效。所以只能是某些绝对必要记载事项的空白。至于哪些事项空白，各国规定不一，我国《票据法》仅限于金额和收款人空白。

3. 空白票据行为人须经他人授权

空白票据与欠缺记载事项票据的根本区别在于，前者将空白授予他人补记，后者无记载补充授权。授权可以是书面的也可以是口头的，还可以是行为。例如票据交付行为即可被认为是授权。

4. 空白票据的签发必须符合票据法规定

空白票据的签发除预留空白记载事项外，其他要素应符合票据签发的规定。例如票据签发除作成票据外还须有交付行为。但是，为了维护交易安全，对于善意第三人应适用票据外观理论，不以交付为条件。

五、空白票据的效力

空白票据在不同阶段有着不同的效力，一旦补记完全，即与内容齐全、形式完备的完全票据具有同样的效力。而且，空白票据在补记完成后的效力具有溯及力，对完成前的所有票据关系人都有约束力。下面对空白票据的效力予以具体分析：

1. 空白票据在补充权行使前的法律效力。在补充权行使前，空白票据是未完成票据。所以，持票人不能持空白票据行使票据上的权利，不能提示付款。若持空白票据提示付款，不发生保全返还请求权的效力，债务人也不承担迟延给付的责任。

2. 空白票据在补充权行使后的法律效力。空白票据补充完全后成为完全票据，由此引发如下法律后果：若持票人在授权范围内按授权补记，补充后的票据依票据法发生法律效力，而且有溯及力。若持票人未按授权补记，在直接当事人之间则可以票据基础关系有瑕疵而行使票据抗辩权，但对于善意持票人，授权人仍应负票据责任。若补记事项超出授权，给授权人造成的损失，越权人应当承担相应的责任。

3. 遗失或被盗空白票据的效力

我国《票据法》第 15 条规定："票据丧失，失票人可以及时通知票据的付款人挂失止付，但是，未记载付款人或者无法确定付款人及其代理付款人的票据除外。"因此，若是空白票据遗失或被盗，空白票据的出票人可以申请法院发出挂失止付通知，但是一般而言不得申请法院公示催告，以除权判决的方式宣告空白票据的无效，因为此时持有人已无法行使补充权。当出现拾得空白票据且不返还的情形下，空白票据失票人有权利向人民法院提起诉讼。

参考习题

1. 汇票持票人甲公司在汇票到期后即请求承兑人乙公司付款，乙公司明知该汇票的出票人丙公司已被法院宣告破产仍予以付款。下列哪一表述是错误的？(2006 年司考卷三第 23 题)(　　)

A. 乙公司付款后可以向丙公司行使追索权

B. 乙公司可以要求甲公司退回所付款项

C. 乙公司付款后可以向出票人丙公司的破产清算组申报破产债权

D. 在持票人请求付款时乙公司不能以丙公司被宣告破产为由而抗辩

2. 空白票据是(　　)

A. 不完全票据

B. 出票人未签章的票据

C. 非票据法上的票据

D. 附有空白补充权的票据

3. 如有欠缺，未经补记，下列哪项在支票上不得使用？(   )

A. 付款地

B. 金额

C. 出票地

D. 收款人的名称

4. 对背书人记载“不得转让”字样的汇票，其后手再背书转让的，将产生的法律后果是（   ）

A. 该汇票无效

B. 该背书转让无效

C. 背书人对后手的被背书人不承担保证责任

D. 背书人对后手的被背书人承担保证责任

5. 甲为16周岁公民，背书转让一汇票于乙，乙又背书转让，最后持票人丙提示承兑被拒绝后，向甲追索，甲的哪些主张可构成抗辩？(   )

A. 甲为无票据行为能力人，其签章无效，不负票据责任

B. 甲不是付款人，无付款责任

C. 甲为无票据行为能力人，经其签署的票据属无效票据，因而不负票据责任

D. 甲、乙间授受票据时所依据的买卖合同归于无效，甲、乙间转让票据的行为归于无效，因而甲不是票据债务人

【案例选读】

案例一：

2001年6月17日，甲公司与乙公司签订皮革买卖合同向乙公司订购服装革，一次付给乙公司定金承兑汇票100万元。次日，丙公司开出票面金额为60万元的银行承兑汇票，收款人是甲公司，由中国银行A支行承兑。甲公司当日取得汇票即用于支付购货定金，并在背书人处签章后交付给乙公司。6月20日，乙公司将汇票交付给丁原皮中心用于购买猪原皮，但乙公司未在汇票上作任何签章。丁原皮中心次日给乙公司发送了猪原皮。丁原皮中心将所持汇票的第一被背书人补记为丁原皮中心，同时在第二被背书人栏内签章，于6月25日持汇票去其开户银行城区信用社申请贴现，城区信用社委托中国银行B支行用电报向承兑人A支行查询。A支行于6月28日回电称银行承兑汇票属实。同日，城区信用社为丁原皮中心办理了汇票的贴现手续，将汇票金额60

万元扣除利息后，支付给丁原皮中心。城区信用社于10月15日提示付款时，遭拒付。城区信用社诉至法院。

（本案例选自易贤网 http：//www. ynpxrz. com/n9668c1116p7. aspx）

思考：

1. 城区信用社是否对其经贴现所持有的银行承兑汇票享有票据权利？

2. 城区信用社主张票据追索权依法能否成立？

案例二：

李某曾因一项专利发明而获得了不少的收入，因而拥有支票账户。2002年因受刺激而致精神失常。2003年4月5日，李某签发了一张1万元的转账支票给A家电公司购买空调，因支票的出票人系个人，A家电公司提出应有保证书进行保证。李某同意找其儿子小李（已单独立户）保证，随后小李出具了保证书，A家电公司收受支票后，于4月8日以背书的方式将该支票转让给了B科技公司以购买一台电脑，4月12日，B科技公司持该支票向C超市购置办公用品，4月16日，C超市通过其开户银行提示付款时，开户银行以超越提示付款期为由作出了退票处理。C超市只好通知其前手进行追索。在追索的过程中，B科技公司和A家电公司均以有保证书为由推卸自己的票据责任。保证人小李也以其父系精神病人，其父签发的支票无效为由拒不承担责任。经鉴定，李某确实精神不正常，属无行为能力人。

（本案例选自环球职业教育在线 http：//www. edu24ol. com/web_ news/html/2009-8/200982816505118_9. html）

思考：

1. 李某的票据行为是否有效？其签发的票据是否有效？为什么？

2. B科技公司、A家电公司拒不承担责任的理由有无道理？为什么？

3. 本案中小李应否承担保证责任？为什么？

案例三：

甲批发公司和乙进出口贸易公司签订了一份购销合同。甲批发公司卖给乙进出口贸易公司价值20万元的水果，乙进出口贸易公司以空白转账支票方式支付货款。9月22日货物发出，乙进出口贸易公司验收合格后签发给甲批发公司一张在用途上注明“限额20万元”的空白转账支票。

同年10月5日，甲批发公司与丙有限责任公司签订了一份购销合同。甲批发公司购买丙有限责任公司30万元包装纸箱，遂将上述空白转账支票补记

30 万元金额背书转让给了丙有限责任公司。

10 月 20 日，丙有限责任公司向当地工商银行分行提示付款，银行拒付，理由是：票面写有限额 20 万元，而提示的票据票面金额为 30 万元，超过了限额。

丙有限责任公司遂向出票人乙进出口贸易公司行使追索权。乙进出口贸易公司认为自己出票时已经注明该空白转账支票限额 20 万元，所以只能承担 20 万元的责任，对超过部分不承担。

丙有限责任公司又向甲批发公司行使追索权。甲批发公司认为尽管金额是自己补记的，但是支票是乙进出口贸易公司签发的，应由乙进出口贸易公司承担付款责任。

丙有限责任公司于是起诉至法院。

（本案例选自中国贷款网 http：//www. loancn. com/zhishi/news_ detail. asp？ id = 16610）

思考：丙有限责任公司是否有权得到 30 万元？

案例四：

甲和乙是业务合作伙伴。一天乙要去银行办事，甲将一张 3 万元的银行汇票交给乙让其代入账。乙答应后，甲在银行汇票的背面书写了请乙代理收款字样。乙在去银行路上遇到法院拍卖走私汽车，于是就将甲的银行汇票背书给拍卖人作为竞拍的定金，乙竞拍到一辆价值 17 万元的轿车后，才了解到该车油耗较高，于是反悔不买。拍卖人依照拍卖规则没收了乙提供的面额为 3 万元的银行汇票。甲闻知此事，向拍卖人主张银行汇票的所有权为自己，因其在汇票背面书写了代理收款字样，该票据不能做除收款以外的用途。所以，拍卖人拿这张银行汇票是无效的，票据的权利人依然是甲自己的。拍卖人对甲的请求予以拒绝，认为根据拍卖规则，这是乙向拍卖人交付的定金，乙反悔后，不能请求返还定金。

（本案例选自中国政法大学精品课程 http：//jpkc. cupl. edu. cn/jpkc/zhaoxudong1/news/view. asp？ id = 596）

思考：本案中甲的主张是否能成立？

第四章　票据权利

【学习指导】

本章按照票据从签发到消灭的运转顺序，详细讲述票据权利的具体知识点。通过本章的学习，要求掌握票据权利的分类、票据权利的取得、行使、转让、保全、消灭和票据法上的权利；熟悉票据权利的善意取得；了解票据权利的概念、内容和特征。

第一节　票据权利概述

一、票据权利的概念

票据权利，指执票人为取得票据金额为目的，依据票据所赋予对票据行为之关系人所得行使之权利。① 我国《票据法》第4条第4款规定："本法所称票据权利，是指持票人向票据债务人请求支付票据金额的权利，包括付款请求权和追索权。"

二、票据权利的内容

票据权利是一种请求权，包括付款请求权和追索权。

1. 付款请求权。付款请求权是指持票人凭票向票据主债务人或其他付款义务人请求支付一定票据款项的权利。其中票据主债务人包括：汇票的承兑人、本票的出票人以及支票的保付人。持票人请求付款时必须先向票据付款人请求支付票据款项，这称为第一次请求权。

2. 追索权。追索权又称偿还请求权，是指持票人行使付款请求权被拒绝或是其他原因导致持票人无法实现付款请求权时，通过履行一定的保全手续

① 梁宇贤著：《票据法新论》（修订新版），中国人民大学出版社2004年版，第76页。

后，向其前手请求偿还票据金额或其他法定款项的权利。追索权又称为第二次请求权。

这两次请求权的行使有一定的顺序要求：持票人必须先行使付款请求权，追索权只有在付款请求权无法实现的情形下才能行使。法律之所以赋予票据权利人双重请求权，主要是由票据的流通性决定的。双重请求权更能保障持票人权利的实现，从而使票据的流通更为顺畅。同时双重请求权也能强化票据的信用功能。

三、票据权利的特征

票据权利在性质上属于债权，但与民法上的普通债权相比，又有自己的特点：

1. 票据权利属金钱债权。票据权利的发生和延续均以权利人向债务人主张一定金钱为目的。即票据上的请求权只能针对一定数额的金钱，而不能针对其他标的物，也即请求的给付标的具有特定性。

2. 票据权利是一种证券性权利。证券性权利是指通过证券而存在的权利，即表现在证券上的权利。权利与证券密不可分，票据权利为证券权利的一种，其存在、转移、行使等都以持有票据为前提要件，无票据即无权利。民法上的一般金钱债权并不以持有票据为必要。

3. 票据权利是双重性权利。票据权利人在行使票据权利时有两次请求权，第一次是付款请求权，第二次是追索权。在付款请求权无法得到满足时，权利人可以再次行使追索权。双重请求权的目的在于保护票据权利人，使其尽量安全地实现票据权利。民法上的普通金钱债权只能有一次请求权，无法得到满足时则只能通过诉讼或者仲裁等方式寻求法律救济。

4. 票据权利是单一性权利。一份票据上只能存在一个票据权利人，不可能由两个以上不同的权利人同时占有同一张票据。因此，对同一票据来说，票据权利主体具有单一性。在票据权利的行使或转让时也只能整体行使或整体转让，而不得将票据分割开来，如果把票据本身看作一个物，票据权利单一性实际上也是遵循“一物一权”原则的体现。

5. 票据权利是无因性权利。鉴于票据具有无因性，依附于票据而产生的票据权利也具有无因性。即债权人只要持有票据，就可据此享有权利，而无需过问其票据因何而来。票据债务人也无权要求持票人对票据权利发生的原因作出说明。应该说，票据权利的无因性也是出于票据流通性的保障，倘若票据权利行使过程中还对票据权利的原因关系作实质审查的话，无疑会降低票据效率，阻碍票据的顺畅流转。

6. 票据权利具有短期时效性。票据权利人在法定期间不行使其权利的，将因消灭时效的经过归于消灭。这是由于票据辗转流通，牵涉多方债权债务关系主体，倘若票据权利迟迟悬而不决，容易导致债权债务关系的混乱，引发市场的不良反应。故为催促权利人尽快行使票据权利，加快债权债务的清除速度，各国票据法都规定了较民法普通债权更短的时效期间。① 我国《票据法》第 17 条规定："票据权利在下列期限内不行使而消灭：（一）持票人对票据的出票人和承兑人的权利，自票据到期日起二年。见票即付的汇票、本票，自出票日起二年；（二）持票人对支票出票人的权利，自出票日起六个月；（三）持票人对前手的追索权，自被拒绝承兑或者被拒绝付款之日起六个月；（四）持票人对前手的再追索权，自清偿日或者被提起诉讼之日起三个月。"

第二节　票据权利的取得

票据权利的取得，是指依一定的法律事实或行为的发生而占有票据或取得票据的所有权，由此获得票据权利的状态。根据该定义，我们可以得知：第一，票据权利必须以占有票据或拥有票据的所有权为前提；第二，票据权利的取得必须以实现对票据的占有或取得票据所有权为依据。根据票据权利的取得是否基于原权利人的意志与权利，我们可以将票据权利的取得分为原始取得与继受取得。

一、票据权利的原始取得

所谓票据权利的原始取得，是指不以原权利人的权利及意志为依据，而直接依据法律的规定取得票据权利。具体表现为持票人依据出票人的出票行为取得票据或从无处分权人处取得票据（又称善意取得）两种途径。

（一）出票取得

出票取得具有以下特点：一是出票是票据权利产生的最初始行为，也是其他人取得票据权利的基础性行为。这是因为票据是设权证券，票据权利的产生以作成票据为前提条件，在作成之前，尚不存在票据权利，只有作成并交付票据后，票据权利始得发生，故出票是票据权利产生的最初始方式。二是持票人通过出票方式取得票据时，享有最完整的票据权利，能够自由、充分地行使票

① 汪世虎著：《票据法律制度比较研究》，法律出版社 2003 年版，第 192 页。

载权利。这是因为出票行为刚刚完成，出票相对人（受让人）作为第一个持票人，其所占有的票据刚进入流通领域，票据权利受到他人（除出票人以外）人为限制的可能性尚不存在。

（二）善意取得

善意取得是从无处分权人处取得票据的行为。我国《票据法》第12条规定："以欺诈、偷盗或者胁迫等手段取得票据的，或者明知有前列情形，出于恶意取得票据的，不得享有票据权利。"由此可见，我国票据法立法从相反面确定了票据善意制度，其宗旨在于协调由无权处分行为产生的善意受让人与票据所有权人之间的利益冲突，维持善意受让人与票据所有权人之间利益的平衡，以保障市场交易安全，稳定社会经济秩序。

根据善意取得制度中民法的一般原理与票据法的特别规定，票据善意取得必须符合以下构成要件：

1. 受让人必须从无处分权人处取得票据。无处分权人，是指不具备处置票据合法资格的人。依票据法理论，无处分权人一般包括非法取得票据人、无票据权利能力人以及无权或越权为票据代理行为之人。在我国，无处分权人具体表现为以下四种情形：一是以盗窃、欺诈、胁迫等非法手段取得票据者；二是无民事行为能力人或限制民事行为能力人为票据所有权人；三是以拾得、质押等合法手段取得票据者；四是基于保管、委托收款等有权占有而持有票据但无票据代理权限或超越代理权限的持票人。

2. 受让人必须依票据法的转让规则取得票据。票据是要式证券，其转让须具备一定的程序与规则。根据票据是否记名，法律对票据的转让规则作出了不同的规定。一般而言，无记名票据的转让只需将票据直接交付给受让人即可完成，而记名票据的转让则需背书与交付两道程序，受让人才能合法取得票据。如果受让人非基于上述票据转让规则而取得票据，例如是因继承、公司合并等情形取得票据的，不属于票据的善意取得。如果受让人非完全基于上述票据转让规则而取得票据，例如记名汇票在背书后未交付票据前即被持票人（被背书人）盗取或抢去，亦不得适用善意取得制度。

3. 受让人必须出于善意而取得票据

所谓善意，是指持票人受让票据时不知道或不应当知道让与人对票据无处分权。这可以从以下两个角度来判定持票人是否为善意：首先，从主观角度而言，持票人取得票据时应当不存在恶意的行为意识或态度。换言之，持票人在接受票据时应当不存在恶意或不知道让与人对票据存在权利瑕疵。如果受让人在接受票据时即明知让与人为无权处分人，甚至利用票据的无因性与让与人共谋将票据风险转嫁至票据债务人，则显然可以认定受让人存在取得票据的恶意。其次，从客观角度而言，持票人取得票据时应当对让与人的无权处分行为不存在重大过失。换言之，持票人在接受票据时不可能知道或者不应当知道让与人是无权处分人。例如持票人受让的是一张背书连续但实为让与人盗窃而来的票据，在受让人从票据外观根本无法察觉该让与人的权利存在瑕疵的情况下，我们从客观外在事实可以认为受让人在接受票据时无重大过失，由此应认定受让人为善意持票人。

4. 受让人必须支付对价而取得票据

所谓支付对价，是指持票人在接受票据时应当付出了与票据金额相当的利益。例如货币、实物、期权等转让票据的交易代价。我国《票据法》第 10 条第 2 款规定："票据的取得，必须给付对价，即应当给付票据双方当事人认可的相对应的代价。"对因税收、继承、赠与等未支付对价而无偿取得票据的行为，该法第 11 条第 1 款规定，持票人所享有的权利不得优于其前手的权利。也就是说，持票人未支付对价而取得票据时，其权利将受限于前手权利瑕疵的影响，不得以善意取得来获取完整的票据权利。关于对价的认定，我们认为应从以下方面予以综合考虑：一是对价必须具有价值性，亦即所付出的代价必须能够用货币来衡量。如果受让人是因为诸如恋爱等事由而取得票据的，由于该行为难以用货币来确定交易价值，法律将无从判断其对价；二是对价必须具有相当性，亦即所付出的代价必须与票据金额相当。如果是无偿取得或以不相当的代价取得票据，法律自然没有以他人利益受损为前提而保护无成本或低成本受让人的必要；三是对价必须具有合法性，亦即所付出的代价必须不违反法律和社会公共利益。如果受让人是基于赌博、贩毒等非法交易而取得票据，因该交易本身不受法律保护，法律当然也不会保护该票据受让人。

二、票据权利的继受取得

所谓票据权利的继受取得，是指以让与人的权利和意志为依据，通过某种法律行为或法律事件从让与人处取得票据。票据权利一般是从有权处分票据之人处继受而来的。这是因为票据是流通证券，持票人从出票人处取得票据后，通常会根据自己的利益需要而选择转让票据，以实现票据功能的最大化。票据权利的继受取得，根据法律规则的不同，可分为票据法上的继受取得与民法上的继受取得。

（一）票据法上的继受取得

票据法上的继受取得，是指依票据法规定的转让规则从有权处分票据权利之人处取得票据的行为。该情形而取得票据权利主要包括：一是持票人从票据所有权人处经背书或直接交付等方式依法收受票据而取得票据权利；二是票据保证人因履行保证义务而取得票据权利；三是被追索人因清偿票据债务而取得票据权利；四是质押背书的质权人因质权实现而取得票据权利。

（二）民法上的继受取得

民法上的继受取得，是指依民法规定的债权转让规则从有权处分票据权利之人处取得票据的行为。票据债权作为民事债权的一种，其转让除遵守票据法规定的权利转移方式外，还要受到民法一般债权转让规则的调整。当票据法对票据权利转让未予规定时，则适用民法的一般转让规则。例如在继承、企业合并、法院判决等票据权利转让的特殊场合，只能依据民法的债权转让规则来保护持票人的利益。

第三节 票据权利的行使

一、票据权利行使的概念

票据权利的行使是指票据权利人请求票据债务人履行其债务的行为，包括请求付款与追索。广义范围的票据权利行使还包括请求承兑、提示票据等，学界认为广义范围中所含的行为并不属于权利的行使，① 而是为了行使票据权利的准备工作，我们认为票据权利的行使限于请求付款与追索是中肯的。票据权利的行使与票据权利的保全联系紧密，但并不完全相同。票据权利的行使是为了实现票据权利而为的行为，票据权利的保全是为了票据权利人不受损失而为的行为。票据权利的保全大多属于票据行为的行使行为。事实上，这两者的区别很小，一般票据法律制度和票据法理论都将两者相提并论。我国的票据立法也是如此，《票据法》第16条规定："持票人对票据债务人行使票据权利，或者保全票据权利，应当在票据当事人的营业场所和营业时间内进行，票据当事人无营业场所的，应当在其住所进行。"

二、票据权利行使的方法

（一）行使付款请求权的方法

行使付款请求权的方法就是按期提示付款。具体来讲，持票人要按规定的

① 谢怀栻著：《票据法概论》，法律出版社2006年版，第73页。

期限向票据的付款人出示票据，要求支付票据上所载款项。只有经过持票人提示，付款人才能对票据进行审查，才能决定是否支付票据款项。

提示付款必须符合一定的要求：

1. 对于提示方式的要求。提示付款类似于一般民事法上的请求履行，但是与一般民事法上的请求履行不同的是，提示付款不可以采用口头的形式，而要求将票据出示给付款人。因此，提示付款必须采用书面形式。

2. 对于提示人与被提示人的要求。提示人是持票人本人，也可以是持票人的委托代理人。我国《票据法》第 53 条第 3 款规定："通过委托收款银行或者通过票据交换系统向付款人提示付款的，视同持票人提示付款。"《支付结算办法》第 37 条规定："通过委托收款银行或者通过票据交换系统向付款人或代理付款人提示付款的，视同持票人提示付款。"被提示人是票据付款人，也可以是代理付款人。《支付结算办法》第 37 条第 3 款规定："本条所称'代理付款人'是指根据付款人的委托，代理其支付票据金额的银行。"

3. 对于提示付款的时间要求。我国《票据法》根据票据种类的不同对票据付款提示时间做出了不同的规定。根据《票据法》第 53 条的规定，见票即付的汇票，持票人应当在自出票日起 1 个月内向付款人提示付款，定日付款、出票后定期付款或者见票后定期付款的汇票，持票人应当在自到期日起 10 日内向承兑人提示付款。根据《票据法》第 78 条的规定，本票自出票日起，付款期限最长不得超过两个月。由此可见，本票持票人必须在出票日起两个月内向付款人提示付款。根据《票据法》第 91 条的规定，支票持票人应自出票日起 10 日内提示付款；异地使用的支票，其提示付款的期限按照中国人民银行的另行规定执行。

4. 对于提示付款的地点要求。我国《票据法》第 16 条规定："持票人对票据债务人行使票据权利，或者保全票据权利，应当在票据当事人的营业场所和营业时间内进行，票据当事人无营业场所的，应当在其住所进行。"具体来讲，提示付款应该在票据记载的付款地进行，票据上未记载付款地的，汇票以付款人或者代理付款人的营业场所、住所，本票以出票人或代理付款人的营业场所，支票以付款人的营业场所为提示付款的地点。

(二) 行使追索权的方法

持票人在提示承兑或者提示付款遭到拒绝或者有其他法定原因时，可以向票据的出票人、背书人或者其他的票据债务人请求偿还票据金额及其他法定款项。行使追索权有以下几个方面的要求：

1. 发生了行使追索权的原因。这是行使追索权的实质要件。我国《票据法》第61条规定："汇票到期被拒绝付款的，持票人可以对背书人、出票人以及汇票的其他债务人行使追索权。汇票到期日前，有下列情形之一的，持票人也可以行使追索权：（一）汇票被拒绝承兑的；（二）承兑人或者付款人死亡、逃匿的；（三）承兑人或者付款人被依法宣告破产的或者因违法被责令终止业务活动的。"

2. 按期提示票据。行使票据追索权还必须完成保全追索权的手续，只有这样，追索权才不会丧失。按期提示票据是保全票据追索权的要求。我国《票据法》第53条对提示票据的时间作出了相应的规定。

3. 依法提供拒绝证明或者其他有关的证明。这是保全票据追索权的另一个要求。拒绝证明能证明持票人曾依法提示了票据但被拒绝，其他有关的证明能证明因法定事由而无法进行票据提示或者无法取得拒绝证明。我国《票据法》第62条规定："持票人行使追索权时，应当提供被拒绝承兑或者被拒绝付款的有关证明。持票人提示承兑或者提示付款被拒绝的，承兑人或者付款人必须出具拒绝证明，或者出具退票理由书。未出具拒绝证明或者退票理由书的，应当承担由此产生的民事责任。"第63条规定："持票人因承兑人或者付款人死亡、逃匿或者其他原因，不能取得拒绝证明的，可以依法取得其他有关证明。"第65条规定："持票人不能出示拒绝证明、退票理由书或者未按照规定期限提供其他合法证明的，丧失对其前手的追索权。"

第四节　票据权利的转让

一、票据权利转让概述

流通性是票据的生命，英美法系国家称票据为"流通证券"①。因此要实现票据的迅速融通，打破时间空间的限制，从而实现票据权利的转移，达到票据法的宗旨。各国票据法均把流通性作为票据的基本特征加以规定。票据权利的转让是票据制度的核心，它指的是原权利人基于意思表示将票据权利让与受让人的行为。我国《票据法》第27条规定："持票人可以将汇票权利转让给他人或者将一定的汇票权利授予他人行使。"根据《票据法》第80条、第93条的规定，本票和支票权利的转让完全适用汇票的相关规定。

① 谢怀栻著：《票据法概论》，中国社会科学出版社2007年版，第70页。

民法中的一般债权可以转让，票据权利的转让与之有相似之处。但与民法中的债权转让不同，票据权利转让在票据法制度中处于核心地位，是票据制度的必然要求。两者之间的区别体现在以下几点：

(1) 票据权利转让是单方法律行为，一般债权转让是合同行为。一般债权的转让，债权人将权利转让给他人，需要与受让人达成合意，而且应该通知债务人，若事先没有通知债务人，债务人有权拒绝向受让人清偿债务。而票据权利的转让则以票据行为这一单方法律行为就可以实现，不必通知债务人即可以生效。这体现了票据文义性的特点，票据作为一种流通证券和金钱债权证券，都是债权人向债务人提示请求履行，债务人向何人履行义务意义并不大。这样的规定能促进票据迅速流通，实现票据目的。

(2) 票据权利转让是要式行为，而一般债权并没有这样的要求。一般债权的转让，并不要求具备一定的方式，不需要在一定的载体上从外观加以体现。而票据权利的转让则要求在外观上体现为票据的转让，且要具备一定的形式要件，例如背书交付的时候，需要依法定方式作成背书且交付票据。

(3) 票据权利转让后，转让人成为票据债务人，不退出票据关系，对受让人和其后手承担担保付款（在汇票、本票、支票的情况）或者担保承兑（在汇票的情况）的责任。而一般债权转让，转让人转让权利后即退出了债权债务关系，除合同另有规定外，不负担保责任。票据法这样的规定使转让人转让票据后通常并不退出票据关系，而是和其他票据债务人一道成为了新增加的票据债务人，这样，转让的次数越多，承担担保责任的票据债务人就越多，票据债务清偿的保障力就越强，对持票人越有利，也更能促进票据的流转。

(4) 票据权利转让后，票据债务人不得以对抗转让人（原持票人）的抗辩事由对抗善意受让人。而在一般债权转让中，债务人在受通知时能对抗转让人的抗辩事由都可以对抗受让人，并不因为债权的转让而切断抗辩。这样，转让的次数越多，债务人的抗辩事由却可能不断增多，这与票据的流通性是相悖的。因此，票据债务人对转让人（原持票人）的抗辩事由随着票据的转让而切断，以降低受让人遭受抗辩的可能性，保障票据的流通性。

(5) 票据权利可以回头转让。一般债权转让，只能让与第三人，如果将债权让与债务人，债权债务关系就因混同而消灭。而在票据权利的转让过程中，即使票据又转回到原债务人的手中，转让人与受让人之间票据上的权利义务关系并不因为混同而消灭。我国《票据法》虽无明文规定回头背书转让，但也没有加以禁止。

(6) 票据权利转让必须是全额转让，并且不得附有条件。一般债权转让，可以根据当事人之间的自由意志，可以部分转让，转让也可以附有条件。

二、票据权利转让的方式

票据作为完全有价证券，票据本身的转让意味着票据权利的转让。票据权利的转让有两种方式：一是单纯交付转让；二是背书转让。

（一）单纯交付转让

单纯交付转让是指原持票人（转让人）以转让票据权利为目的而将票据直接交付给受让人的一种票据权利转让方式。在这种转让方式下，转让人只要将其所持的票据交付给受让人，票据权利也就随之转移给了受让人。转移票据权利的意思是通过交付票据的行为来表现的。受让人最后占有了票据，也就表明该人取得了票据权利。

单纯交付转让只适用于无记名票据和空白背书票据，对其他形式的票据，票据法并不承认票据权利仅由单纯交付就可以有效转让。

无记名票据上不记载债权人的姓名，可以仅凭交付就使票据转让，而不需要其他任何手续。在英美法系国家，汇票、本票与支票都可以是无记名票据，当任何一种票据为无记名票据时，均可以单纯交付方式转让。《日内瓦统一汇票本票法》没有规定无记名票据。依据我国《票据法》的规定，汇票、本票都必须是记名票据。《票据法》第 27 条第 1 款规定：“持票人可以将汇票权利转让给他人或者将一定的汇票权利授予他人行使。”同时在第 3 款规定：“持票人行使第一款规定的权利时，应当背书并交付汇票。”因此，对于汇票、本票只能通过背书的方式转让。而对于支票，我国《票据法》允许无记名票据的存在，出票人签发票据时可以将收款人姓名或名称空白不作填写，授权持票人补记，又称为空白支票。因此，我国允许空白支票的持票人以单纯交付的形式转让票据权利。

空白背书票据是只有票据背书人签名，而不记载被背书人的票据。《日内瓦统一汇票本票法》第 14 条规定：“持票人得将此种汇票以单纯交付而转让。对空白背书票据，视为无记名票据，所以准许只以交付转让。”①

（二）背书转让

背书转让是原持票人（转让人）以转让票据权利为目的通过背书行为将票据转让给受让人的转让方式。在这种转让方式下，转让人需要有进行背书和

① 谢怀栻著：《票据法概论》，中国社会科学出版社 2007 年版，第 76 页。

交付票据两个行为。背书是指持票人在票据背面或者粘单上记载有关事项并且签章的票据行为。记名票据和完全背书票据必须用背书方式转让，无记名票据和空白背书票据可以用单纯交付的方式转让，也可以用背书方式转让票据权利。①

（三）两种转让方式的比较

（1）两者适用范围不相同，单纯交付转让适用于无记名票据和空白背书票据，而背书转让适用于所有的票据。

（2）单纯交付转让票据权利，简单方便，但不够安全，可靠性差。单纯交付时，票据上没有任何记载，受让人不可能知道该票据已经过何人之手，其行使追索权时会遇到很大的障碍。而背书方式安全程度高，通过票据文义确定票据流转经过何人，按照背书人对被背书人及其后手承担担保付款和担保承兑责任的规则，持票人的权利能得到很好的保护。

第五节　票据权利的保全

一、票据权利的保全概述

票据权利的保全，指票据权利人为了防止票据权利的丧失而实施的一切行为。例如为了防止付款请求权和追索权因时效而丧失，所作出的中断时效的行为（主张权利、提起诉讼）；为防止追索权因手续欠缺而丧失，所作出的按期提示并依法作成拒绝证书的行为。票据权利的行使和票据权利的保全联系紧密。票据权利的保全是为了保证票据权利的行使，票据权利的保全行为大多是票据权利的行使行为，有时票据权利一行使就直接起到了保全票据权利的效果。例如向票据付款人提示票据并请求付款的行为本身就有中断时效，保全票据权利的效果。一般情况下，票据法都将两者相提并论。我国《票据法》第16条规定：“持票人对票据债务人行使票据权利，或者保全票据权利，应当在票据当事人的营业场所和营业时间内进行，票据当事人无营业场所的，应当在其住所进行。”

二、票据权利的保全方法

票据权利的行使和保全的方法通常有两种，一是按期提示，二是依法

---

① 吕来明著：《票据法基本制度评判》，中国法制出版社2003年版，第211页。

取证。

(1) 按期提示。按期提示指的是根据票据法规定的期间，向票据债务人或者关系人出示票据，请求其承兑或者支付票据金额。这里的提示不是一种权利，而是行使权利必须要做的行为。持票人对于付款人、代理付款人等票据关系人，即使没有付款请求权存在，首先都应该进行付款的提示，如果付款遭到拒绝后，就可以行使追索权。这种提示类似于民法上的请求，但民法上以书面或者口头行使均可。而票据法要求票据上的提示必须是现实地提示票据，否则不发生提示的法律效果。

(2) 依法取证。依法取证指的是持票人为了达到证明自己曾经依法行使了票据权利但是遭到了拒绝或者根本无法行使票据权利的目的，按照法律规定的时间和方式取得相关的证明。例如，在持票人提示付款被拒绝后，请求拒绝人出具拒绝证书或者退票理由书；承兑人被宣告破产，持票人请求法院给付有关司法文书副本等。一般来说，持票人凭此拒绝证书，就可以行使追索权。

三、票据权利的保全时间

关于票据权利行使与保全的时间，各国票据法及其国际公约，均有明文规定，我国《票据法》第16条规定保全票据权利，应当在票据当事人的营业时间内进行。我国《票据法》第92条规定，支票的持票人应该自出票日起10日内提示付款。依照《民法通则》第154条的规定，各项期限的开始当天不计入，而从下一天开始计算。期限的最后一天是星期日或者其他法定休假日的，以休假日的次日为期限的最后一天，到停止营业活动的时间为止。

因此，票据权利的保全应该在当事人的营业日内的营业时间进行，如果期限最后一日不为营业日，则以该日后的第一个营业日为最后一日。否则逾期实施保全票据权利的行为，都不能发生保全票据权利的效力，甚至可能导致票据权利因时效经过而丧失。

四、票据权利的保全处所

民法一般规定，清偿债务的地点除了有特殊情况，一般都在债权人的住所地。但票据是流通证券，几经易手后，票据债权人如果不向债务人提示票据请求履行债务，债务人是无法得知债权人为何人的。因此，各国票据法律制度均规定应在票据债务人的住所地清偿票据债务。我国《票据法》第16条对票据权利的行使和保全地点规定为“票据当事人的营业场所”，“无营业场所的，应当在其住所进行”。

第六节　票据权利的消灭

票据权利的消灭，指的是票据上的付款请求权或者追索权因法定事由的出现而归于消灭。票据法注重票据的流通，也注重对票据权利人的保护，而相应的票据义务人的义务比民法上一般债务人更重。法律为了平衡两者之间的利益，促进交易迅捷达成，规定了票据权利消灭的原因，主要包括：

一、付款

付款，指的是向持票人支付票据上所载款项以消灭票据法律关系的行为。持票人从出票人或者背书人处取得票据的目的，就在于票据到期时，能够获得票据金额的支付，所以，付款是消灭票据权利最普遍的方式，是票据权利得以实现，票据功能得以完成的标志。理论上付款有广义与狭义之分。广义上的付款指一切票据债务人所进行的支付；狭义上的付款指付款人及其代理人所进行的付款行为。值得注意的是，在票据中，只有承兑人在付款提示期限内的付款才能使一切票据关系绝对消灭。票据的出票人、背书人及其保证人所为的付款，票据关系并未绝对消灭，他们只是消灭追索权的全部或者一部分。

严格意义上的付款是狭义上的付款，这种意义上的付款是付款人或者代理人所作的付款行为，能使票据权利绝对消灭。各国票据法均对付款作出了规定，付款人向持票人支付了票据金额，并由持票人在票据上记载“收讫”字样并签名，最后由付款人持有票据，票据权利即消灭。我国《票据法》对付款作出了专节的规定，《票据法》第60条规定：“付款人依法足额付款后，全体汇票债务人的责任解除。”付款一般的过程是：

(1) 付款的提示。指持票人向付款人提示票据，请求支付票据金额的行为。提示付款应该在法定付款提示期间进行。我国《票据法》规定，汇票的提示期间分别是：见票即付的汇票，自出票日起1个月内；定日付款、出票后定期付款以及见票后定期付款的汇票，自到期日起10日内。本票的提示付款期间是自出票日起2个月内。支票的提示付款期间是自出票日起10日内。如果持票人不在提示期间为付款的提示，则丧失对其前手的追索权。

(2) 付款。持票人在提示期间提示付款时，付款人或其代理人应当当场即时付款，不得延误。付款人付款时，对持票人是否为合法权利人负有形式审查义务。如审查票据记载的内容是否完备，事项是否符合法律规定，签章是否符合规定，票据金额大小写是否一致，背书是否连续等，而对于持票人是否为真实的权利人，是否依真实有效的背书受让票据权利等实质性问题无须审查。如果付款人没有进行形式审查，或者形式审查时没有发现形式上存在的问题而错误付款，则负有向真实权利人再次付款的责任。如果经过形式审查没有问题，而持票人却不是真实的票据权利人，若付款人善意且无重大过失，该付款为有效付款，不承担再次付款的责任。

(3) 收回票据。付款人在当日足额付款过后，持票人应该在票据上签收，随后付款人收回票据。收回票据是付款人的权利，也是持票人获得付款后的义务。付款人付款后，其付款义务已经消灭，如果不收回票据，付款人会有遭受再次付款的可能。只有收回票据，票据权利才会归于消灭。

二、时效

票据时效是指票据权利的消灭时效期间。民法理论上有取得时效、消灭时效、诉讼时效三种，而票据时效是消灭时效，如果超过了票据时效就意味着票据权利人丧失了票据权利。我国《票据法》第 17 条规定："票据权利在下列期限内不行使而消灭：（一）持票人对票据的出票人和承兑人的权利，自票据到期日起二年。见票即付的汇票、本票，自出票日起二年；（二）持票人对支票出票人的权利，自出票日起六个月；（三）持票人对前手的追索权，自被拒绝承兑或者被拒绝付款之日起六个月；（四）持票人对前手的再追索权，自清偿日或者被提起诉讼之日起三个月。"

三、未行使和保全票据权利

持票人没有按照法律规定行使和保全票据权利，会丧失相应的权利。在没有按期提示票据的情况下，持票人会丧失对出票人以外的其他前手的追索权。在没有依法取证的情况下，即没有取得拒绝证明，如拒绝证书、退票理由书等，持票人会丧失对前手的追索权。

我国《票据法》明确规定了提示票据的期限，《票据法》第 39 条规定："定日付款或者出票后定期付款的汇票，持票人应当在汇票到期日前向付款人提示承兑。提示承兑是指持票人向付款人出示汇票，并要求付款人承诺付款的行为。"第 40 条规定："见票后定期付款的汇票，持票人应当自出票日起一个月内向付款人提示承兑。汇票未按照规定期限提示承兑的，持票人丧失对其前手的追索权。见票即付的汇票无需提示承兑。"这两条规定提示承兑的期限。《票据法》第 53 条、第 79 条、第 92 条规定了提示付款的期限：见票即付汇票的持票人应当在出票日起一个月内提示付款；定日付款、出票后定期付款或者见票后定期付款的汇票应当在到期日十日内向承兑人提示付款；银行本票的持票人应当在出票日起两个月内提示付款；支票持票人应当在出票日起十日内提示付款。如果超出了法律规定的期限提示票据，将丧失对出票人以外的其他前手的追索权。

持票人除了要在法律规定的时间内提示票据外，还要依法取证，证明自己曾按照法律规定的时间和方式提示票据但没有获得承兑或者付款。拒绝证明包括拒绝证书、退票理由书、死亡证明书、司法文书等。如果没有依法取证，就会丧失对前手的追索权。这是因为，被追索人对票据情况一般很难了解，对持票人是否按照法律规定及时提示票据，是否丧失了追索权更是无从得知。要被追索权人去承担证明责任，显然不公平。

第七节　票据法上的权利

一、票据法上的权利概述

票据法上的权利是指权利人基于票据法的规定对其他票据关系人所能主张的权利。它与票据权利的行使相关，但两者并不相同，体现在以下几点：

（1）产生的依据不同。票据权利是基于票据行为而发生，属于票据证券本身所固有的权利。票据法上的权利是基于票据法的特别规定而发生的，因而不是票据证券本身所固有的权利，可以离开票据证券存在。

（2）目的不同。票据权利的目的就是在于取得一定的金额，而票据法上的权利不是以取得票据金额为目的，相对于票据权利更为繁杂。其主要目的在于使票据权利人能够顺利地实现其票据权利，或者保证票据债务人因其他票据关系人的过失而遭受的损失能够得到公平合理的补偿，或者使持票人在其票据权利依票据法律程序无法实现时，能得到合理有效的救济。

（3）权利性质不同。票据权利的实现是票据法所保障的，票据法上的权利是辅助票据权利人实现票据权利的，具有从权利的性质。票据法上的权利能使票据权利在不能正常行使时，使权利人得到合理的补偿。

（4）行使权利的方式不同。票据权利不能离开票据，这由票据是完全有价证券所决定的，行使票据权利，必然离不开票据。而票据法上权利并不以占有票据为必要，不提示票据或者根本就无需占有票据，权利人仍可以行使票据法上的权利。

二、票据法上的权利种类

关于票据法上的权利种类，我国票据立法中乃至理论界都没有明确的体系，我们认为票据法上的权利主要包括利益偿还请求权、票据返还请求权、损害赔偿请求权、票据交换请求权、复本交付请求权。其中票据复本制度是国外票据法特别是《日内瓦统一汇票本票法》所规定的一种通行的票据制度，我国目前《票据法》并没有复本制度，也就没有复本交付请求权。

（一）利益偿还请求权

所谓利益返还请求权，是指持票人的票据权利因法定原因而丧失时，持票人向票据出票人或者承兑人请求返还相关利益的权利。该权利是法律基于平衡持票人与票据债务人之间的失衡状况而作出的特殊规定。关于该权利的讲解详见第七章第三节的内容。我国《票据法》第 18 条规定："持票人因超过票据权利时效或者因票据记载事项欠缺而丧失票据权利的，仍享有民事权利，可以请求出票人或者承兑人返还其与未支付的票据金额相当的利益。"

（二）票据返还请求权

票据返还请求权指的是原持票人丧失票据后对于以恶意或者因重大过失而取得票据的人，有要求其返还票据的权利。例如，在持票人以偷盗、欺诈、胁迫等手段取得票据，或者持票人因恶意或重大过失从无权利人手中取得票据等情形下，真正的权利人可以要求其返还票据。该权利的出发点是把票据作为物来保护，某种程度上票据返还请求权与民法之物权法规定的物之返还请求权是一致的。

（三）怠于追索通知的损害赔偿请求权

当发生追索的时候，追索权人未在法律规定的期间内，将追索一事通知追索义务人，因而造成追索义务人的损失，该追索义务人可以向追索权人行使损害赔偿请求权。追索权人在行使追索权的时候，追索权人有义务向追索义务人发出通知的义务。这样，追索义务人可能会主动履行自己的追索义务，使追索权人权利得到实现，从而使自己尽快向自己的前手进行再追索。在追索义务人的前手濒临破产，财务状况恶化，可能难以实现再追索权时，及时的通知就显得十分重要了。如果怠于通知，追索义务人可以就自己受到的损害向追索权利人请求赔偿。

（四）票据交还请求权

票据交还请求权是指票据债务人履行了票据义务后请求票据权利人交付票据的权利。具体情形包括付款人支付票据金额后，请求持票人将票据交还给付款人，或者被追索人承担了票据责任后，请求持票人交付票据和拒绝证明等。

参考习题

1. 关于汇票的付款，说法正确的是（　　）

A. 付款是票据行为

B. 付款不是票据行为

C. 付款人或者代理付款人要在票据上签章

D. 付款人或者代理付款人要在票据上为一定的意思表示

2. 我国票据法规定汇票的付款时间为（　　）

A. 提示付款之时立即付款

B. 提示付款当日

C. 提示付款之时起的下一个营业日内

D. 提示付款后的3日内

3. 以下哪些情况下，票据持票人可以行使追索权？（　　）(1999年司考卷三第64题)

A. 汇票被拒绝承兑

B. 支票被拒绝付款

C. 汇票付款人死亡

D. 本票付款人被宣告破产

4. 甲公司在与乙公司交易中获票据一张，出票人为丙公司，承兑人为丁公司，付款人为戊公司，汇票到期日为2003年11月30日。当下列哪些情况发生时，甲公司可以在汇票到期日前行使追索权？（　　）(2004年司考卷三第65题)

A. 乙公司申请注销法人资格

B. 丙公司被宣告破产

C. 丁公司被吊销营业执照

D. 戊公司因违法被责令终止业务活动

5. 甲拾得某银行签发的金额为5000元的本票一张，并将该本票背书送给女友乙作为生日礼物，乙不知本票系甲拾得，按期持票要求银行付款。假设银行知晓该本票系甲拾得并送给乙，对于乙的付款请求，下列哪一种说法是正确的？（　　）(2005年司考卷三第31题)

A. 根据票据无因性原则，银行应当支付

B. 乙无对价取得本票，银行得拒绝支付

C. 虽甲取得本票不合法，但因乙不知情，银行应该支付

D. 甲取得本票不合法，且乙无对价取得本票，银行得拒绝支付

6. 因税收、继承或赠与无偿取得票据的，所享有的票据权利不得优于（　）的票据权利。

A. 前手

B. 后手

C. 第一持票人

D. 其他当事人

7. 持票人对下列情况取得的票据不享有票据权利的是（　　）。

A. 以欺诈、偷盗或胁迫等手段取得的票据或明知有前列情形的

B. 因重大过失取得的不合票据法的票据

C. 没有支付对价取得票据的

D. 出于恶意取得票据的

8. 下列（　　）情况中票据持有人可以取得票据权利。

A. 因赠与而取得票据

B. 拾得票据

C. 因盗窃而取得票据

D. 因合同而取得票据，但己方没有履行合同

9. 票据权利的转移以（　）为条件。

A. 交付票据

B. 签订书面协议

C. 向票据管理机关登记

D. 向票据管理机关备案

【案例选读】

案例一：

牛某系北京花乡桥某经销部业主，向法院诉称甲公司在牛某处购买建筑材料，共计15000元。甲公司给牛某出具了一张北京农村商业银行支票（GE02 18722608，以下简称608号支票），票款金额15000元。牛某到银行承兑时，被银行退回，退票理由为大写的“贰”有误。牛某多次找甲公司协商未果，向法院诉讼。甲公司辩称：双方不存在基础法律关系，牛某称公司购买建筑材料是虚假的陈述，甲公司不认识牛某。再者，牛某起诉所依据的支票是甲公司

与乙公司基于装饰关系所出具的支票，领取人是余某，与牛某无任何关系，并且余某先后两次从甲公司拿走了两笔钱，但并未为甲公司做任何事情，甲公司现已就此事报警。

法院查明：2009年4月29日，余某以乙公司名义与甲公司签订了装饰装修工程施工合同，约定乙公司承包甲公司的家庭居室装饰装修工程，工程款4万元整。次月6日，余某与牛某约定，牛某向余某提供木门10套，当月11日，甲公司给付余某北京农村商业银行转账支票一张，号码为18722608，金额为15000元。余某将该支票给付牛某，牛某持该支票入账。当月15日，甲公司给付余某608号支票，票面金额为15000元。余某将该支票给付牛某。牛某持该支票向银行提示付款。当月21日，北京农村商业银行花乡支行出具退票理由书，载明退票号码为18722608、出票人为甲公司、持票人为某经销部，退票理由为大写日期“贰”有误。

（本案例选自北京市第一中级人民法院2009年第14720号终审判决书）

思考：本案应如何判决？

案例二：

1998年3月13日，A公司与C商场签订了一份产品购销合同，供货总值1亿元人民币，结算方式为银行承兑汇票。C商场与B银行于1998年3月14日签订了编号20份银行承兑契约，各契约均约定：承兑汇票金额为500万元；承兑申请人（C商场）应于汇票到期7日前将应付票款足额交付承兑银行（B银行），如到期之前承兑申请人不能足额交付票款，承兑银行对不足支付部分票款转作逾期贷款。同日，C商场、B银行、A公司三方签订一份银行承兑保证协议。协议约定：A公司为B银行与C商场签订的20份银行承兑契约承担连带保证责任。协议签订后，B银行如约对C商场签发了20张银行承兑汇票。各张汇票均载明：出票人C商场，收款人A公司，付款人B银行，金额500万元，出票日期为1998年3月14日，到期日为1998年9月14日，各张汇票的票面上均载明“不得转让”字样。同年9月5日和9月10日，A公司因未足额供货而将其中的11张共计5500万元的汇票分两次汇给B银行。以后，A公司于9月10日和11日将其余的9张计4500万元银行承兑汇票分别委托其三家开户银行向B银行提示付款。B银行以“与A公司有约定的债权债务关系、A公司违约”为由拒绝付款，同时将汇票扣留，并于9月23日开出拒付证明。1998年9月28日，A公司向B银行出具了一份《退票说明》，具体内容是：“由于市场客观原因，我公司未能履行对你行所承兑的4500万元银行承兑汇票之‘银行承兑保证协议’所应有的担保责任，而我公司与A公司间的购销业务又在继续；鉴于上述情况，特将已到期的4500万元银行承兑汇票退回。望报经上级批准后，另行办理相应的银行承兑汇票为盼。”B银行遂在上述汇票上加盖“作废”印章，按废票处理。

1999年7月5日，A公司向某高院提起诉讼，请求B银行对上述4500万元银行承兑汇票承担付款责任并赔偿相应损失。

某高院审理认为：A公司于1998年9月28日向B银行出具的书面的《退票说明》，表明了A公司对票据及票据权利放弃的意思表示，是对B银行付款义务的免除。这种放弃自己的权利、免除债务人债务的行为，不违反法律规定，应为有效行为。因此，自B银行收到《退票说明》时起，A公司已经丧失了对上述汇票的一切权利。A公司在与B银行之间的票据关系终止后，又提起诉讼，请求B银行基于票据关系承担付款责任。对此不应予以支持。一审判决驳回A公司的诉讼请求。

A公司向最高人民法院提起上诉称：A公司的《退票说明》所指向的对象是已于1998年9月10日退回的5500万元汇票，而非已承兑的4500万元汇票。B银行拒绝付款的理由是A公司与其存在债权债务关系。也就是说，A公司是对转作贷款的票款承担连带保证责任，而不是4500万元银行承兑汇票的保证人。票据保证与贷款保证是两个法律关系。A公司请求撤销原判，改判B银行对本案所涉4500万元汇票承担付款责任。

（本案例选自北大法意网 http：//www. lawyee. net/Case/Case_ Hot_ Display. asp？ RID = 178499）

思考：

1. A公司是否仍对上述票据享有权利？
2. 本案应如何判决？

案例三：

招商银行某支行为从YY公司引进资金，于1996年10月5日签发了以YY公司为收款人的2500万元银行承兑汇票作为引进资金的担保。

1996年10月中旬，YY公司刘总经理到NF公司联系贷款，在洽谈中，刘总经理提出以招商银行某支行签发的收款人为YY公司的银行承兑汇票2500万元作为贷款抵押，并将汇票交给NF公司。

10月15日，借贷双方签订了贷款合同，在合同中约定：NF公司向YY公司发放流动资金贷款2500万元，月利率9.25‰，期限8个月（1996年10月

15日至1997年6月14日)。

YY公司刘总经理和NF公司副总经理郝某分别在合同上签名,借方加盖了YY公司公章,贷方加盖了NF公司公章。

合同签订后,NF公司考虑到YY公司经营不善,担心贷款到期后YY公司无力还贷,提出将用以抵押的银行承兑汇票的收款人由YY公司变更为NF公司。1996年10月21日,NF公司与YY公司经协商在原贷款合同中增补了担保条款如下:

借方开出以贷方为收款人的银行承兑汇票做抵押,借方保证在贷款发出后15日内将银行承兑汇票开出,逾期贷方向借方加收每日5‰的罚息,先贷500万元,票到后再贷1500万元。

1996年10月28日,YY公司刘总经理到西宁,向招商银行某支行提出必须开出以NF公司为收款人的2500万元银行承兑汇票,YY公司才能为招商银行某支行引进资金。

1996年11月2日,NF公司副总经理郝某到西宁,要求招商银行某支行将银行承兑汇票的收款人由YY公司变更为NF公司。当晚,NF公司副总经理郝某给招商银行某支行主任出示了NF公司于1996年10月26日签发给YY公司的1000万元银行汇票。

1996年11月4日,招商银行某支行签发了以未来商城为承兑申请人、以NF公司为收款人、票面金额合计人民币2500万元的银行承兑汇票,汇票到期日为1997年8月4日。

1996年11月4日,招商银行某支行主任将上述两张银行承兑汇票第2联交给NF公司副总经理郝某,郝某将1000万元银行汇票交给YY公司。

1996年11月8日,YY公司从招商银行某支行处取走当月4日签发的银行承兑汇票第3联(解讫联)在北京交给NF公司,同时从该公司取回收款人为YY公司、票面金额合计为2500万元的银行承兑汇票退还招商银行某支行。

截至11月30日,NF公司共向YY公司发放流动资金贷款1949万元,放贷时直接扣收手续费47万元。YY公司取得贷款后,将其中的500万元转存未来商城在招商银行某支行的账户。

NF公司在贷款到期后未能从YY公司收回贷款本金和利息。招商银行某支行得知后,函告NF公司抓紧催收贷款,NF公司要求招商银行某支行按期兑付银行承兑汇票的票款,招商银行某支行为此于1997年7月28日向法院提起诉讼,请求确认招商银行某支行签发的2500万元银行承兑汇票无效。

NF公司在答辩期间提起反诉,要求招商银行某支行立即支付业已到期的银行承兑汇票票款以及赔偿银行承兑汇票到期后未能兑付期间的损失。

在此期间，YY公司已经宣告破产，且破产程序已经终结。

（本案例选自浙江律师网 http://www.zjlvshi.cn/falvzhuanti/HTML/48986_2.html）

思考：

1. 本案中的银行承兑汇票法律关系是否成立？

2. NF公司是否享有向招商银行某支行的支付请求权？

第五章 票据瑕疵

【学习指导】

这一章讲述票据瑕疵的内容，涉及的知识点实务操作性较强，学习时辅以阅读相关案例会收到较好的效果。本章内容与第七章结合紧密，可以对照学习。通过本章的学习，要求掌握票据伪造、变造、涂销的效力；熟悉票据伪造、变造、涂销的概念；了解票据伪造、变造、涂销之间的异同。

第一节 票据的伪造

一、票据伪造的概念

票据伪造有广义和狭义的区分。狭义的票据伪造指假冒他人或虚构他人名义签章签发票据，即狭义的票据伪造仅仅指伪为出票行为。广义的票据的伪造指假冒他人或虚构他人名义签章而为其他票据行为，比如背书、承兑等。换言之，狭义的票据伪造是伪为基本票据行为，而广义的票据伪造还包含伪为附属票据行为。伪为附属票据行为又称为票据签名的伪造。

我国《支付结算办法》第14条第3款规定："本条所称的伪造是指无权限人假冒他人或虚构他人名义签章的行为。"根据以上规定，票据伪造应当具备以下四个要件：

1. 票据伪造为无票据权利人所为的行为。对于狭义的票据伪造，伪造人并没有签发票据的意愿。广义的票据伪造中，伪造人没有取得合法的票据权利。伪造者假冒他人或虚构他人名义签章实施票据行为。假冒是没有得到他人授权，以他人名义实施票据行为；虚构是指捏造一个莫须有的人，以其名义实施票据行为。无论是哪一种情况，伪造者都不享有票据权利。

2. 票据伪造的对象是票据行为。伪造票据的行为并非票据行为，却具有票据行为的外观。伪造行为与票据行为的形式要件相一致。换言之，伪造的对象是票据行为，比如出票、承兑、保证、背书。如果不是伪为票据行为，比如在票据上伪造已付款签收的记载，不构成票据伪造。

根据票据行为无因性原理，结合我国《票据法》的相关规定，票据只有在签章后才生效。所以，伪为票据行为的具体做法是伪造签章。可以是模仿他人签名、盖章、盗用他人印章或者制作莫须有的印章。

3. 票据伪造的目的是骗取利益。伪造票据的目的是要从伪造行为中取得利益，可能是骗取付款人的付款，也可能是用该票据购买货物。倘若行为人不是以取得票据金额为目的实施行为，比如为了教学或研究，也就不构成票据伪造。

4. 票据伪造包括伪造票据与交付票据两层含义。票据是流通证券，只有在流通过程中才能发挥其经济职能。同样，伪造人只有让票据流通才能实现其骗取利益的目的。试想行为人伪造票据之后并不交付，则对任何人不造成危害，从而也不构成票据伪造。

二、票据伪造的法律效力

1. 被伪造人不负任何票据责任。签章是票据行为成立的有效要件，票据责任只有在票据行为有效成立的前提下才存在。被伪造人没有在票据上签名或盖章，当然也就不负任何票据责任。即使是善意持票人也不得要求被伪造人承担责任。

当伪造行为构成表见代理，比如公司雇员冒用公司名义签发票据，被委托人则应当负相应的责任。① 被伪造人名义被假冒，实则成为受害人，可以基于民法上的侵权规则请求相应赔偿。

2. 伪造人不负任何票据责任，但要负相应的其他法律责任。伪造人并没有将自己的姓名记载于票据之上，依据票据文义性理论，因此也不负票据责任。但是，是否负担民法上的侵权责任，乃至刑法上的责任，应当由相应的法律调整。

票据伪造中伪造人的责任与无权代理情况下代理人的责任不同，无权代理人应该自负票据责任，但以无权代理人在票据上签章为前提。②

3. 不影响其他真正签名人的票据行为的效力。我国《票据法》第 14 条第 2 款规定："票据上有伪造、变造的签章的，不影响票据上其他真实签章的效力。"这正是票据行为独立性要求的必然结果。其他签名人承担了票据责任的，可依据民法向伪造人索赔。

---

① 梁宇贤：《票据法理论与适用》，台湾五南图书出版公司 1980 年版，第 211 页。

② 汪世虎：《票据法律制度比较研究》，法律出版社 2003 年版，第 159 页。

这里有必要将出票行为的伪造与出票行为无效相区别。出票行为会因为出票人欠缺票据能力、意思表示不真实和形式违法而无效。出票无效将导致后续的票据行为都丧失效力。但是票据伪造不同，它具有形式上的有效性，所以其后续的票据行为只要各自满足有效要件，效力就不受影响。

4. 对其他人的效果

票据伪造对上述人之外的其他人也发生相应的效果。对持票人而言，他对伪造人和被伪造人都不能行使票据权利，而只能向其他的票据债务人行使。如果没有此类债务人，就只能根据民法规则向伪造人主张权利。对于善意的付款人而言，只要持票人为正当，他就不能要求收款人退回款项，只能要求伪造人承担民法上的责任。对于代理付款人而言，只要他善意地付款，则责任应当由委托人承担。

第二节　票据的变造

一、票据变造的概念

《支付结算办法》第 14 条规定："本条所称变造是指无权更改票据内容的人，对票据上签章以外的记载事项加以改变的行为。"依据该规定，票据的变造应当具备以下三个构成要件：

1. 票据变造是无更改权限的人所为的行为。我国《票据法》第 9 条第 2 款和第 3 款规定："票据金额、日期、收款人名称不得更改，更改的票据无效。对票据上的其他记载事项，原记载人可以更改，更改时应当由原记载人签章证明。"可见原记载人在特定范围和条件下，可以对票据作有限的改动。言下之意，原记载人以外的人不得对票据作任何的改动。

2. 票据变造是变更签章以外相关事项的行为。对签章的变造，实质上构成票据伪造，所以变更签章不属于票据变造。

3. 行为人变造票据以取得票据上的利益为目的。无论持票人改变收款人、票据金额还是其他事项，其目的都是为了取得票据上的利益，或者扩大票据上的利益。如果行为人变更票据之后珍藏或销毁，则无异于放弃票据权利，因而不构成票据变造。

4. 票据变造包括变造票据和交付票据两层含义。与票据伪造相同，行为人在变造票据之后需要将其交付他人，否则无法通过变造票据取得利益。

二、票据变造的法律效果

我国《票据法》第14条第3款规定："票据上其他记载事项被变造的，在变造之前签章的人，对原记载事项负责；在变造之后签章的人，对变造之后的记载事项负责；不能辨别是在票据被变造之前或者之后签章的，视同在变造之前签章。"所以，票据变造产生以下法律效力：

1. 被变造人按变造前票据的记载承担责任。被变造人是票据被变造前在票据上签章的所有票据行为人。被变造人在票据上的签章是其真实意思表示，只要符合《票据法》的规定，就理所当然要承担票据责任。但其承担的责任范围以变造前的记载为限，因为让其承担变造后的责任，明显不合理。

2. 在变造后票据上签章的人按变造后票据的记载承担票据责任。根据票据文义性，票据在被变造后并不失去效力。根据《票据法》第14条第3款的规定，票据被变造后，所有在变造后的票据上签章的人都要承担与记载相应的票据责任。这些人承担责任后可以依据民法向变造人求偿。

3. 变造人应承担相应的法律责任。变造人如果本身就是票据当事人，则应当对变造后票据的记载承担票据责任。如果变造人本身不是票据当事人，由于票据上没有其签章，就不承担票据法律责任。如果行为人变造票据的行为已经违反民法、行政法或者刑法的规定，则应当承担相应的责任。

4. 不能辨别是在票据被变造之前或者之后签章的，视同在变造之前签章。这是《票据法》的硬性规定，体现的是立法取向。这样有助于票据的受让人在受让票据时严格审查票据，尽量减少变造票据带来的法律问题，防止欺诈，保护债务人合法权利。

5. 对其他人的效果。善意持票人向变造前的签章人主张权利时，以变造前的记载为限；向变造后的签章人主张权利时以变造后的记载为限；向本身为票据当事人的变造人主张权利时，可以主张票据权利，也可以主张民事权利；向本身不为票据当事人的变造人主张权利时，只能主张民事权利。

付款人善意付款的不能要求退款，只能向变造人求偿。代理付款人善意付款的，责任应当由委托人承担。

第三节　票据的涂销

一、票据涂销的概念

票据涂销是指行为人将票据上的签章和其他记载事项加以涂抹消除的行

为。根据票据涂销的主体和主观状态的不同，票据涂销有广义与狭义之分。狭义的票据涂销是指有涂销权的人（主要是票据权利人或持票人）故意将票据上的签章或其他记载事项涂抹消除的行为；而广义的票据涂销则除了狭义的票据涂销外，还包括有涂销权的人非故意对票据进行涂抹消除的行为以及无涂销权的人故意或非故意对票据进行涂抹消除的行为。票据涂销的广义与狭义之分，使得其效力也有所不同。其中，狭义的票据涂销是一种合法行为，为票据法所允许，能发生票据法规定的效力。

票据涂销的具体方法并无限制，无论是“浓墨重抹、橡皮擦拭、纸片糊盖、用化学方法或是用文字记载方式表明消除其背书部分等”① 均不影响票据涂销的成立。票据涂销发生后，倘若票据权利人欲继续行使被涂销部分的权利，则应由其对涂销有利于自己的事实（权利人非故意所为或无涂销权人所为）负举证责任。

二、票据涂销的构成要件

票据涂销的构成须具备以下几个条件：

1. 票据涂销的主体和主观状态。票据涂销应为有涂销权的人故意所为的行为（即狭义的票据涂销）。尽管广义上的票据涂销还包括有涂销权的人非故意所为的行为以及无涂销权的人故意或非故意所为的行为，但事实上，这两类情形并不发生票据法上的涂销效力，等同于未涂销。故票据涂销须由有涂销权的人所为，且是故意所为。

2. 票据涂销的对象和涂销形式。票据涂销的对象有一定限制，必须是票据的签章和其他记载事项。且只能是涂抹或消除行为，而不包括对票据记载事项的改变或增加。

3. 票据涂销的目的。票据涂销为故意所为之行为，因而都会有一定的目的性。票据涂销的目的主要是消除被涂销部分的票据权利。有涂销权的人对相关记载事项予以故意涂销时，其对该涂销部分的权利自然消灭。

三、票据涂销的法律效力

出于对票据涂销恐因弄虚作假而影响票据流通与安全的考虑，我国《票

① 顾功耘主编：《商法学教程》，上海人民出版社、北京大学出版社 2006 年版，第 495 页。

据法》未对票据涂销予以规定。大陆法系和英美法系国家和地区票据法多规定了票据涂销的内容。综合各个国家和地区票据法的规定，票据涂销的法律效力如下：

1. 对有涂销权的人故意所为涂销的法律效力

有涂销权的人故意涂销票据上的相关记载事项时，票据权利将受到涂销行为的影响，此为有效涂销。即票据权利人将票据的签章或其他记载事项故意涂销后，该权利人便丧失了在该涂销部分的票据权利。英国《票据法》第 63 条第 2 款规定："任何对汇票负有义务的关系人可因汇票持有人或其代理人有意涂销该关系人的签名而解除义务。在此情况下，任何有权向被涂销签名的关系人行使追索权的背书人，亦因此解除义务。"按此规定，若持票人甲将背书人乙的签章故意涂销，乙就因此而解除对票据的担保责任，即甲不得再向乙行使追索权。

2. 对有涂销权的人非故意所为涂销的法律效力

对有涂销权的人非故意所为的票据涂销，各国都规定该涂销行为对票据权利并不产生影响，被涂销的票据签章或其他记载事项仍然具有票据法上的效力。此为无效涂销。如《英国票据法》第 63 条第 3 款规定："凡出于无意、或由于错误或未经票据权利人的授权所为的涂销应归于无效。"我国台湾地区"票据法"第 17 条也规定："票据上之签名或记载被涂销时，非由权利人故意为之者，不影响于票据上之效力。"这是因为权利的享有具有一定的严肃性和确定性，不得因出于真实意思的涂销而轻易被否定，以维护票据制度的稳定性，更好地保障票据权利人的利益。

3. 对无涂销权的人所为涂销的法律效力

由无涂销权的人所为的票据涂销，不论其是出于故意还是无意，均不影响票据权利。即此类票据涂销仍属无效涂销，被涂销部分仍具有票据法上的效力。倘若无涂销权人在故意涂销票据签章或其他记载事项后，并加以更改，就会引发票据伪造或变造问题，无涂销权人也将因此而承担民事责任或刑事责任。

四、票据涂销与相关概念的区别

（一）票据涂销与票据变造的区别

1. 主体不同。狭义票据涂销的主体为有相应权限的人，广义票据涂销的主体既包括有相应权限的人也包括无权限的人；而票据变造的主体则只能是没有变更权限的人所为。

2. 对象不同。票据涂销的对象为票据的签章或是其他记载事项；而票据变造的对象仅限于票据的记载事项，而不包括票据的签名。无变更权限人若变更了票据的签章，则属于票据的伪造。

3. 行为方式不同。票据涂销是对票据的相关记载事项予以涂抹或消除，而不包括改变或是增加记载事项；票据的变造则不同，它包含对票据记载事项的改变或增加。

4. 行为效果不同。票据涂销一般是一种合法行为，不会引发相应的法律责任。即便是无涂销权人的涂销，其效果也等同于未涂销，并不影响票据权利；而票据的变造则会引发相应的法律责任。

（二）票据涂销与票据更改的区别

票据更改是指有变更权的人对票据记载事项予以变更的行为。我国《票据法》第9条规定："票据上的记载事项必须符合本法的规定。票据金额、日期、收款人名称不得更改，更改的票据无效。对票据上的其他记载事项，原记载人可以更改，更改时应当由原记载人签章证明。"票据更改与票据涂销（狭义）都是有权限的人故意所为的行为；对象都包括票据签章以及其他记载事项；都能产生相应的法律效力。二者只是在形式上稍有差别，因而不少国家只是从二者中择一规定。

1. 行为方式不同。票据涂销只能对相关记载事项予以涂抹或消除，不能改变或新增；但票据更改是对原记载事项予以改写，即先要消除原记载事项，然后再重新加上新的记载内容。

2. 法律效果不尽相同。票据涂销若由无涂销权人所为，则不发生涂销效力，票据权利不受影响；票据更改若由无权限人所为时，则会因其更改的内容不同而产生不同的法律效果：如果更改了票据签名，则构成票据的伪造。如果更改了其他记载内容，则构成票据的变造。

参考习题

1. 下列有关票据责任的叙述正确的是哪项？（　　）

A. 票据付款人故意压票拖延支付，给当事人造成损失的，主要责任人员除应依法受到金融行政管理部门的处分外，还应承担因此而给持票人造成的损失

B. 金融机构工作人员在票据业务中玩忽职守，给持票人造成重大损失的，应当承担赔偿责任

C. 付款人与持票人恶意串通，故意使用伪造的票据的，应当依法承担刑事责任

D. 金融机构工作人员在票据业务中玩忽职守，给当事人造成损失的，应当依法追究刑事责任

2. 一张汇票的出票人是甲、乙、丙、丁、戊依次是背书人，己是持票人。现查出这张汇票的金额被变造，且确定丁、戊是在变造之后签章，乙是在变造之前签章，但不能确定丙是在变造之前或变造之后签章的。则下列说法中哪项是正确的？（　）

A. 汇票中的金额被变造导致这张汇票无效

B. 甲、乙、丙、丁、戊均只就变造前的票据金额对己负责

C. 甲、乙就变造之前的票据金额对己负责，丙、丁、戊就变造后的金额对己负责

D. 甲、乙、丙就变造之前的票据金额对己负责，丁、戊就变造后的金额对己负责

3. 甲假冒乙的姓名，签发本票交与受款人丙，丙以背书方式转让于丁，丁又以背书方式转让于戊。下列说法，哪些正确？（　）

A. 戊持票向乙请求付款，乙可拒绝付款

B. 戊被拒绝付款后向丁行使追索权，丁清偿后可向丙再追索

C. 丁向丙再追索时，丙可以票据系伪造为由而主张票据行为无效，拒绝清偿

D. 丁可以在丙拒绝清偿追索金额后向甲请求损害赔偿

4. 甲签发一张汇票交与收款人乙，票据金额为1000元，付款人为丙，乙以背书方式转让给丁，丁取得票据后将金额改为5000元转让给戊，戊又背书转让给庚。下列说法哪些正确？（　）

A. 庚持票向丙请求支付票面金额5000元被拒绝后，庚可向甲追索，追索金额为票面金额加利息

B. 庚被拒绝付款后向乙追索，乙仅负1000元的票据责任

C. 戊被庚追索而为清偿后，向丁再追索，丁向乙再追索，乙可以丁变造为由予以拒绝

D. 庚自丙处获得付款之后，甲可向丁请求损害赔偿

5. 票据的签章被伪造，持票人应该向（　）主张票据权利。

A. 被伪造人

B. 伪造人

C. 票据上的其他真正签章人

D. 以上均可

【案例选读】

案例一：

1996年，周某伪造一张100万元的银行承兑汇票，该汇票以杭州A公司为收款人，以上海B公司为承兑申请人，汇票的“交易合同号码”栏未填，在承兑银行盖章处盖有三省一市银行汇票结算章。周某将这张伪造的银行汇票转让给杭州C公司，杭州C公司背书转让给杭州D公司。杭州D公司持这张伪造的汇票到杭州农行申请贴现，杭州农行未审查出该汇票的真伪，予以贴现96万元，杭州农行通过同城票据结算，交换给杭州建行，杭州建行又以联行票据结算将汇票转让给上海第四支行，上海第四支行从未办理过银行承兑业务，在收到汇票后，立即向公安机关报案。查明上海B公司在宝山区工行开立结算户头，曾买过25张银行承兑汇票（全是空白汇票），这份伪造汇票是其中之一，后又查明不法分子系上海B公司的职工，参与者还有上海第四支行的储某。因此，上海第四支行将汇票退给杭州农行，而杭州农行以多种借口拒收汇票。

（本案例选自找法网 http://china.findlaw.cn/gongsifa/piaojufa/pjal/20091219/12773.html）

思考：本案中，周某、杭州A公司、杭州C公司、上海B公司、杭州农行各自应承担哪些法律责任？为什么？

案例二：

1996年6月6日，A公司为偿付借款，签发金额为人民币500元的中国银行某分行的转账支票一张，交付B公司。当时，未记载收款人名称就交付了支票。

6月12日，有人持该支票到C公司购买建筑材料。此时，该转账支票的大小写金额均为人民币9500元，并且未有任何背书。C公司收下支票当日，在背书人与被背书人栏内盖下自己的印章作为背书，再以持票人身份将支票交给建设银行某支行，由该支行于当日通过工商银行某分行从A公司银行账户上划走人民币9500元，转入C公司账户。

同年6月底，A公司与开户银行对账时，发现账上存款短缺9000元，经双方核查，发现该转账支票金额与存根不同，已被改写。

经协商无果，A公司向法院起诉，称：

转账支票金额已被涂改，请求确定该票据无效，并判令C公司承担经济损失9000元。支票金额有涂改痕迹，两家有关银行都没有按规定严格审查，错划款项，造成原告经济损失，也应承担责任。

C公司辩称：收下支票后经财务人员审核，没有发现有涂改或可疑之处，又是通过银行按正常途径收款的，自己无责任。

建设银行某支行辩称：银行对转账支票的审核手续为印鉴是否相符、日期是否有效以及大小写金额是否一致，经审核，该三要素符合。对于发生存根与原件不一致的情况，银行不负责任。

工商银行某分行辩称：收票时经多人仔细审阅，支票大小写金额均无涂改痕迹，故自己无责任。

（本案例选自纳税服务网论坛 http：//124.127.114.107/bbs/archiver/tid-32948.html）

思考：本案中的转账支票是否为有效票据？依据何在？

案例三：

2005年11月20日，A公司与新西兰商人杨某约定：A公司用4000万元人民币从杨某手中购买新西兰某银行开出的001403号和304100号本票两张，金额分别为260万和240万美元。杨某在上述两张本票的收款人空白栏内填入A公司后，A公司当日即持票到工商银行某分行办理兑付。由于该行与新西兰某银行无直接业务关系，便建议A公司到中国银行某分行办理兑付。

同月25日，工商银行某分行与A公司一起到中国银行某分行办理兑付业务。中国银行某分行（是新西兰某银行在海外的联行）审查后，认为该两张本票票面要件相符，密押相符，便在本票上盖了“印押相符”章，A公司与工商银行某分行分别在两张本票后背书签章。中国银行某分行即将500万美元划入工商银行某分行账内，工商银行某分行又将此款划入A公司账户。A公司见款已入账，在认为没有问题的情况下将4000万元人民币划到杨某指定的账户上。中国银行某分行工作人员在划出500万美元汇账后，便把两张本票留做存根归档。

至2006年9月22日，有关人员在检查中发现后，方从档案中取出这两张本票，并向新西兰某银行提示付款。同月30日，中国银行某分行接到新西兰某银行的退票通知书称此两张本票系伪造，拒绝付款。

中国银行某分行即日向工商银行某分行退回本票并说明理由，要求其将500万美元归还。工商银行某分行接票后当日即函复中国银行某分行，请求控制A公司在中国银行某分行的美元账户。此时杨某已不知去向。

中国银行某分行以工商银行某分行与A公司为共同被告提起诉讼。

法院认为，涉诉本票系伪造，无伪造人签名、无杨某签名、出票人新西兰某银行的签章系伪造。

伪造人杨某、新西兰某银行均不负票据上的责任。新西兰某银行可以拒绝承担付款义务。工商银行某分行与A公司在本票上背书签章，应对票据上的债务负连带责任。持票人中国银行某分行未在有效付款提示期限内，向新西兰某银行提示付款，丧失了对其前手工商银行某分行和A公司的追索权，但其仍然有权请求民事赔偿。工商银行某分行和A公司应根据过错大小承担民事赔偿的法律责任。

（本案例选自法律快车网 http：//www.lawtime.cn/zhishi/piaoju/pjpjfaanli/2006112745248.html）

思考：

1. 本案适用何种法律？
2. 本票效力如何认定？
3. 本票伪造人、杨某、新西兰某银行是否应承担票据责任？
4. 工商银行某分行、A公司是否承担票据责任？
5. 中国银行某分行能否请求A公司和工商银行某分行承担票据责任？
6. 责任应如何分担？

第六章 票据抗辩

【学习指导】

这一章是票据法的核心内容之一，实务中发生的票据纠纷也多需要运用本章的知识来解决。通过本章的学习，要求掌握票据抗辩的传统分类，即物的抗辩和人的抗辩及其主要内容或事由；熟悉票据抗辩限制制度及其例外的具体规定；了解票据抗辩的概念、特征。

第一节 票据抗辩的概念和特征

一、票据抗辩的概念

票据抗辩，是指票据被请求权人以相应的事实和理由对抗票据请求权人提出的请求，拒绝履行票据债务的行为。我国《票据法》第 13 条第 3 款规定："本法所称抗辩，是指票据债务人根据本法规定对票据债权人拒绝履行义务的行为。"

票据是市场经济主体进行交易的重要媒介，对促进动态经济的平稳运行具有重要意义。为了维护票据的信用和交易的安全，票据法设计了许多特有的原则和制度，如票据的无因性、文义性、独立性原则以及付款请求权、追索权、利益偿还请求权等规则，以保证持票人（债权人）利益能够顺利实现。但是，票据债权人与债务人是平等的民事主体，权利义务相一致原则要求我们在对债权人权益进行保护的同时，必须对债权人的权利设定一个合理限度或建立相应的权利制约机制，以防止债权人滥用权利，否则，任何权利的无拘束行使都将导致义务人的权利得不到应有的尊重甚至面临他人侵害的危险。基于此，票据法规定了票据抗辩制度，以维持票据债权人与票据债务人之间利益的平衡。

二、票据抗辩的特征

票据抗辩的基本原理来源于民法上的一般抗辩，但又不完全等同于民法上的一般抗辩。其原因在于票据法是民商法律中的特别法，在商事交易活动中，其有区分于一般债权债务交易特殊性的规则。相对于民法上的抗辩，票据抗辩的特点主要表现为以下几点：

1. 票据抗辩可以是一种绝对的抗辩。所谓绝对的抗辩，是指可以否认对方请求权存在基础的抗辩。传统民法上的抗辩以债权债务存在为前提，其否认的对象是请求权的适法性或合理性，其目的在于对抗债权人权利的行使，而不是否定债权的存在，往往只具有防御功能。而票据抗辩则并不必然以债权债务的存在为前提，它不但可以否认债权人请求权的适法性与合理性，甚至可以根本否认债权人请求权的存在基础，具有一定的反击功能。例如票据欠缺绝对必要记载事项，票据出票行为无效，当事人都非真正意义上的票据债权人和债务人，票据债权自始不成立。

2. 票据抗辩的不可延续性。民法上的一般抗辩在债权的转让场合，债务人对原债权人的抗辩权可以继受，以对抗后续所有债权受让人，且抗辩事由会随着债权转让次数的增多和受让人的增加而累积递增，即抗辩事由具有延续性。例如甲将对乙的债权转让与丙，丙又转让与丁，则乙可以对甲和丙的抗辩事由累积来对抗丁；而票据抗辩在票据转让的场合，为了促进票据的流通，票据法规定了票据抗辩切断制度，即票据受让人从前手受让票据权利时，并不同时受让该权利所存在的抗辩事由，票据抗辩事由具有不可延续性，票据债务人不得以自己与持票人前手之间的抗辩事由来对抗持票人（受让人），以保护票据的流转。① 例如甲将由乙承兑后的汇票背书转让与丙，丙又背书转让与丁，则乙不得以对甲、丙之抗辩事由来对抗丁。

3. 票据抗辩的法律关系相对简单。由于票据法具有一定的技术性特征，因而相较于一般民事法律的抗辩制度，票据抗辩更为严格和简明，没有民法上的一般抗辩那么灵活与复杂。其差异表现为：首先，从主体上来看，票据抗辩的主体只能是票据债务人，而民法上的一般抗辩既可以由债务人行使也可以由债权人行使，例如合同法上的同时履行抗辩权制度。其次，从内容上来看，票据抗辩没有先诉抗辩权，而在民法的一般抗辩中则存在先诉抗辩权制度，例如在民事领域的一般保证中，保证人享有先诉抗辩权。最后，从客体上来看，票

① 当然票据抗辩切断制度只适用于下文所述的人的抗辩，对于物的抗辩，由于是基于票据本身的原因而发生的，是客观的、绝对的，可以对抗任何票据债权人，故不存在票据抗辩切断的可能。

据抗辩只允许全额抗辩，而在一般的债权领域，债务人既可以拒绝履行全部债务，也可以只拒绝履行部分债务。

第二节　票据抗辩的种类

一、票据抗辩分类的理论探讨

根据票据抗辩的事由是出自票据本身还是行为人，我国多数学者传统上将票据抗辩分为物的抗辩和人的抗辩。① 所谓物的抗辩，是指基于票据本身的事由发生的抗辩。所谓人的抗辩，是指基于持票人自身或者票据债务人与特定的持票人之间的关系而发生的抗辩。但也有部分学者认为该分类并不十分完善，因为实际上有些抗辩非能由物的抗辩与人的抗辩所包含或对应。例如欠缺票据行为能力的抗辩，即无行为能力人或限制行为能力人进行票据行为或不相当的票据行为时，该行为人可以自己欠缺票据行为能力为由向任何票据债权人主张抗辩，因其可以对抗一切持票人。这在理论上一般将其列入物的抗辩之中，但其抗辩事由却不是基于票据本身即物的事由发生的抗辩，而恰恰是基于行为人之无行为能力或限制行为能力发生的，即源于票据债务人自身的原因而产生的抗辩。针对传统分类的局限性，有学者对其进行了改造，提出了票据所载内容之抗辩、票据效力之抗辩及人的抗辩三大类；② 另有不少学者则对票据抗辩事由进行了调适与重构，如有的将票据抗辩划分为不承担票据责任的抗辩和不向某些持票人承担票据责任的抗辩两大基本类型，在这一层次之下，结合抗辩事由的原因和抗辩范围进行分类。不承担票据责任的抗辩，是持票人主张票据权利时债务人对任何持票人不承担票据责任的抗辩。不向某些持票人承担票据责任的抗辩，则是不否认自己是票据债务人，但主张对某些持票人不承担票据责

---

① 谢怀栻著：《票据法概论》（增订版），法律出版社 2006 年版，第 82 页；赵万一主编：《商法》（第二版），中国人民大学出版社 2006 年版，第 266 页；范建主编：《商法》（第三版），高等教育出版社、北京大学出版社 2006 年版，第 389 页；董安生主编：《票据法》，中国人民大学出版社 2000 年版，第 106 页。

② 张严方：《论票据责任》，载王保树主编《商事法论集》（第六卷），法律出版社 2002 年版，第 376～377 页；汤玉枢著：《票据法原理》，中国检察出版社 2004 年版，第 202～207 页。

任，而有可能在其他人持有票据时承担票据责任。① 还有学者以票据要式理论和文义理论为基础，以票据抗辩是否可依票据外观书面记载而主张为标准，将票据抗辩分为依票据外观书面记载发生的抗辩和不依票据外观书面记载发生的抗辩两种。②

上述票据分类方法都有各自的理由与内在逻辑，特别是从学术探讨层面而言具有积极意义，笔者无意去评价孰优孰劣，但从现实操作层面而言，我们认为，虽然传统的票据抗辩分类存在一定的理论瑕疵，但是却更加方便理解和适用，容易为理论界和实务界所把握。因此，本书仍然采用传统的票据抗辩分类标准，将票据抗辩分为物的抗辩和人的抗辩。

二、票据抗辩的传统分类

（一）物的抗辩

物的抗辩，又称客观的抗辩或绝对的抗辩，是指基于票据自身的原因所发生的抗辩。由于物的抗辩事由基于票据本身，与持票人的主观状态无关，因此即使持票人为善意或无过失，票据债务人也可对抗持票人的请求。换言之，物的抗辩的权利主体可以对抗任何持票人（债权人），并不因持票人的变更而受到影响。物的抗辩依据行使抗辩权主体的不同，可以分为以下两种：

1. 一切票据债务人可以对抗一切持票人的抗辩

此类抗辩事由主要有：

（1）票据记载事项违反票据法的规定。票据是文义证券，具有严格的要式性，票据记载事项必须符合票据法的规定，否则，将会直接影响到票据的效力。根据我国《票据法》的规定，票据记载事项不合法导致票据无效的情形包括：①票据欠缺绝对必要记载事项。根据我国《票据法》第 22 条、第 75 条、第 84 条对汇票、本票、支票绝对必要记载事项的规定，票据若欠缺上述法定记载事项，票据无效。②票据记载了禁止记载的事项。例如票据上记载了附条件支付的语句。③票据记载事项不一致。根据我国《票据法》第 8 条的规定，票据金额的中文大写与阿拉伯数字必须记载一致，否则，票据无效。

（2）票据记载事项非法更改。票据的要式性要求票据记载事项的更改需要遵守一定的程序和规则，为此，票据法特别规定了非经特定程序禁止更改的

---

① 吕来明著：《票据法基本制度评判》，中国法制出版社 2003 年版，第 190 页。

② 赵威、赵一民：《票据抗辩研究》，载梁慧星主编《民商法论丛》第 10 卷，法律出版社 1998 年版，第 147～177 页。

事项和经一定程序可以更改的事项，以保障票据的信用。根据我国《票据法》第9条的规定，票据金额、日期、收款人名称为绝对不可更改事项，更改的票据无效。

(3) 不依票据文义而行使权利。票据的文义性要求持票人应依票据文义而享有或行使票据债权内容，对不依票据文义而提出的债权请求，票据债务人具有抗辩的权利。例如持票人在汇票到期日前提出付款请求，或持票人未依票载地点提出付款请求等，票据债务人都可以拒绝履行债务。

(4) 票据债权已消灭或票据已失效。票据债权因获得足额支付或已经提存而使票据债权消灭的情况下，票据债务人有权以票据债权已消灭来对抗一切持票人。我国《票据法》第60条规定："付款人依法足额付款后，全体汇票债务人的责任解除。"票据权利人在丧失票据占有时，可以根据《票据法》第15条第3款的规定向法院申请公示催告、起诉，由申请人向法院提起除权判决，票据一旦被除权判决，债务人将不再负有对原票据债权人付款的义务，其可以票据已失去效力来对抗任何持票人。

2. 特定票据债务人可以对抗一切持票人的抗辩

此类抗辩事由主要包括：

(1) 债务人欠缺行为能力。票据行为的有效成立应以行为人具有行为能力为必要条件。行为人没有行为能力或者只具有限制行为能力所为之票据行为无效，不受票据法中的有关票据行为规定的约束。我国《票据法》第6条规定："无民事行为能力人或者限制行为能力人在票据上签章的，其签章无效。"换言之，票据债务人若是欠缺民事行为能力人，其所为之票据行为不负票据责任，可以拒绝任何持票人的债权请求。

(2) 无权代理及越权代理。无权代理及越权代理的票据行为，都不是被代理人的真实意思表示，因此，代理人所实施的票据行为对被代理人不具有票据法上的约束力，票据上记载的债务人可以据此对抗一切持票人。我国《票据法》第5条第2款规定："没有代理权而以代理人名义在票据上签章的，应当由签章人承担票据责任；代理人超越代理权限的，应当就其超越权限的部分承担票据责任。"

(3) 票据伪造与票据变造。依我国《票据法》第14条的规定，票据上记载的事项应当真实，不得伪造、变造。发生票据伪造时，由于票据被伪造人并未在票据上签章，该签章不具有真实性，故票据被伪造人不承担任何票据责任。发生票据变造时，票据上记载的债务人是在变造前签的章，其只对票据变造前的债务负责，对变造后的债务，其可以票据变造后之签章不具有真实性为由拒绝一切持票人的权利主张。

(4) 欠缺票据权利保全手续。根据我国《票据法》第 62 条、第 65 条的规定，持票人行使追索权时，应当提供被拒绝承兑或者被拒绝付款的有关证明。如果持票人未按照票据法规定的期限为票据提示或者不能提供拒绝证明或未收到退票通知的，依法将丧失对其前手的追索权。在此情况下，票据债务人可以依此拒绝向票据债权人履行票据义务。当然，此种抗辩的权利主体仅限于汇票中的出票人、本票中的背书人及保证人等第二债务人，对于汇票中的承兑人、本票的出票人等最终债务人则不应享有。

(5) 票据权利因时效届满而消灭。我国《票据法》第 17 条规定了票据付款请求权、追索权以及再追索权等票据权利的不同消灭时效。若票据权利因时效期间届满而消灭，则票据债务人可以此为由对抗一切持票人。

(6) 票据债务人失去偿债资格。当票据债务人被法院宣告破产或被行政主管部门责令终止业务活动时，该债务人实际上已被剥夺从事相应民商事活动的资格，在此情况下，票据上记载的票据债务人，可以丧失偿债资格的理由来对抗一切票据债权人。

（二）人的抗辩

人的抗辩，又称相对的抗辩或主观的抗辩，是基于持票人自身或票据债务人和特定票据债权人之间的关系而发生的抗辩。人的抗辩与物的抗辩的根本区别为人的抗辩只能对抗特定的债权人，在债权人发生变更后，抗辩事由即被切断，债务人不能再以原抗辩事由对抗后续持票人。其原因在于人的抗辩事由非基于票据行为或票据文义，而是因债务人与持票人之间的特别关系或债权人的特殊性而产生的。根据行使抗辩权主体范围的不同，我们可以将其分为以下两种。

1. 一切票据债务人可以对抗特定票据债权人

此抗辩事由主要是针对特定票据债权人的资格而言的，具体包括以下情形：

(1) 票据债权人因恶意或重大过失取得票据。持票人取得票据必须非基于恶意或重大过失，才能取得票据权利，如果是基于票据法上规定的恶意或重大过失而取得票据，即使持有票据也不享有票据权利。我国《票据法》第 12 条明确规定：“以欺诈、偷盗或者胁迫等手段取得票据的，或者明知有前列情形，出于恶意取得票据的，不享有票据权利。持票人因重大过失取得不符合本法规定的票据的，也不得享有票据权利。”

(2) 票据债权人无受领票据金额的实质资格。当票据债权人为自然人时，其必须是完全民事行为能力人，若为无民事行为能力人或限制民事行为能力人，根据票据法的规定，则没有受领票据金额之资格。当票据债权人为法人或其他组织时，其必须具有从事民商事活动的行为能力，若被法院宣告破产或被行政机关、撤销、吊销营业执照、注销登记等，根据破产法及其他相关法律的规定，该法人或组织已失去受领票据金额的合法资格。另外，无论是自然人或法人，当票据债权被司法机关下令扣押和禁止付款时，一切票据债务人均可以此对抗该票据债权人。

(3) 票据债权人无受领票据金额的形式资格。在记名票据的转让中，最后持票人提出请求支付票据债权时，必须在形式上符合背书的连续性，即转让票据的背书人与受让票据的被背书人在票据上的签章依次前后衔接，以证明其是合法的债权人。如果背书不连续，则票据债务人有权拒绝支付票据金额。我国《票据法》第 31 条第 1 款规定："以背书转让的汇票，背书应当连续。持票人以背书的连续，证明其汇票权利。"

2. 特定票据债务人可以对抗特定持票人

此类抗辩主要基于直接当事人之间的原因关系或特别约定而产生。其情形通常包括：

(1) 票据原因关系欠缺。票据是无因证券，只要持有人持有该票据，法律就推定其为票据权利人，享有票据权利。但此种推定有一例外情形，就是在直接当事人之间，票据原因关系的当事人与票据关系的当事人具有同一性场合，该无因性推定不能适用。换言之，票据债务人可以原因关系无效、不成立、存在瑕疵等事由来对抗持票人的付款请求。

(2) 票据对价欠缺。在票据直接当事人之间，签发和受领票据应当以给付对价为条件。我国《票据法》第 10 条第 2 款规定："票据的取得，必须给付对价，即应当给付票据双方当事人认可的相对应的代价。"如果持票人未给付对价或未给付相当对价而取得票据，票据债务人可以此为由提出抗辩。当然，该抗辩存在一定的范围限定，如果持票人是因税收、继承、赠予而无偿取得票据的，法律规定其不受给付对价的限制，票据债务人不得以票据对价欠缺对抗持票人。

(3) 票据交付行为欠缺。票据的出票、背书等票据行为均以票据的交付为成立要件。倘若票据作成之后，未完成交付而因其他事由流转到他人之手，诸如票据丢失或被盗，在此情形下，票据债务人可以欠缺交付行为为由对抗票据拾得人或票据盗窃者。但该抗辩事由亦存在一定的范围限度，如果票据作成后因其他合法事由最后流转到善意第三人之手，则票据债务人不得以欠缺交付为由对抗善意第三人，而仍应履行付款义务。

(4) 违反当事人之间的特别约定。当持票人违反当事人之间的特别约定时，票据预约关系就会受到破坏，票据债务人因双方约定而产生的信赖利益或预约效果也将受到影响。为了维护票据预约关系的法律效力，我国《票据法》赋予了票据债务人相应的票据抗辩权。该法第13条第2款明确规定："票据债务人可以对不履行约定义务的与自己有直接债权债务关系的持票人，进行抗辩。"

(5) 违反票据禁止转让规则。我国《票据法》第34条规定："背书人在汇票上记载'不得转让'字样，其后手再背书转让的，原背书人对后手的被背书人不承担保证责任。"根据该条规定，后手违反"禁止转让"的限制性规定而再次背书转让票据给第三人的，原背书人对后续持票人不承担付款的保证责任。

第三节　票据抗辩的限制与例外

一、票据抗辩的限制

(一) 票据抗辩限制的一般理论

票据是流通证券，促进票据的流通是票据法的第一要务，如果对票据抗辩的界限不予以必要的划定，将极易降低票据的信用，最终阻碍票据的正常流通。因此，为了防止票据抗辩的任意扩大，维持票据当事人之间的利益平衡，各国票据法都无一例外地规定了票据抗辩限制规则。如果说票据抗辩制度是为了维护票据债务人的利益，矫正票据无因性、文义性、要式性等规则所造成的制度缺陷的话，那么，票据抗辩的限制制度，则是对票据抗辩扩大化的规制与限缩，是保护票据债权人利益的价值回归。

对于票据抗辩限制的理论基础，目前学界主要存在三种观点。第一种观点为所有权取得说，认为票据行为系对不特定多数人的单方行为，各持票人分别独立原始取得票据权利，故持票人无承受前手权利瑕疵的余地。第二种观点为政策说，认为票据债权与原因债权的独立，并非受让人不承受前手权利瑕疵的理由，票据债务人仍可像一般债权中的债务人一样，以对抗让与人之事由来对抗受让人，故票据法上设定票据抗辩的限制制度只能是基于政策上的考虑。第三种观点为票据债权特征说，认为票据债权虽是一种民事债权，但其特征强调流通性，为了实现票据的安全流通，就必须赋予票据无因性与文义性，换言之，正是票据的流通性决定了对票据抗辩进行限制的客观必然性。对于上述诸种学说，一般认为，票据债权特征说更具有说服力。

（二）票据抗辩限制的内容

所谓票据抗辩的限制，是指票据债务人不得以自己与出票人或者与持票人的前手之间的抗辩事由对抗持票人。换言之，票据抗辩的限制只适用于人的抗辩，而不适用于物的抗辩。这是因为：物的抗辩是绝对的、客观的抗辩，是随票据本身而发生并存在的，无论票据转让到何人之手，这种抗辩都要随着票据存在，由新的票据债务人行使。所以对这种抗辩，不能限制，不应限制。① 根据大陆法系国家票据法的规定，票据抗辩的限制主要包括以下两方面的内容：

1. 票据债务人不得以自己与出票人之间的抗辩事由对抗持票人。票据债务人与出票人之间存在票据原因关系、资金关系与预约关系，当出票人违反前述三种关系的义务时，票据债务人由此取得拒绝履行票据债务的抗辩事由，但该抗辩事由只能限定在上述关系之当事人之间，即只适用于对抗出票人，而不能以此对抗非直接当事人。例如：甲与乙签订货物买卖合同，乙与丙签订了借款合同，为便于款项的转移与结算，经三方约定，由卖方乙签发了一张以甲为付款人、以丙为收款人的汇票并由甲进行了承兑，后乙却未向甲实际交付货物，在此情形下，当丙持票请求甲付款时，则甲不得以乙未交货为由而拒绝履行对丙付款的义务。

2. 票据债务人不得以自己与持票人的前手之间存在的抗辩事由对抗持票人。票据债务人可以基于其与持票人的前手之间所存在的特定关系对该票据持票人的前手主张人的抗辩，但不能以此来对抗善意取得票据的现有持票人。这是出于保障票据的流通，而将票据的抗辩严格限制在了直接当事人之间适用，以防止票据抗辩扩大到全部票据关系中后发生票据风险外溢的后果。例如：甲与乙签订货物买卖合同，由甲签发了一张本票给卖方乙，乙即日因商事交易将本票转让给丙，后乙并未实际交货，在此情形下，当丙持票请求甲付款时，甲不得以乙未交货的事由来对抗丙的付款请求权。

二、票据抗辩限制的例外

票据抗辩限制制度旨在保护票据流通过程中正当持票人的利益，防止票据的流通性因为特定当事人之间法律关系存在瑕疵而受到影响，因而要通过制度

① 谢怀栻著：《票据法概论》（增订版），法律出版社2006年版，第84页。

设计排除民法上一般继受规则的适用，使前手的权利瑕疵通过法律规定给予填补。① 但票据抗辩的限制不是绝对的，当票据抗辩限制制度严格适用而影响到票据债务人的正当利益时，票据抗辩限制规则将会发生异化，进而导致维护债权人与债务人利益平衡的制度的目的落空。为了防止票据债权人滥用票据抗辩限制制度对票据债务人利益的冲击，法律增设了票据抗辩限制的例外规则，以保障票据抗辩的延续性。

所谓票据抗辩限制的例外，又称票据抗辩的反限制，是指票据债务人仍可以自己与出票人或与持票人的前手之间的抗辩事由对抗持票人的特殊情形。该特殊情形主要包括以下两方面：

（一）恶意抗辩

所谓恶意抗辩，是指持票人出于恶意而取得票据时，票据债务人将不再受票据抗辩限制规则的约束，而可以其与出票人或持票人前手的抗辩事由来对抗持票人。我国《票据法》第 12 条第 1 款规定：“以欺诈、偷盗或者胁迫等手段取得票据的，或者明知有前列情形，出于恶意取得票据的，不得享有票据权利。”该法第 13 条第 1 款进一步规定，票据债权人明知存在抗辩事由而取得票据的，票据债务人不受票据抗辩限制规则的约束。例如，甲出售假药给乙，由乙签发了一张本票给甲，后甲怕乙知情后不付款给自己，便与好友丙合谋，将本票转让予丙，此时丙作为知情人，明知道乙具有不付票款的抗辩事由，仍然接受票据，则票据债务人乙仍可以票据原因关系存在瑕疵为由对抗丙的付款请求。

值得一提的是，对于恶意抗辩的恶意如何认定，理论界存在分歧。主要存在三种学说。一是通谋说，该说认为持票人与前手之间必须存在有害于债务人的通谋，恶意抗辩才成立，诸如上例中甲与丙合谋之意思表示。二是害意说，该说认为，持票人在取得票据时必须对票据债务人存在害意，恶意抗辩方成立。三是认识说，该说认为，只要持票人知晓票据债务人对票据让与人有抗辩事由存在而取得票据，恶意抗辩即成立。相较而言，第三种学说更具有操作价值，因为前两种观点都必须从主观角度才能认定持票人是否存在恶意，这无异于要求裁判者揣摩持票人取得票据时的内心态度，难免过于随意；而认识说则可以从客观角度来推定持票人是否存在恶意，具有现实可靠的定性依据，也符合法律的严肃性特征。基于此，世界多数国家票据法皆采用认识说。

---

① 董安生主编：《票据法》（第二版），中国人民大学出版社 2006 年版，第 119 页。

(二) 无对价抗辩

所谓无对价抗辩，是指持票人因赠予、继承等方式无偿取得或未支付相当对价取得票据的，票据债务人可以其与出票人或与持票人的前手之间的抗辩事由对抗持票人。之所以票据债务人在持票人无对价取得票据时能够延续自己的抗辩事由，是因为无对价取得票据的持票人，其票据权利不得优于其前手。我国《票据法》第11条第1款明确规定："因税收、继承、赠予可以依法无偿取得票据的，不受给付对价的限制。但是，所享有的票据权利不得优于其前手的权利。"

参考习题

1. 甲拾得某银行签发的金额为5000元的本票一张，并将该本票背书送给女友乙作为生日礼物，乙不知本票系甲拾得，按期持票要求银行付款。假设银行知晓该本票系甲拾得并送给乙，对于乙的付款请求，下列哪一种说法是正确的？(　　)(2005年司考卷三第31题)

A. 根据票据无因性原则，银行应当支付

B. 乙无对价取得本票，银行得拒绝支付

C. 虽甲取得本票不合法，但因乙不知情，银行应支付

D. 甲取得本票不合法，且乙无对价取得本票，银行得拒绝支付

2. 朱某持一张载明金额为人民币50万元的承兑汇票，向票据所载明的付款人某银行提示付款。但该银行以持票人朱某拖欠银行贷款60万元尚未清偿为由拒绝付款，并以该汇票票面金额冲抵了部分届期贷款金额。对付款人(即某银行)行为的定性，下列哪一选项是正确的？(　　)(2007年司考卷三第32题)

A. 违反票据无因性原则的行为

B. 违反票据独立性原则的行为

C. 行使票据抗辩之对人抗辩的行为

D. 行使票据抗辩之对物抗辩的行为

3. 张某向李某背书转让面额为10万元的汇票作为购买房屋的价金，李某接受汇票后背书转让给第三人。如果张某与李某之间的房屋买卖合同被合意解除，则张某可以行使下列哪项权利？(　　)(2003年司考卷三第15题)

A. 请求李某返还汇票

B. 请求李某返还10万元现金

C. 请求从李某处受让汇票的第三人返还汇票

D. 请求付款人停止支付票据上的款项

4. 下列各项中，汇票债务人可以对持票人行使抗辩权的事由是（　　）

A. 背书不连续

B. 汇票债务人与持票人的前手存在抵消关系

C. 汇票债务人与出票人之间存在合同纠纷

D. 出票人存入汇票债务人的资金不足

5. 下列情形中，属于对物抗辩的事由有（　　）

A. 欠缺票据权利保全手续

B. 票据时效经过

C. 票据被伪造

D. 直接后手交付的货物存在质量问题

【案例选读】

案例一：

1998年9月11日，原告中国农业银行甘肃省B市分行营业部（以下简称农行B营业部）应出票人A公司申请签发了两张以重庆Y公司为收款人的银行承兑汇票，金额共计1000万元。重庆Y公司收到汇票后将上述两张银行承兑汇票背书转让给了D公司，D公司于1998年9月10日与C公司签订了一份购销镀锌板1761吨的买卖合同，D公司为支付货款将上述两张汇票背书转让给C公司。1998年9月15日，C公司向中国工商银行重庆市分行某区支行两路口分理处（以下简称工行两路口分理处）申请贴现，工行两路口分理处经过对两张汇票的真实性查询，以及对C公司提供的贴现申请书、工矿产品购销合同及增值税发票复印件进行了审查等手续后，于同月17日为C公司办理了贴现手续，支付了对价，由此取得了汇票。

1998年12月24日，农行B营业部向甘肃省高级人民法院提起诉讼，以D公司与C公司之间无真实的商品交易关系和债权债务关系，工行两路口分理处违法违规贴现为由，请求判令D公司、C公司、工行两路口分理处不享有票据权利，并解除承兑人的付款责任。

（本案例来自李燕主编：《商务律师事务指引》，重庆出版集团、重庆出版社2008年版，第251～253页。）

思考：

1. 重庆Y公司与D公司、D公司与C公司之间有无真实的商品交易关系，是否存在恶意串通的行为？

2. C公司、D公司之间若无真实的商品交易关系，直接背书转让汇票是否影响持票人工行两路口分理处享有票据权利？

3. 工行两路口分理处办理汇票贴现时是否违反《支付结算办法》的规定，对C公司申请贴现时提供的有关交易文件是否应进行实质审查？

4. 汇票上的瑕疵是否影响持票人享有票据权利？

案例二：

A公司与B公司签订了一份销售合同，结算方式为银行承兑汇票。为此，B公司与C支行签订了银行承兑契约，其中约定承兑申请人（B公司）应于汇票到期7日前将应付票款足额交付承兑银行（C支行）；承兑申请人到期日之前不能足额交付票款时，承兑银行对不足支付部分的票款转作逾期贷款。同日，B公司、C支行、A公司签订了一份银行承兑保证协议，约定A公司为C支行与B公司签订银行承兑契约承担连带保证责任。

其后，C支行如约对B公司签发了银行承兑汇票，出票人B公司，收款人A公司，付款人C支行，票据记载了“不得转让”字样。C支行予以承兑。但当A公司依法向C支行提示付款时，C支行以“与A公司有约定的债权债务关系、A公司违约”为由拒绝付款，同时将汇票扣留。A公司向法院提起诉讼，请求判令C支行对上述银行承兑汇票承担付款责任并赔偿相应损失。

本案焦点问题在于C支行是否享有票据抗辩权利，即是否有权拒绝履行票据义务。有人认为，应当驳回A公司的诉讼请求，理由如下：《票据法》第13条第2款规定：“票据债务人可以对不履行约定义务的与自己有直接债权债务关系的持票人，进行抗辩。”在该法定的情形出现时，票据当事人得以票据基础关系对抗票据关系。本案中，C支行依照承兑协议对本案所涉的记载了“不得转让”字样的汇票予以承兑，实质上是为B公司向A公司购货提供融资。而A公司为B公司的该融资向C支行提供连带保证，从而将自己置于与出票人承担相同债务的一种连带债务人的地位。C支行正是以与A公司之间存在的这一基础关系作为抗辩事由拒绝付款的。在出票人B公司未在到期日之前依照约定将相关资金划入付款人C支行的账户上，而持票人A公司仍然持汇票向付款人（承兑人）提示付款时，付款人C支行可以资金关系来行使抗辩权，拒绝承担相应的付款责任。

（本案例选自中国法律案例网 http：//news.9ask.cn/flal/jjfal/pjfal/200905/178937.html）

思考：C 支行是否享有票据抗辩权利？上文中的观点是否正确？

案例三：

1999 年 1 月 23 日，A 公司与 B 仪表厂签订了购销成套汽轮发电机组合同一份，约定由 A 公司供给 B 仪表厂汽轮发电机组一套，总价 108.5 万元。合同第二条规定，“质量按汽轮机出厂标准，试运行 72 小时后交付需方验收使用”；第三条规定，“由于需方原因不能连续运行 72 小时，应累计计算，非供方制造质量问题，不能满足负载试运行 72 小时应有效”；合同还规定先由 B 仪表厂预付货款 50 万元，余款在供方发货后，由需方按供货清单验收后一次付清。1 月 26 日，A 公司电告 B 仪表厂，由于 A 公司欠某市第一机床厂（以下简称“机床厂”）货款 50 万元，准备开出以 B 仪表厂为付款人、以机床厂为收款人、票面金额为 50 万元的商业承兑汇票，B 仪表厂表示同意。1 月 29 日，A 公司依上述约定条件开出了商业承兑汇票一张，付款日期为见票后 15 天。1 月 30 日，A 公司将该商业承兑汇票交给机床厂，机床厂于次日持该商业承兑汇票向 B 仪表厂提示承兑。B 仪表厂经审查后，在该汇票正面签署了“承兑”字样和承兑日期，并加盖了其在开户银行预留的印鉴。然后，将经过承兑的汇票交还给机床厂。

2 月 9 日，A 公司将购销合同约定的汽轮发电机组一套交付给 B 仪表厂，并随附该厂的产品质量合格证书。但是，在该套汽轮发电机组的试运行过程中，接连出现故障，虽经供方的技术人员几次维修，始终难以顺利运行。B 仪表厂遂对 A 公司的产品质量发生怀疑，于是以供方违约提供不合格产品为由，要求解除购销合同。A 公司则以该套汽轮发电机组已经出厂检验合格，有产品质量合格证书为由，拒绝解除合同。2 月 12 日，B 仪表厂通知其开户银行，要求开户银行拒绝解付已由其承兑的、机床厂持有的商业承兑汇票。于是，2 月 20 日，当机床厂持商业承兑汇票向 B 仪表厂的开户银行提示付款时遭到拒绝。

（本案例选自南京律师网 http：//www.njlawyer.cn/case/open.asp？id=1406）

思考：

1. B 仪表厂是否应对该汇票承担付款责任？

2. B 仪表厂能否对机床厂主张抗辩？

第七章　票据丧失及其救济、票据时效及利益偿还请求权

【学习指导】

票据作为完全有价证券，票据的丧失必然会影响到票据权利的行使。在票据丧失后，可以采用挂失止付、公示催告、提起普通诉讼等手段救济。票据法实行的是短期消灭时效制度，与民法的时效制度有区别。利益偿还请求权是票据法上的非票据权利，而不是票据权利，该制度的设计是为了平衡利益失衡的局面。本章要求了解票据丧失、挂失止付制度、票据时效；熟悉公示催告制度；掌握利益偿还请求权。

第一节　票据丧失及其救济

一、票据丧失的界定及其后果

（一）票据丧失

票据丧失是指持票人并非出于抛弃的意思而丧失对票据的占有。票据丧失的情形可以分为以下两种情形：一是绝对丧失；二是相对丧失。前者又称为票据灭失，是指票据已经不再保持原有的物质形态，例如被毁损、撕碎、焚烧、腐烂等；后者又称为票据遗失，是指虽然票据物质上完好存在，但脱离了原持票人的实际占有，导致该人不能正常使用票据，行使票据权利，例如持票人不慎遗失票据或者被盗等。关于票据丧失占有是否包括丧失间接占有，我们认为应该包括。其理由为：直接占有是指事实上占有票据的状态；间接占有是指原持票人通过委托收款或质押背书等方式实际上不占有票据的状态。在间接占有的情况下，如果不赋予间接占有者即原持票人的权利，票据遗失后，就会受到损失。因此应当赋予间接占有者权利，这样才能全面界定票据丧失的概念。

票据作为完全有价证券，票据权利与体现该权利的票据时刻不能分离，票据权利人行使票据权利必须占有票据；而且票据作为提示证券，票据权利的行

使必须首先提示票据。因此，占有票据是行使票据权利的前提和基础。票据丧失直接影响票据权利的实现。

（二）票据丧失的法律后果

票据丧失的法律后果因票据的绝对丧失与相对丧失的情形不同而有所差异。票据的绝对丧失，使票据权利行使的物质形态依据缺乏，甚至没有被他人冒领或他人善意取得的可能性；而票据的相对丧失，则存在票据被他人冒领或善意取得的风险。但是票据不像纸币、邮票，丧失后失票人并不当然丧失票据权利。为了恢复因票据丧失而受损害的票据权利人的利益，以及保护票据交易安全和善意取得人的权利，各国票据法都规定了票据丧失的救济制度，即丧失票据人依照票据法的有关规定，经过一定的程序后仍可以恢复票据上的权利。

二、票据丧失的救济

关于票据丧失的补救办法，各国票据法的规定不尽相同，大陆法系国家多采用的是公示催告程序，英美法系国家多采用的是诉讼程序。我国《票据法》第15条规定：“票据丧失，失票人可以及时通知票据的付款人挂失止付……失票人应当在通知挂失止付后3日内，也可以在票据丧失后，依法向人民法院申请公示催告，或者向人民法院提起诉讼。”可见我国立法对票据丧失的救济制度采取了开放式的态度，将国际上现存的主要补救措施一并规定在法律上，同时肯定了挂失止付这一颇具中国特色的办法。

（一）挂失止付制度

挂失止付是我国传统商事习惯上对票据丧失的一种补救办法。按照这种习惯，丧失票据的人在丧失票据后，可以出具证书向发票钱庄请求挂失止付，并在权威性报纸上刊登广告，声明票据作废，同时应向地方官厅备案。过一百天后，无纠纷发生，失票人可再请求付款。① 由此，我们可以这样界定挂失止付，它是指失票人将票据丧失的事实通知票据的付款人，并要求付款人停止支付票据款项的补救办法。从性质上来讲，挂失止付只是一种临时的补救办法，只能在短期内防止票据金额被冒领，不能恢复行使票据权利，也无法阻止票据权利的转让和善意取得。

（1）挂失止付的适用范围

---

① 参见陈天表：《票据通论》，商务印书馆1937年版，第98页；转引自谢怀栻《票据法概论》，法律出版社2006年版，第96页。

挂失止付并不能适用于所有的票据。我国《票据法》第15条第1款规定："票据丧失，失票人可以及时通知票据的付款人挂失止付，但是，未记载付款人或者无法确定付款人及其代理付款人的票据除外。"学界认为该规定不妥。在未记载付款人的情况下，汇票和支票中，根据《票据法》第22条和第85条的规定，未记载付款人的汇票和支票属于无效票据，不存在挂失的问题。而在本票中，出票人就是付款人，根据《票据法》第76条的规定，此本票也为无效的票据。在无法确定付款人及其代理付款人的票据的情况下，虽然不至于无效但无法确定应向谁发出止付通知，自然也是不能适用挂失止付的票据。

根据中国人民银行《支付结算办法》第48条规定："已承兑的商业汇票、支票、填明'现金'字样和代理付款人的银行汇票以及填明'现金'字样的银行本票丧失，可以由失票人通知付款人或者代理付款人挂失止付。"而不可以挂失的票据包括没有填明"现金"字样和代理付款人的银行汇票以及没有填明"现金"字样的银行本票等。

(2) 挂失止付的程序

失票人需要挂失止付的，依《支付结算办法》第49条的规定，应填写挂失止付通知书并签章。并在通知书上载明以下事项：①票据丧失的时间、地点、原因；②票据的种类、号码、金额、出票日期、付款日期、付款人名称、收款人名称；③挂失止付人的姓名、营业场所或者住所以及联系方法。付款人或者代理付款人收到挂失止付通知书后，查明挂失票据确未付款时，应立即暂停支付。

(3) 挂失止付的效力

挂失止付只是一种临时的补救办法。它的效力体现在：①保全。能阻止票据金额被冒领。②能为恢复票据权利的享有和行使或者对票据的占有提供保障。能与其他法定措施如公示催告、确权之诉结合起来，切实起救济作用。对于付款人或者代理付款人来说，尚未支付票据款项的，在有效期（自付款人或者代理付款人受到挂失止付通知书之日起12日内①）不得付款，否则承担

① 《支付结算办法》第50条。这与《票据法》第15条第3款要求失票人必须在通知挂失止付3日内，向人民法院申请公示催告或提起诉讼有不一致。谢怀栻先生认为此处的3日要求没有意义，因为《支付结算办法》要求付款人或者代理付款人受到挂失止付通知书后，应当立即暂停支付。付款人或者代理付款人自受到挂失止付通知书之日起12日内没有收到人民法院的止付通知书的，自第13日起，挂失止付通知书失效。王小能先生认为两者间不矛盾，其中隐含着失票人应当向收到挂失止付通知的付款人或者代理付款人提供证明的义务。如果3日内失票人向付款人或者代理付款人提供了这方面的证据，得到证明的一方应继续受挂失止付的约束，此约束时间应为原先的3日再加上9日。其中的9日实际上是得到证明的付款人或者代理付款人等待法院通知的时间。如果9日内法院向付款人或者代理付款人发出了止付通知，该通知取代挂失止付通知，对付款人或者代理付款人具有相对稳定的效力。如果在9日内未收到法院的通知，挂失止付通知彻底失效。

错误付款的责任。而付款人或者代理付款人在收到挂失止付通知书之前，已经向持票人付款的，不再承担责任。需要指出的是，挂失止付并不是申请公示催告或提起诉讼的必经程序。失票人可以不经过挂失止付程序直接向人民法院申请公示催告或者提起诉讼。

(二) 公示催告制度

公示催告，是人民法院根据失票人的申请，以公告的方法，告知并催促利害关系人在指定期限内向人民法院申报权利，如不申报权利，人民法院即依法作出宣告票据无效之判决的补救办法。大陆法系国家大多采行此制度。

(1) 公示催告的适用范围

根据《民事诉讼法》第193条规定：可背书转让的票据丧失，失票人可以向法院申请公示催告。在法律实践中不能背书转让的票据有：根据《票据法》第36条规定，被拒绝承兑、被拒绝付款或者超过付款提示期限的票据，不得背书转让；根据《支付结算办法》第27条规定，填明“现金”字样的银行汇票、银行本票和用于支取现金的支票不得背书转让，因此，它们都不适用于公示催告程序。

(2) 公示催告的程序

“公示催告既然系不经诉讼程序而确定票据权利人之权利而特设之制度，本质上属非诉事件。”① 我国《民事诉讼法》规定了公示催告的具体程序，分为以下几步：①失票人申请公示催告。《民事诉讼法》规定，失票人应向票据支付地的基层法院提出书面的公示催告申请。②法院进行公告。法院应该在受理公示催告申请的当日通知付款人或者代理付款人停止支付，并在受理公示催告之日起3日内发出公告，催促利害关系人申报权利。③无人申报权利的情形。无人申报时，申报人可请求法院作出除权判决。④有人申报的情形。此时法院应该裁定终结公示催告程序，通知申请人和付款人，利害关系人应该出示票据并通知公示催告申请人在指定的期间查看票据，若与申请公示催告的票据不一致时，人民法院应该裁定驳回利害关系人的申报。⑤除权判决。法院进行除权判决，即以判决宣告票据无效。被宣布为无效的票据就与票据权利相分离，任何持票人都不得再依票据主张权利。

(3) 公示催告的效力

公示催告能有效地防止冒领票据价款，防止票据权利的善意取得；能恢复

① 参见施文森著：《票据法新论》，台湾三民书局1987年版，第68页。

票据权利；能查明利害关系人，为确认之诉做好准备。

（三）普通诉讼制度

普通诉讼制度是指失票人在丧失票据后，以付款人为被告向人民法院起诉。该制度是我国借鉴英美法系中对失票人的救济制度的结果。我国《票据法》明文规定了诉讼是票据丧失的一种补救办法，但规定的原则性强，操作性差。最高人民法院的司法解释《关于审理票据纠纷案件若干问题的规定》在某种程度上弥补了普通诉讼制度在实践中运用的不足。其规定了返还票据和补发票据或支付票款两种失票诉讼。当票据权利丧失后，失票人如果已知或者可以确定何人持有票据时，可直接向法院提起票据权利归属的确认之诉。失票人若并不知道持票人是谁的时候，可以请求法院裁定补发票据或支付票据。该司法解释第35、36条规定，票据丧失后，失票人在票据权利时效届满以前请求出票人补发票据，或者请求债务人付款，在提供相应担保的情况下因债务人拒绝付款或者出票人拒绝补发票据提起诉讼的，由被告住所地或者票据支付地人民法院管辖。失票人因请求出票人补发票据或者请求债务人付款遭到拒绝而向人民法院提起诉讼的，被告为与失票人具有票据债权债务关系的出票人、拒绝付款的票据付款人或者承兑人。

我国在《票据法》中规定了三种失票救济方法，虽然较为全面，但也存在制度整合和综合效应的发挥问题，尤其是对三种不同救济方法的技术磨合和衔接。

第二节　票据时效

一、票据时效的定义

票据时效是指票据权利的消灭期间。票据权利是一种债权，是一种请求权，当然也与一般债权相同，经过一定期间不行使而消灭，或不受保护。① 该一定期间，就是票据消灭的期间。

我国《民法通则》上规定的时效是诉讼时效，指的是权利人向人民法院请求保护民事权利的有效期间。如果超过了诉讼时效，权利人丧失的是胜诉权，而权利人的起诉权不会消灭，实体权利也不会消灭，只是转为了自然之

① 谢怀栻著：《票据法概论》，中国社会科学出版社2007年版，第70页。

债。而票据时效是消灭时效，如果超过了票据时效就意味着票据权利人丧失了票据权利。

各国对票据时效期间的立法体例并不一致，法国、意大利等国并未按照票据债务人的区分（主债务人、偿还义务人）来分别规定时效期间，都是相同的时间经过。德国、日本等国区分主债务人与偿还义务人，对两类主体作出不同长短的时效规定。英美等国法律对票据时效无特别规定，只适用民法上关于时效的一般规定。

《日内瓦统一汇票本票法》、《日内瓦统一支票法》以及根据上述国际公约制定的一些国家的票据法，都有专门的时效规定，相对于民法的规定，票据时效具有短期性与独立性，特征鲜明。这样规定能促进权利人尽快行使权利，终结票据关系，加强票据的流通，促进资金的周转。另一方面，也能使义务人很快脱卸掉票据义务这一沉重的负担，以平衡票据关系双方的权利义务关系。所以票据时效制度体现了效率优先的价值，也彰显了公平的理念。

二、票据时效的期间

我国采用的是德国、日本、日内瓦统一票据法的立法模式，由于票据权利包括付款请求权与追索权，相对应的，票据法对不同权利的票据的时效规定也就不同。根据我国《票据法》第17条的规定："票据权利在下列期限内不行使而消灭：（一）持票人对票据的出票人和承兑人的权利，自票据到期日起二年，见票即付的汇票、本票，自出票日起二年；（二）持票人对支票出票人的权利，自出票日起六个月；（三）持票人对前手的追索权，自被拒绝承兑或者被拒绝付款之日起六个月；（四）持票人对前手的再追索权，自清偿日或者被提起诉讼之日起三个月。票据的出票日、到期日由票据当事人依法确定。"

需要注意的是，在第（一）项中，我国将汇票出票人与承兑人、本票出票人同等看待，意在加重汇票出票人的负担，正基于此，此处所称"权利"，没有指明为何种权利，我们应认定为不限于付款请求权，也包括持票人对汇票出票人的追索权。① 关于第（四）项，有学者提出该规定很有问题：出票日完全由出票人自行确定，不会出现依法确定的问题。《票据法》其他条文如第25条已对票据到期日作了规定，此处完全多余。②

① 王小能主编：《票据法教程》（第二版），北京大学出版社2001年版，第133页。
② 谢怀栻著：《票据法概论》，中国社会科学出版社2007年版，第100页。

关于票据时效期间期日的确定，根据我国《票据法》第 107 条规定，本法规定的各项期限的计算，适用《民法通则》关于计算期间的规定。

第三节　利益偿还请求权

一、利益偿还请求权的定义

所谓利益偿还请求权，是指持票人的票据权利因法定原因而丧失时，持票人向票据出票人或者承兑人请求返还相关利益的权利。

票据权利的时效期间很短，以促使持票人能尽快地行使票据权利，促进票据流转，而且各种票据行为都有严格的手续要求，这也是票据要式性的体现。因此，持票人稍有不慎，即可能受到损失。例如，持票人没有及时向票据债务人主张权利，持票人就丧失了对票据债务人的票据权利；在提示承兑的情况下，持票人因请求承兑被拒绝后未能依票据法规定作成拒绝证书，将使债权人丧失追索权等。在这些情况下，会使票据债务人获得额外的利益，这种利益恰恰又是持票人所遭受的损失，这是不公平的。为防止这样的情况发生，票据法规定了利益返还请求权制度。我国《票据法》第 18 条规定："持票人因超过票据权利时效或者因票据记载事项欠缺而丧失票据权利的，仍享有民事权利，可以请求出票人或者承兑人返还其与未支付的票据金额相当的利益。"

二、利益偿还请求权的性质

利益偿还请求权不是票据权利，而是票据法上的非票据权利。关于它的性质，我国《票据法》仅将利益返还请求权规定为一种民事权利，而对于其性质没有确定，德国法将之明确规定为不当得利。理论上对此问题争论较多，主要有四种观点，包括票据权利说、损害赔偿请求权说、民法上的不当得利说以及票据法上的特别请求权说。

票据权利说认为，利益偿还请求权中的法律关系是从票据中而来，该权利是票据权利消灭后票据上残留下来的、可以代替票据权利的法定的请求权。此说不合理之处在于利益偿还请求权是基于票据法的规定而存在的，不是因为票据行为而产生的，利益偿还请求权中的法律关系并不是票据关系，因此利益偿还请求权不是票据上的权利，有别于以付款请求权和追索权为内容的票据权利。

损害赔偿请求权说认为利益偿还请求权实质上与损害赔偿请求权的性质相同。该说似是而非，利益偿还请求权是由于持票人自身原因导致丧失票据权利的，而没有票据债务人的行为致债权人发生损害，所以谈不上损害赔偿请求。

民法上的不当得利说认为利益偿还请求权属于民法上的不当得利，是没有合法根据使他人受损而自己获有利益，且权利人所丧失的利益与出票人或者承兑人所取得的利益存在因果关系。尽管利益偿还请求权与不当得利请求权相似，但票据债务人获得利益是基于票据的签发，并非没有法律上的原因。所以，利益偿还请求权不是民法上的不当得利请求权。

票据法上的特别请求权说认为利益偿还请求权是票据法上的一种特殊权利，是法律基于平衡持票人与票据债务人之间的失衡状况而作出的特殊规定。也就是说，利益偿还请求权既不是票据权利，也不是民事权利，而是票据法上的权利。

三、利益偿还请求权的构成要件

利益偿还请求权的成立必须具备以下要件：

1. 当事人合格。利益偿还请求权的权利人是丧失票据权利的持票人。这时的持票人包括最后的被背书人、清偿了被追索债务而获得票据的背书人或者保证人、因参加付款行为而取得票据的参加付款人等。利益偿还请求权的义务人是各种票据的出票人或者汇票的承兑人。出票人签发票据，一般都得到了相当的对价，承兑人承兑汇票时一般都获得了出票人提供的票据资金。因此，持票人自然可向获有利益的前两者行使。背书人在转让票据时虽然受有相对人对价，但在取得票据时已经向其相对人支付了对价，无额外利益，不是利益偿还请求权关系中义务人。保证人同样也不可能收受到额外的利益，自然也不是义务人。

2. 票据权利曾经有效地存在过。票据权利的有效存在，是利益偿还请求权的基础。虽然利益偿还请求权关系中权利人的权利不是票据上的权利，但该权利是因票据而生，所以要求票据权利曾经有效存在。若该条件不满足，就不可能请求偿还利益。

3. 票据权利因为票据法规定的原因丧失。只有当持票人原来所享有的票据权利因为票据法规定的原因而丧失，才能发生利益偿还请求权。一般各国票据法规定的原因为：超过时效期间或者保全手续欠缺。保全欠缺手续指的是持票人未在期限内提示或者作成拒绝证书。由于这两种原因而使票据权利消灭，持票人可行使利益偿还请求权。此时，持票人对权利的丧失是否具有主观上的故意或者过失，不影响利益偿还请求权的行使。值得注意的是，我国《票据法》规定的原因为时效届满或记载事项欠缺。对于将“记载事项欠缺”作为失权原因，我国大部分学者认为存在逻辑问题，因为票据记载事项的欠缺会导致票据权利根本不存在，谈不上票据权利的丧失。

4. 出票人或者承兑人因持票人票据权利的消灭而受有额外利益。出票人或者承兑人曾因出票或者承兑，在票据权利因时效或者保全手续欠缺而消灭后，而实际上受有利益。具体情况包括：

(1) 汇票的出票人因出票而取得了对价，但是还没有给付款人供给资金，由于票据权利消灭而使他免去了担保付款的义务；

(2) 本票的出票人或者汇票的承兑人因票据权利消灭，使之免去了付款义务所获得的利益；

(3) 支票的出票人因票据权利消灭，而该笔金额仍存在银行自己的账户下。

四、利益偿还请求权的行使

利益偿还请求权不是票据上的权利，而只是票据法规定的一种特殊权利，因此其行使效力表现在：

1. 请求权人应该证明其为票据权利人。虽然利益偿还请求权不是票据权利，其行使并不需要提示票据。但是在实践中，请求权人要行使权利时要证明其原来享有过票据权利，仍离不开背书连续的票据，所以在行使利益偿还请求权时首先还是必须持有票据。

2. 利益偿还请求权的转让应该依照民法上的规定，依当事人之合意而成立，而不需要按照票据法的规定采用背书转让。

3. 利益偿还请求权的行使适用民法上有关时效的规定。请求权应在民法规定的时效期限内行使，否则，利益偿还请求权同样可以基于民法上的时效期间届满而消灭。

五、利益偿还请求权的效力

利益偿还请求权人行使权利取得偿还利益后，不能再向任何人主张权利，包括票据权利、票据法上的权利、非票据法上的任何权利。该权利行使后即完全消灭了票据上的所有关系。

参考习题

1. 下列关于挂失止付制度，说法正确的是（　）

A. 挂失止付是暂时性的票据丧失的补救措施

B. 挂失止付是公示催告的必经程序

C. 失票人应在通知挂失止付后3日内申请公示催告

D. 付款人在收到挂失止付通知之前已经向持票人付款的，不再承担责任

2. 甲签发现金支票给乙，乙于到期日前丢失，就立即通知付款银行停止支付。下列说法正确的是（　　）

A. 乙挂失止付时，付款行已向持票人付款的，乙可以诉请法院判决付款银行向乙支付支票金额

B. 经除权判决之后，乙可以要求甲重新签发同样金额的现金支票

C. 乙于挂失止付后第二天向法院申请公示催告，法院进行除权判决后，有善意持票人向付款银行请求兑付支票，银行依除权判决拒绝付款

D. 如果乙所丧失的现金支票上未记载付款人，被请求银行对乙的挂失不予受理

3. 下列哪一项表述符合公示催告程序的法律规定？（　　）

A. 公示催告程序只适用于基层人民法院

B. 公示催告程序仅适用于各种票据的公示催告

C. 除权判决应当宣告票据是否无效

D. 当事人不服法院的除权判决，可以提起上诉

4. 下列关于公示催告程序特点的哪些说法是正确的？（　　）

A. 公示催告程序仅适用于基层人民法院

B. 公示催告程序实行一审终审

C. 公示催告程序中没有答辩程序

D. 公示催告程序中没有开庭审理程序

5. 票据权利的除斥期间有（　　）

A. 持票人对票据的出票人和承兑人的权利，自票据到期日起2年

B. 持票人对支票出票人的权利，自出票日起6个月

C. 持票人对前手的再追索权，自清偿日或者被提起诉讼之日起3个月

D. 持票人对前手的追索权，自被拒绝承兑或者被拒绝付款之日起6个月

6. 下列（　　）票据当事人是利益偿还请求权的义务人。

A. 没有收到出票人提供的资金的汇票承兑人

B. 本票关系中的背书人

C. 本票出票人基于赠与出票，本身未受对价

D. 因持票人超过时效而使票据权利消灭，从而使支票金额在银行仍存在自己的账户下的支票出票人

【案例选读】

案例一：

高某、葛某、姜某均系个体经营者，高某因从葛某处进货而拖欠3万余元货款，葛某又因借贷而拖欠姜某3万元，现离借款到期日还有4个月，葛某在骗得姜某、高某同意后，决定以汇票结清他们之间的债权债务关系，葛某做出票人，高某做付款人，姜某做收款人，票据金额3万元，出票后4个月付款。高某与葛某之间汇票结算后的尾数使用现金了结，姜某拿到汇票后便于流通便找高某进行承兑。此后，姜某在从A铝厂进货时，将汇票背书转让给了A铝厂。A铝厂接收汇票时距到期日还有近3个月，遂又决定用该汇票采购铝材，采购员冀某携带已在票据背面书栏签有本单位章的汇票外出时不慎丢失，冀某将丢失汇票的情况反映给A铝厂，A铝厂立即向高某办理了挂失止付的手续，但未采取其他措施。该丢失汇票被赵某捡到，赵某发现票据背面的最后一次背书未超时，便冒充被背书人，喜出望外地签了名，然后持汇票到B掌上电脑公司购置了一台价值3万元的掌上电脑，并将汇票背书后交给了B掌上电脑公司，B掌上电脑公司未进行票据的转让，现汇票到期，B掌上电脑公司持汇票请求高某付款，高某以汇票已经挂失止付为由拒绝付款。B掌上电脑公司只好追索并对所有前手发出通知，A铝厂接到通知后提出自己是票据权利人，B掌上电脑公司的票据权利有缺陷，请求返还票据，双方发生争议，诉至法院。

（本案例选自文都教育在线 http：//www. wendu. com/Training/1000，28941. html）

思考：

1. B掌上电脑公司有无票据权利？为什么？

2. B掌上电脑公司对所有前手发出追索通知的做法是否妥当？为什么？

3. 高某作为承兑人能否以挂失止付为由拒绝付款？为什么？

案例二：

1991年3月21日，A公司工作人员安某出差途经宝鸡时，被他人盗走汇往L采购原料的银行承兑汇票一张，汇票金额为30万元，出票人是中国银行某支行，持票人是A公司，支付人是中国银行L分行，承兑协议编号1—1—4，交易合同号码99—110，未向任何单位背书转让。申请人于1999年3月26日向L市城区人民法院申请公示催告。

L市城区人民法院接到申请后，经审查认为符合《中华人民共和国民事诉讼法》第193条“按照规定可以背书转让的票据持有人，因票据被盗、遗失或者灭失，可以向票据支付地的基层人民法院申请公示催告。依照法律规定可以申请公示催告的其他事项，适用本章规定。申请人应当向人民法院递交申请书，写明票面金额、发票人、持票人、背书人等票据主要内容和申请的理由、事实”之规定，决定受理申请，并于接到申请的第二天，依照《中华人民共和国民事诉讼法》第194条“人民法院决定受理申请，应当同时通知支付人停止支付，并在3日内发出公告，催促利害关系人申报权利。公示催告的期间，由人民法院根据情况决定，但不得少于60日”之规定，分别向申请人发出受理通知书和向支付人中国银行L分行发出停止支付通知书，并在3日内发出公告，催促利害关系人在60日内申报权利。经60天公告期，没有利害关系人向该院申报权利。

（本案例选自中国资金网 http://piaoju.zj198.com/news/9262.shtml）

思考：

1. 公告以后，该银行承兑汇票是否有效？

2. A公司能否向L分行请求支付票款？

案例三：

2004年1月20日，甲公司根据乙公司签订的货物买卖合同，按照约定签发了金额为10万元的银行承兑汇票，承兑人为丙银行，到期日为2004年11月1日。汇票在甲公司交给乙公司前被甲公司遗失。甲公司于2004年8月1日登报声明作废，又于同年9月1日向法院申请公示催告。法院于当天通知丙银行停止支付。公示催告期限届满时，甲公司未向法院申请除权判决。甲公司后来交付给乙公司的是遗失的汇票复印件和丙银行于2004年8月20日出具的说明函。在汇票复印件上的持票人签章栏内，加盖了丙银行的汇票专用章，但是没有甲公司的签章。丙银行说明函的内容是：由于汇票被出票人遗失，出票人已登报声明作废，因此同意在复印件上加盖本行汇票专用章，作为收款人向本行收款的有效依据；汇票到期后，收款人必须派员凭此复印件结算票面款项。乙公司按照复印件记载的日期，在到期后持上述复印件向丙银行提示付款时，遭到丙银行拒付。

（本案选自司法网眼 http://148web.cn/index.php? mod=tag&code=view&id=%C6%B1%BE%DD）

思考：

1. 甲公司是否有权要求丙银行承担票据责任？为什么？

2. 乙公司的权利如何得到保护？

下编　票据法分论

第八章 汇 票

【学习指导】

汇票在票据法律制度中处于十分重要的地位。汇票相关规则是各种票据法制度中内容最为丰富和完整的。本票和支票在很多方面都是准用关于汇票的规定。通过对本章的学习，要求了解汇票的概念、特征和种类；熟悉汇票的当事人、汇票的追索权；掌握汇票的出票、背书、承兑、保证等制度的原理及其适用。汇票的出票、背书、承兑、付款和追索权是重点和难点，应重点学习。

第一节 汇票的概念和特点

一、汇票的概念和特征

（一）汇票的概念

各国对汇票的概念采用了不同的立法体例。大陆法系一般不直接下定义，而是以描述汇票具体内容的方式予以规定。比如，《日内瓦统一汇票本票法》第1条就规定："汇票应包含下列内容：（一）汇票主文内记载其为汇票之文句，并以汇票本文所使用之语文表明之；（二）无条件支付一定金额之委托；（三）付款人姓名；（四）付款日期之记载；（五）付款地之记载；（六）收款人或其指定人之姓名；（七）发票日期及发票地之记载；（八）出票人签名。"其他大陆法系国家的票据法，如德国、法国和日本，也都采用了类似的方式予以规定。

英美法系国家大多在其票据法里对汇票概念作出了明确的定义。比如，英国《票据法》第3条第1款就将汇票定义为："汇票为一次书面之无条件支付之命令，由一人开至另一人，并由发出命令者签名，要求受票人见票或定期或在某一可预定之日期，将一定金额之款项付与规定之人或其指定人或来人。"美国《统一商法典》、澳大利亚和南非的票据法也都有类似的规定。

也有一些国家和地区采用直接定义和内容描述并举的方式。比如我国

《票据法》和我国台湾地区“票据法”。台湾地区“票据法”第2条规定汇票是：“出票人签发一定金额，委托付款人于指定日期，无条件支付与收款人或执票人之票据。”我国《票据法》第19条第1款对汇票作出了明确规定：“汇票是出票人签发的，委托付款人在见票时或者在指定日期无条件支付确定的金额给收款人或者持票人的票据。”同时在第22条又对汇票的记载事项作了具体的规定。

（二）汇票的特征

汇票的特征是指汇票与本票和支票相比较具有的特征。因此，票据所具有的一般特征，如要式性、文义性、独立性和无因性，汇票当然也具有。根据上述我国《票据法》对汇票的定义可以归纳出汇票具有以下特点：

1. 汇票是出票人委托他人付款的票据。在汇票法律关系中，出票人与付款人相互分离，除在持票人行使追索权的情况下，出票人不承担付款责任。因此汇票属于委托支付证券，与属于自付证券的本票相区别。

2. 指定日期付款条件下具有远期信用功能。汇票出票人自主决定到期日，实践中汇票大多具有指定到期日。实质上，这就等于是给了付款人一定的期限利益。在该期限内，相当于付款人得到了收款人的资金融通。期限越长，利益越大。而支票见票即付，不具有信用功能。国外虽也有到期日支付的本票，但期限远比汇票短。我国《票据法》第73条规定：“本票是出票人签发的，承诺自己在见票时无条件支付确定的金额给收款人或者持票人的票据。”第78条又规定：“本票自出票日起，付款期限最长不得超过2个月。”这就意味着我国不承认远期本票。因此，在我国汇票是唯一具有远期信用功能的票据。当然在见票即付的情况下，这种信用功能也就体现不出来了。

二、汇票的种类

依据不同的标准，可以将票据分为不同的种类。

（一）即期汇票与远期汇票

依据确定到期日的方式的不同，将汇票分为即期汇票和远期汇票。这种划分的实际意义在于确定汇票的付款日期。另外，还可以区分两种汇票具有的不同职能：即期汇票仅具有支付职能，远期汇票还具有信用职能。

1. 即期汇票

即见票后立即付款的汇票。该种汇票有三种表现形式，一是在票据载明“即期即付”字样；二是票据上不记载付款日期；三是记载的付款日期与出票日期相同。即期汇票的持票人可以随时请求付款，并且不需要经过承兑程序，十分方便。

2. 远期汇票

远期汇票指在票据记载的付款日（与出票日相同者除外）或付款期限内方能请求付款的汇票。依据记载日期的方式的不同又分为：

（1）定日付款汇票（又称定期汇票、板期汇票、定日汇票）。指在票据记载有具体到期日的汇票。① 比如记载有“某年某月某日付款”字样。

（2）出票后定期付款的汇票（又称计期汇票）。② 指记载在出票日后一定期间内付款的汇票。比如记载有“出票日后 180 天付款”字样。

（3）见票后定期付款的汇票（又称注期汇票）。③ 指票据记载在见票日后一定期间付款的汇票。比如记载有“见票后 180 天付款”的字样。“见票”在票据法中有特定含义，指持票人要求付款人承兑时向其提示票据。因此，见票后定期付款的汇票实质上是在承兑日后一定期限内付款的汇票，到期日以确定承兑日期为前提。但这并不意味着持票人可以推迟承兑日从而延长汇票的到期日。因为《票据法》第 40 条规定：“见票后定期付款的汇票，持票人应当自出票日起一个月内向付款人提示承兑。汇票未按照规定期限提示承兑的，持票人丧失对其前手的追索权。”

（4）分期付款汇票。分期付款汇票指将汇票金额分为几部分，分别确定到期日予以支付的汇票。这种类别的汇票在英美法系国家和我国台湾地区都存在，我国内地没有此种汇票。

（二）记名汇票、指示汇票和无记名汇票

根据汇票上权利人记载方式的不同，将汇票分为记名汇票、指示汇票和无记名汇票。

1. 记名汇票。又称抬头汇票，指票据记载有收款人姓名或名称的汇票。此种汇票仅仅交付载明的收款人才具有效力，其他人即使持有票据，也不能行使票据权利，除非是依据背书获得票据。记名汇票也只能依据背书转让。出票人也可以加上“禁止转让”、“禁止背书”等文句，使该汇票丧失流通性。

2. 指示汇票。指票据记载收款人的同时添加“或其指定的人”等表述的字样。出票人不得禁止此类汇票的转让，否则就与该记载相矛盾。并且指示汇

① 参见《票据法》第 25 条第 1 款第 2 项。

② 参见《票据法》第 25 条第 1 款第 3 项。

③ 参见《票据法》第 25 条第 1 款第 4 项。

票转让时只能通过背书转让。指示汇票上的“或其指定的人”既不是绝对必要记载事项，也不是相对必要记载事项，根据《票据法》第24条的规定，这种记载不具有票据法上的效力。因此我国实际上也不承认指示汇票。

3. 无记名汇票。指票据不记载收款人，或记载“付来人”、“付持票人”等字样的汇票。这种汇票凭交付就可转让。根据我国《票据法》第22条的规定，收款人姓名是绝对必要记载事项，因此我国并不承认无记名汇票。

（三）一般汇票与变式汇票

依据汇票当事人是兼充还是分离，将汇票分为一般汇票与变式汇票。汇票上三个基本当事人分别由不同的人充当的汇票称为一般汇票。三个当事人中有两个或三个是由同一人充当的汇票称为变式汇票。依据当事人兼充的资格的不同，又把变式汇票分为：

1. 己受汇票。又称指己汇票，指出票人兼为收款人的汇票。己受汇票在实践中应用起来十分方便。通常是卖方开立以买方为付款人，自己为收款人的汇票，在付款人承兑后，出票人可以将此汇票转让，实现其信用功能；也可以到银行贴现，实现其融资功能；还可以待到到期日要求付款人付款，实现支付功能。①

2. 己付汇票。又称对己汇票，指出票人兼为付款人的汇票。这种汇票在本质上与本票相同。实践中在出票人与付款人有总分公司性质的情况下应用居多，尤其是银行汇票。《支付结算办法》第53条第2款规定：“银行汇票的出票银行为银行汇票的付款人。”所以我国的银行汇票均为己付汇票。

3. 付受汇票。指付款人兼为收款人的汇票。这种汇票多用于出票人与付款人互为债权债务的情况，对付款人的内部结算比较便利。比如，出票人对一总公司拥有一笔债权，随后又对该公司的分公司负有一笔债务。于是出票人签发以总公司为付款人，分公司为收款人的汇票，这样就减少了支付成本。

4. 己付己受汇票。这种汇票的出票人、付款人和收款人为同一人的汇票。实践中多用于银行各分行间，总分公司之间的内部结算，或者仅仅以流通为目的而签发的汇票。

一般汇票与变式汇票划分的重要意义在于善意持票人行使票据权利有重大不同。

在我国，银行汇票只能为己付汇票，但银行承兑汇票不能采用己付汇票和

① 王小能著：《中国票据法律制度研究》，北京大学出版社1999年版，第172页。

已付已受汇票①。商业承兑汇票可以是已付汇票和已受汇票②。商业承兑汇票是否可以采用已付已受汇票就没有明确规定了。有学者表示应当承认已付已受汇票在商业承兑汇票中的应用③。付受汇票在我国并未得到承认，在其他国家得到认可的也很少。

（四）国内汇票与涉外汇票

依据票据行为发生地的不同，将票据分为国内汇票与涉外汇票。这一分类方法是英美法系的传统分类方法。我国《票据法》第五章专设涉外票据法律适用一章，并在第 94 条第 2 款专门规定了涉外票据的概念，所以我国也是承认此种分类的。

1. 国内汇票。指全部汇票行为发生在中华人民共和国境内的汇票。

2. 涉外汇票。《票据法》第 94 条第 2 款规定："前款所称涉外票据，是指出票、背书、承兑、保证、付款等行为中，既有发生在中华人民共和国境内又有发生在中华人民共和国境外的票据。"

此种分类的意义在于适用法律的不同，涉外票据应当根据《票据法》第五章确定应当适用的法律。

有学者已经提出我国《票据法》第 94 条规定的不足在于没有考虑到票据当事方国籍不同时的情况，也没有指明该章是否适用于票据行为发生在中国港澳台地区的情形。我们认为，《票据法》第 94 条已经明确将此种分类的标准确定为票据行为地，则不应当考虑当事方的国籍因素。对涉及中国港澳台地区的票据法律的适用应当在坚持理论上为国内票据的基础上，在实践中灵活处理，可以涉外票据的法律适用方法处理。

（五）光票与跟单汇票

依据付款是否要求附随单据，将汇票分为光票与跟单汇票。

1. 光票，指无须附随单据，就可要求承兑或付款的汇票。国内汇票与国际银行汇票多使用此种汇票。

2. 跟单汇票，指在要求承兑或付款时必须提交相符单据的汇票。根据所附随单据的不同，又将跟单汇票分为：

---

① 《支付结算办法》第 79 条第 2 款规定："银行承兑汇票应由在承兑银行开立存款账户的存款人签发。"

② 《支付结算办法》第 79 条第 1 款："商业承兑汇票可以由付款人签发并承兑，也可以由收款人签发交由付款人承兑。"

③ 王小能著：《中国票据法律制度研究》，北京大学出版社 1999 年版，第 173 页。

（1）信用证跟单汇票，指在信用证付款条件下，出口商附随与信用证相符的单据，签发的以议付行为收款人，开证行为付款人的汇票。

（2）承兑交单汇票，指付款人或承兑人在承兑汇票后即行取得附随单据，于到期日付款的汇票。

（3）付款交单汇票，指付款人在付讫汇票金额之后方能取得附随单据的汇票。

跟单汇票多用于国际贸易结算。光票尽管也可用于国际结算，但一般适用于小额结算。原因在于光票全赖付款人的信用和支付能力，而跟单汇票在此之外还有货物作保障，在付款人不付款时还可取回货物。在跟单汇票中，承兑交单与付款交单用于托收的支付方式中，后者的收汇可靠度远高于前者。

（六）银行汇票与商业汇票

根据出票人的不同将汇票分为银行汇票与商业汇票。这是我国《票据法》上所作的最重要的分类。

1. 银行汇票

在我国现行的票据法律体系中，关于银行汇票的规定颇有争议。《票据法》没有对银行汇票作明确定义，仅在第19条第2款规定“汇票分为银行汇票和商业汇票”。结合该条第1款的规定，银行汇票与商业汇票的区别仅在于出票人的不同。但1997年中国人民银行颁布的《支付结算办法》规定银行汇票为：“出票银行签发的，由其在见票时按照实际结算金额无条件支付给收款人或者持票人的票据。”

依据此定义，可以发现《支付结算办法》规定的银行汇票与我们之前讨论的一般意义的汇票有重大的不同。第一，银行汇票的出票人与付款人是同一人，属于自付证券。相当于之前我们介绍的己付汇票，但出票人被限定为银行。从这个角度说，银行汇票与本票又是相同的。第二，一般汇票的付款金额是出票时就已经确定的金额，而银行汇票却是按照实际结算金额付款。

因为实践中银行汇票的法律适用皆以《支付结算办法》为准，本书对银行汇票定义为：出票银行签发的，由其在见票时按照实际结算金额无条件支付给收款人或者持票人的票据。

依据这一定义，银行汇票就是银行作为出票人的汇票。这种汇票的出票人必须是银行，且必须是经过中国人民银行批准办理银行汇票业务的银行。付款人也是银行，且应当是出票银行，或者其代理行。实践中，代理付款人一般是出票银行委托的异地银行或其他金融机构。银行汇票的出票和付款，全国范围限于中国人民银行和各商业银行参加“全国联行往来”的银行机构办理。跨系统银行签发的转账银行汇票的付款，应通过同城票据交换将银行汇票和解讫通知提交给同城的有关银行审核支付后抵用。代理付款人不得受理未在本行开存款账户的持票人为单位直接提交的银行汇票。①

银行汇票还可进一步分为银行现金汇票和银行转账汇票②。前者在汇票目标面载明“现金”字样，用于支取现金。后者票据载明“转账”或者没有记载“现金”字样，不可以用于支取现金。《支付结算办法》第27条明确规定现金支票不得背书转让。银行汇票的出票人为银行，但这并不意味着其他人就不能使用银行汇票。个人和单位进行任何结算，都可以使用银行汇票，只是要向银行提交银行汇票申请书并通过银行审查。当然，申请人不是汇票当事人，其与银行只存在资金关系。

2. 商业汇票

商业汇票是出票人签发的，委托付款人在指定日期无条件支付确定的金额给收款人或者持票人的票据。③ 可见，商业汇票的出票人是银行以外的任何人，付款人是包括银行在内，出票人以外的任何人。根据国际惯例，这里的任何人可以是法人、其他组织，也可以是自然人。但是，《支付结算办法》第75条规定：“商业承兑汇票的出票人，为在银行开立存款账户的法人以及其他组织，与付款人具有真实的委托付款关系，具有支付汇票金额的可靠资金来源。”这就明确将个人排除在商业汇票的出票人之外。第74条还规定：“在银行开立存款账户的法人以及其他组织之间，必须具有真实的交易关系或债权债务关系，才能使用商业汇票。”这无疑大大限制了商业汇票的适用范围。

按承兑人的不同，将商业汇票分为商业承兑汇票和银行承兑汇票。商业承兑汇票由银行以外的付款人承兑。银行承兑汇票由银行承兑。区别在于承兑人的不同。商业汇票的付款人为承兑人。④

三、汇票的格式

理论上说，票据只要记载必要事项，经出票人签发就具有效力，而不需要特定的格式。《票据法》也没有对汇票格式作特别的要求。但是在我国，票据

① 参见《支付结算办法》第55条。

② 转账指通过银行将应付金额从付款人账户划转到收款人账户，不发生实际的现金支付。

③ 参见《支付结算办法》第72条。

④ 参见《支付结算办法》第72条。

是有确定的格式并统一印刷的，当事人不能够任意确定汇票的格式。《票据管理实施办法》第35条规定："票据的格式、联次、颜色、规格及防伪技术要求和印刷由中国人民银行规定。"从而在我国流通的票据都是有统一格式的。

第二节　汇票的出票

一、出票概说

出票，又称票据的发票、票据的发行、票据的签发等。大陆法系国家大多不对出票作明确的定义。英美法系国家则倾向于作明确的定义。比如英国《票据法》第2条就规定出票是"首次将格式完备的汇票交付持票人"。

我国《票据法》第20条规定："出票是指出票人签发票据并将其交付给收款人的票据行为。"对照英国《票据法》的定义，发现两种定义的内涵是完全相同的。英国《票据法》强调的"首次"其实与我国《票据法》的"签发票据并将其交付"的含义相同。除此以外，分析我国《票据法》对出票所作的定义还具有以下含义：

第一，出票是一种创设票据的票据行为。创设票据表示的是票据从无到有的过程。在物理层面表现为以纸面为载体的票据的生成；在法律层面表现为票据权利义务的产生。

第二，出票是一种基本的票据行为。出票是其后一系列的票据行为，比如背书、承兑、保证、付款等的前提。如果出票行为无效，票据本身就不存在，该票据从一开始就确定的不发生效力，其他票据行为当然就无从谈起。票据法律关系也是因为出票才得以展开。无论是出票人与收款人之间的关系，还是背书人与被背书人之间的关系，或者是其他票据关系，都依赖于有效的出票行为。正因如此才将出票视为唯一的基本票据行为，将之与其他的票据行为相区别开来。

第三，出票由作成票据和交付票据两部分构成。"作成票据"指以创设票据为目的，在票据上记载法定事项的行为。作成票据应当有创设票据的目的，漫无目的的填涂当然不构成"作成票据"。我国的票据都是有统一格式的，所以，在我国"作成票据"只需要出票人按照规定妥善填写就行了。但是在承认空白票据的国家，空白票据可以仅以交付而生效。

"交付票据"指出票人自愿把作成的票据交付收款人占有的行为。出票是否以交付票据为要件，理论上存在"契约说"与"单方行为说"两种观点。

前者认为出票是一种合意，不交付票据，不发生出票的法律效力。后者认为出票是单方法律行为，一经作成，即便没有交付，也发生出票的法律效力。我国《票据法》第20条采纳单方行为说，但同时认为“交付”是出票的生效要件。

关于交付，还有两点需要说明。首先“交付”是出于出票人的自愿，因此在票据未交付前就遗失的情况下必须区分持票人善意与否。在持票人善意的情况下，根据票据的文义性应当认定出票行为有效；反之，应认定无效。其次，“交付”必须是现实交付，即要产生物理上的占有的转移。因而，民法意义上的观念交付不产生票据法上交付的效力。

二、汇票的记载事项

要式性是汇票的重要特点。出票人在作成票据时必须按照票据法的规定妥善实施各种记载，否则票据效力可能受到影响。根据记载事项对票据效力的影响，可将汇票记载事项分为绝对必要记载事项、相对必要记载事项、任意记载事项、记载但不产生票据法上效力的事项、记载无效事项和记载使票据无效的事项。

（一）绝对必要记载事项

绝对必要记载事项指出票人若不在汇票票据上记载，则票据不产生效力的事项。关于必要记载事项，各个国家和地区规定不一。美国的《统一商法典》仅仅规定有4项内容：（1）出票人签名；（2）支付确定金额的无条件承诺或委托；（3）付款日期；（4）收款人。《日内瓦统一汇票本票法》规定有8项内容：（1）汇票字样；（2）无条件支付确定金额的委托；（3）付款人姓名；（4）付款日；（5）付款地；（6）收款人姓名；（7）出票日期和地点；（8）出票人的签名。中国台湾地区的“票据法”规定了4项：（1）表明是汇票的文字；（2）一定的金额；（3）无条件支付的委托；（4）出票日期。

我国《票据法》规定了7个绝对必要记载事项，下面详细讲述。

1. 标明“汇票字样”。

学理上将这种记载称作“汇票文句”。与大陆法系不同，英美法系不要求汇票票据载有汇票文句，这是两大法系汇票制度的一项显著差别。我国采用与大陆法系一致的规定。但由于我国采用统一格式的票据，汇票文句已经印制在汇票表面，并且对于银行汇票和商业汇票分别记载，出票人自己只需选择正确的票据填写即可。

与内地的《票据法》不同，中国台湾地区的“立法”仅仅要求汇票表面有表明其为汇票的文字即可。而不是必须写明“汇票”字样。梁宇贤认为：

“凡其他意义相同，足以表明汇票之性质者，如汇兑券、汇单、商业承兑券等字样，亦无不可①。”内地的《票据法》第22条第1款第1项用双引号标明“汇票”，说明立法的立场是必须要写明“汇票”字样的。

2. 无条件支付的委托

学理上称“支付文句”或“支付委托文句”。指出票人以文字表明委托他人支付票据金额的意思表示。实践中这种文句一般表述为“凭票祈付”、“凭票付”或“请与到期日无条件支付”等字样。在我国的实践中支付文句也是统一在汇票上印制好的，无须出票人另行填写。需要强调的是，汇票的支付文句必须是无条件的。任何附条件支付委托，包括支付条件的添加和支付方式的限制，都将导致汇票不产生效力。

3. 确定的汇票金额

汇票上不仅要记载金额，而且记载的金额必须是一个明确具体的数额。任何对汇票金额的不确定的记载都可能导致汇票不生效力。比如，对汇票金额作选择性记载（如5000元或6000元）、浮动记载（如5000元以上）与最高和最低记载（如5000元以上6000元以下）。对货币单位的记载，人民币应当以“元”为单位，外国货币应当依其主要单位。而对币种的要求，《票据法》第59条规定：“汇票金额为外币的，按照付款日的市场汇价，以人民币支付。汇票当事人对汇票支付的货币种类另有约定的，从其约定。”因此在我国汇票金额可以外币记载，但却要用人民币支付。实践中汇票票据的金额栏里已经印刷好相应的币种，出票人妥善填写即可。

填写票据金额时，阿拉伯数字和文字要相一致。但在两者填写不同时对票据效力的影响上有不同规定。英美法系和大陆法系的国家都一致认为此时应当以文字为准。但我国采用了迥异于两大法系的立场，规定该种汇票无效（《票据法》第8条）。这是立法价值取向的问题，虽然对明确和稳定票据法律关系有一定好处，但也在一定程度上限制了汇票的使用。

在填写汇票金额时不能作任何的涂改，否则可能导致汇票无效。

4. 付款人名称

付款人是受出票人委托，支付汇票金额的人。出票是一种单方法律行为。出票人在汇票上记载付款人姓名，并不表明付款人必定承担付款责任。付款人

---

① 梁宇贤著：《票据法实例解说》（修订新版），中国人民大学出版社2004年版，第67页。

完全是依据自己的意愿决定是否付款。至于拒绝付款是否违反他与出票人的资金关系，不属于票据法调整范围。但是，在汇票上明确记载付款人姓名却是不可或缺的。如果没有记载付款人，持票人就没有承兑和付款的请求对象，汇票关系根本就无法建立，没有记载付款人的汇票不生效力。

在已付汇票出票人与付款人是同一人时，汇票付款人仍是绝对必要记载事项，大陆法系与我国内地都采用此规定。但我国台湾地区却规定在未填写付款人姓名时，以出票人为付款人，汇票效力不受影响（我国台湾地区的“票据法”第 24 条第 3 款）。英美法系中付款人也非绝对必要记载事项。

付款人的姓名应当是正式用名，即自然人为身份证上的本名，法人为登记的全名。尽管票据法和相关制度并没有明确的规定，理论上也存在只要能确定付款人是谁即可的理论①，但从避免争议和促进流通的角度讲，还是要坚持填写正式用名。

对付款人可否是多人的问题，一般认为付款人记载为多人对收款人有更高的保障。但是对多个付款人行使权利的方式素来存有争议。通说认为：（1）并列记载，如付款人甲和乙。收款人可向任何一人行使请求权。（2）选择性记载，如付款人甲或乙。收款人可向任何一人请求付款。（3）顺次记载。可先向记载在先的付款人请求，如有障碍，再向其后的付款人请求。（4）负担付款，如甲付 40%，乙付 60%。则该记载无效，汇票无效。

5. 收款人名称

收款人是汇票基本当事人。在英美法系国家和我国台湾等承认无记名汇票的国家和地区，就可以不记载收款人，而以持票人为收款人（我国台湾“票据法”第 25 条第 1 款）。但在大陆法系国家和我国内地，不承认无记名汇票，收款人姓名必须记载于汇票表面，即使在已受汇票中也是如此。

收款人姓名也应当记载正式名称，以减少不便。英美票据法都规定可以记载两名以上的收款人（英国《票据法》第 7 条第 2 款，《美国统一商法典》第 3-110 条）。我国实践中也可以记载两名以上的收款人。

6. 出票日期

英美法系国家对出票日期的记载没有严格的要求。在英国汇票不因无出票日而无效，持票人可以实际签发日或承兑日填补，按填补日期作相应付款（英国《票据法》第 3 条第 4 款）。《美国统一商法典》第 3-114 条第 1 款规

① 刘家琛主编：《票据法原理与法律适用》，人民法院出版社 1996 年版，第 542 页。

定，票据的可流通性不因其记载日期而受影响。但大陆法系国家均要求必须将出票日期记载于汇票表面。我国也是如此。原因在于出票日期具有重大的意义。第一，它是确定发票日后定期付款汇票（计期汇票）到期日的依据。计期汇票一般表述为“出票日后×日付款”。对这种汇票到期日的确定并须以出票日的确定为前提。第二，它是确定见票即付汇票（即期汇票）付款提示期限的依据。在我国，即期汇票必须在一个月以内向付款人提示付款(《票据法》第53条第1款第1项)，因此出票日确定，才能确定提示期间的起始日期。第三，它是确定见票后定期付款汇票（注期汇票）承兑提示期限的依据。注期汇票一般表述为“见票后×日付款”。可见这种汇票的到期日是从承兑日起算的。但是在我国，注期汇票的持票人必须在出票日后一个月内向付款人提示承兑(《票据法》第40条)，因此出票日决定了这一个月承兑期限的起始时间，也间接影响到到期日的确定。第四，保证人未在汇票表面或粘单上注明保证日期的，以出票日为保证日期(《票据法》第47条第2款)。第五，根据我国《票据法》第70条第1款第2项规定，持票人行使追索权时，可以请求被追索人支付汇票金额自到期日或者提示付款日起至清偿日止，按照中国人民银行规定的利率计算的利息。由于出票日决定了到期日或提示付款日（即期汇票情况下），所以出票日实质上确定了利息的起算日期。第六，决定即期汇票的权利行使期限的确定。根据我国《票据法》第17条第1款第1项规定，见票即付的汇票、本票，持票人自出票日起两年内不行使，该票据权利就消灭。第七，确定出票人票据行为能力、票据代理的期限。出票人有无行为能力，当依据出票日的情况来确定。

汇票的实际出票日与汇票表面记载的出票日可能不一致，这时应当以记载的出票日为准，这是由票据文义性决定的。票据日期的书写应当规范，载明具体的年、月、日，三者中任何一个记载的缺失和错误都会导致汇票无效。实践中的出票日期还必须是大写的。

7. 出票人签章

作为汇票基本当事人的出票人当然应该在汇票表面表明其身份。我国《票据法》第22条第1款第7项明确要求出票人的“签章”。这是因为在我国，自然人不能签发汇票的缘故。① 实践中，单位签章的同时也会要求其法定代表人或授权经办人签章或签名。根据《票据法》的文义来分析，无论是单

① 但并不等于自然人不能使用汇票。

位还是法定代表人，签章和签字都是必须的。如果签章是真实的，签字是伪造的，那么伪造者和被伪造者都不承担票据上的付款责任。善意持票人只能请求其他真实签章人承担票据付款责任。在其他人付款后，伪造人要受到该付款人的追索，承担民事上的付款责任。

我国的汇票统一印制，出票人应当在出票人签名栏内妥善签章。《支付结算办法》第 23 条规定，银行汇票的出票人在票据上的签章，应为经中国人民银行批准使用的该银行汇票专用章加其法定代表人或其授权经办人的签名或者盖章。银行承兑商业汇票、办理商业汇票转贴现、再贴现时的签章，应为经中国人民银行批准使用的该银行汇票专用章加其法定代表人或其授权经办人的签名或者盖章。单位在票据上的签章，应为该单位的财务专用章或者公章加其法定代表人或其授权的代理人的签名或者盖章。

（二）相对必要记载事项

相对必要记载事项指出票人未在票据上记载并不影响汇票效力，而是依据法律来确定的事项。我国《票据法》第 23 条规定，相对必要记载事项包括付款日期、付款地和出票地。

1. 付款日期。又称到期日，指根据记载或法律规定，付款人应当履行付款义务的日期。付款日期的确定对付款人来说实质上是一种利益。在付款日到来之前收款人不得请求付款，付款日过后，收款人可以之抗辩。

付款日期是划分即期汇票与远期汇票的依据，从而确定各类汇票的承兑期限、提示付款期限等。付款日期也是确定票据权利消灭时间的依据。《票据法》第 17 条规定，持票人对票据的出票人和承兑人的权利，自票据到期日起两年不行使而消灭。同时付款期限也关系到出票人是否履行付款义务，承担期前付款责任。但不记载汇票到期日并不影响汇票效力，而是视为见票即付（《票据法》第 23 条第 2 款）。由于我国对承兑提示期限有要求，所以对未记载到期日的汇票持票人应当在出票日后 1 个月内请求付款。

有关付款日期没有记载而确定为即期付款的规定，各国大致相同。只是其他国家的提示期限要比我国长许多。

2. 付款地

付款地指票据记载或依法律确定的支付汇票金额的地方。确定汇票付款地的意义很重大。第一，明确持票人行使票据权利的地域范围。第二，确定汇票涉诉法院的管辖权。各个国家和地区大多以付款地法院作为票据纠纷的管辖法院。我国《民事诉讼法》第 27 条就规定，票据纠纷引起的诉讼，由票据支付地或被告住所地人民法院管辖。第三，在未记载支付币种时，各国多以付款地通用货币作为支付币种。第四，《票据法》第98条规定，涉外票据付款行为适用的法律，也应当是付款地的法律。

付款地通常具体到最小行政区域，如市、县、区。如果记载有更小的区域，称为付款处所，如某街道某号。《票据法》没有对付款处所作出专门规定，我国台湾地区“票据法”第27条规定付款处所为任意记载事项，一经记载便产生票据法上效力。

多数国家和地区都规定未记载付款地不影响汇票的效力。《日内瓦统一汇票本票法》以付款人住所地为付款地（第2条）；我国台湾地区“票据法”以付款人营业地或居所为付款地；我国《票据法》第23条首先强调：“汇票上记载付款日期、付款地、出票地等事项的，应当清楚、明确。”随后又说：“汇票上未记载付款地的，付款人的营业场所、住所或者经常居住地为付款地。”可见在付款地的规定上我国与世界主要国家和地区的规定相同，并且提出了在这种情况下的解决办法。

3. 出票地

出票地是票据记载或法律确定的实施出票行为的地方。确定出票地的作用在于确定涉诉汇票纠纷的法院管辖权。尤其对于涉外汇票，记载出票地有极为重要的意义。《票据法》第97条规定：“汇票、本票出票时的记载事项，适用出票地法律。”第99条规定：“票据追索权的行使期限，适用出票地法律。”从而明确了记载出票地对当事人明确汇票内容和效力有重要意义。当记载的出票地与实际出票地不一致的时候，不影响汇票效力，以记载的出票地为准。所以，当事人实际上可以选择出票地的方式选择适用的法律。未记载出票地也不影响汇票的效力。英国《汇票法》规定未记载出票地的汇票有效；《日内瓦统一汇票本票法》以出票人的住所为出票地；我国《票据法》第23条规定：“汇票上未记载出票地的，出票人的营业场所、住所或者经常居住地为出票地。”

（三）任意记载事项

任意记载事项指由出票人决定是否记载，但一经记载就产生票据法上效力的事项。根据我国《票据法》，有如下事项为任意记载的事项：

1. 担当付款人。指代付款人为付款行为的人。担当付款人可以由付款人于承兑时指定，也可以由出票人在征得付款人同意后，在出票时指定。实践中被指定的担当付款人多为付款人的开户银行。担当付款人不是票据关系当事人，所以收款人不能要求他承兑汇票。但是付款要求却应当首先向担当付款人提出。如果担当付款人拒绝付款，收款人就可以要求作成拒绝证书，行使追索权。《票据法》第 56 条第 2 款规定："付款人委托的付款银行的责任，限于按照汇票上记载事项从付款人账户支付汇票金额。"可见在我国《票据法》上也是有担当付款人的规定的。

2. 利率利息。各个国家和地区大多承认在汇票上记载利息和利率具有效力。但对只记载有利息而没有利率的情况，有一些不同。《日内瓦统一汇票本票法》规定为此种情况下视为利息的记载无效。而我国台湾地区"票据法"规定为"年利六厘"。

我国《票据法》没有对利息利率问题作规定，一旦记载应当视为有效。

3. 不得转让。《票据法》第 27 条第 2 款规定："出票人在汇票上记载'不得转让'字样的，汇票不得转让。如果持票人再转让此种汇票的，不产生票据法上的效力。""不得转让"字样应当在汇票正面的备注栏里注明。

除此以外，有关预备付款人、免除担保承兑、禁止背书、指定承兑期限、一定日期前禁止请求承兑、承兑提示期限变更、付款提示期限变更、付款地通用货币、免除拒绝事实通知、免除作成拒绝证书、禁止发出回头汇票、委任取款、参加承兑、保证、分期付款等事项的记载都属于任意记载，在本书以后的章节中将会有所涉及。

（四）记载但不产生票据法上效力的事项

这类事项可以由当事人自由记载于票据上，并在当事人间产生非票据法上的效力。比如：出票人与收款人约定到期日不付款的违约金并记载于表面。在这种情况下，收款人不能够根据票据法主张违约金，但却可以根据合同法主张。我国《票据法》第 24 条就规定："汇票上可以记载本法规定事项以外的其他出票事项，但是该记载事项不具有汇票上的效力。"

（五）记载无效事项

这类事项记载于票据，不仅不产生票据法上的效力，也不产生其他任何法律效力，视为未记载。比如免除担保付款的记载。

（六）记载使票据无效的事项

这类事项一经记载于票据，不仅该记载自身无效，还会导致汇票也都无效，因此也被称为有害记载事项。比如，附条件的委托支付。

三、汇票出票的效力

简单地说出票的效力在于使委托付款票据关系得以成立。出票以创设票据权利义务为目的，出票人作成票据并交付收款人后，票据法律关系即生效。各方当事人就要受其约束。

第一，对出票人的效力。

《票据法》第 26 条规定：“出票人签发汇票后，即承担保证该汇票承兑和付款的责任。出票人在汇票得不到承兑或者付款时，应当向持票人清偿本法第 70 条、第 71 条规定的金额和费用。”由此规定可以看出，出票对出票人的效力在于使其承担了保证承兑和付款的责任。保证就是在付款人拒绝承兑和付款时，出票人自己付款。

除己付汇票外，出票人并不直接向收款人付款。而出票后，票据记载的付款人并没有必然承兑和付款的义务。不管出票人与付款人的资金关系怎样，付款人都有权利自主决定是否承兑和付款。这是票据无因性原则的必然结果。这种情形下，为了稳定票据关系，实现票据职能，就需要出票人承担起保证承兑和付款的责任。一旦汇票被拒绝承兑或付款，收款人就可以要求出票人承担付款责任。这被称做出票人的偿还义务，是《票据法》第 26 条规定的依据，表现在诉讼上就是收款人在被拒绝承兑时只能以出票人（如果有背书人，还可以是背书人，或出票人与背书人一起）为被告提起诉讼。

持票人在要求出票人承担承兑和付款保证时有一定的顺序要求，即持票人必须在付款人拒绝承兑或付款的时候才能为此种要求。这表现为票据法上的第二次请求权。就此而言，出票人与背书人、保证人地位相同。但我国《票据法》却突出了出票人的责任，将其与背书人和保证人的责任相区别开来。《票据法》第 17 条规定，汇票持票人对票据的出票人和承兑人的权利，自票据到期日起两年不行使而消灭。而对背书人和保证人的权利 6 个月不行使就消灭。又根据《票据法》第 40 条、第 53 条、第 92 条等规定，背书人、担保人的担保义务在持票人未按期提示时即免除。根据第 65 条规定，背书人、保证人的票据义务因持票人不能出示拒绝证明、退票理由书或未按规定期限提供其他合法证明而免除。但是在上述情况下，出票人的担保义务都不能免除。

《票据法》第 70 条规定了汇票被拒付后，出票人承担责任的范围：（1）被拒绝付款的汇票金额；（2）汇票金额自到期日或者提示付款日起至清偿日止，按照中国人民银行规定的利率计算的利息；（3）取得有关拒绝证明和发出通知书的费用。第 71 条规定了背书人、保证人清偿后，向出票人追索的范围：（1）已清偿的全部金额；（2）前项金额自清偿日起至再追索清偿日止，按照中国人民银行规定的利率计算的利息；（3）发出通知书的费用。

就出票人的担保责任能否免除，各国立法的分歧很大。英美国家准许出票人的此种免除。①《日内瓦统一汇票本票法》允许免除保证承兑的责任，但不能免除保证付款的责任。《日内瓦统一汇票本票法》的规定有一定的合理性。当汇票被拒绝承兑时，出票人就担当起付款的责任，此时汇票相当于已付汇票。但若免除出票人的付款责任，就相当于持票人权利没有了任何的保障，汇票也就失去了有价证券的基本属性。

在我国，出票人的保证责任是法定的，出票人不得单方在票据上记载免除担保承兑和付款的责任。即使当时双方都同意这种免除，也是无效的。

第二，对付款人的效力。

汇票的出票并不当然对付款人产生票据法上的约束力。他可以根据自己的意愿决定是否承兑和付款。所以，有学者将出票对付款人产生的效力称为“取得承兑和付款的资格②”。我们是赞同这种说法的。因为在一般意义上，承兑和付款意味着承担义务，但在汇票制度下，票据记载的付款人以外的人的“承兑”和“付款”是没有效力的。从这个角度说付款人取得了承兑和付款的权利也是可以的。但付款人一旦承兑汇票，他就成为汇票的第一付款人。

第三，对收款人的效力。

出票赋予收款人汇票权利，包括付款请求权和追索权。付款请求权就是收款人请求付款人支付汇票金额的权利。但是，承兑和付款完全取决于付款人的意愿，因此在汇票被承兑前，这种请求权，仅仅是一种期待权，能否实现还不确定。只有汇票被承兑后，期待权才成为现实的请求权。当汇票被拒绝承兑或付款时，收款人还可以行使追索权保护其利益。追索权在汇票被拒绝承兑和付款前也是一种沉默的、可能的权利。根据《票据法》第70条的规定，追索权的范围包括汇票金额、利息和相关费用。

第三节 背 书

一、背书的概念和特征

票据转让有两种方式，一是单纯交付，比如空白票据仅凭交付就发生权利转移；另一种方式就是背书转让，必须在票据作相关记载并交付时才能发生权

① 参见英国《票据法》第16条；《美国统一商法典》第3-413条。

② 王小能著：《中国票据法律制度研究》，北京大学出版社1999年版，第98页。

利转移。由于我国目前只承认记名票据，所以我国的汇票只能通过背书的方式转让。

背书的含义可以从两个层面上理解，一指在票据背面作一定内容的记载；一指转让票据的一种方式。但这两种理解不可分割开来，除以单纯交付转让的空白票据外，票据权利转让以恰当记载为前提。

各国对背书的定义实质上没有太大差别。我国《票据法》第 27 条将背书定义为："背书是指在票据背面或者粘单上记载有关事项并签章的票据行为。"持票人在票据上为背书行为的，称背书人；通过背书受让票据权利的人称被背书人。

根据《票据法》对背书所作的定义，我们可以将背书的特点总结如下：

（一）背书是持票人所为的票据行为

背书是持票人处理票据权利的意志的体现。背书与其他票据行为的根本区别就在于行为目的不同。比如，出票以创设票据权利为目的，承兑以承担债务为目的，而背书则是以转让权利为主要目的。

持票人是持有票据并享有票据权利的人。可以是根据出票取得票据的收款人；可以是依据背书取得票据的受让人；也可以是履行保证责任取得票据的保证人；还可以是因继承、质押等方式合法取得票据的人。正是因为持票人享有票据权利，他才能够处分该权利。任何其他人即使得到票据，也不能为背书行为。已为背书行为的，不发生背书效力，记载人不付背书责任，被背书人不能取得票据权利。当然善意取得票据的应当区别对待。

但是，并不是所有持票人都可以为背书行为。比如，委托收款背书中的被背书人就不得再以背书转让汇票权利①(《票据法》第 35 条)。质押背书中的被背书人，因为不享有票据权利，也不能再为转让背书②。

享有票据权利的持票人也不是在任何情况下都可以为背书行为的。比如，《票据法》第 36 条就规定："汇票被拒绝承兑、被拒绝付款或者超过付款提示期限的，不得背书转让；背书转让的，背书人应当承担汇票责任。"又如，《支付结算办法》第 27 条规定："票据可以背书转让，但填明'现金'字样的银行汇票、银行本票和用于支取现金的支票不得背书转让。"

（二）背书是在票据背面记载特定事项的票据行为

国外票据法一般并不要求背书一定要记载在票据背面。但我国《票据法》

① 该条没有规定此种情况下能否为委托收款背书，一般认为是可以的。

② 也应该视为可以再为委托收款背书。

第27条要求背书必须记载在票据背面。这也是“背书”称谓的原因。背书应当表明背书的具体事项，究竟是转让票据权利还是设定质押，抑或是委托收款，必须记载清楚。根据《票据法》第33条的规定，背书也不能附有条件，否则不生效力。另外，将汇票金额一部分转让，或分别转让给多个人的，转让无效。在票据背面不能记载时，可以在粘单上为背书记载，效力相同。

关于汇票粘单的详细格式，请参见本书的附录部分。

(三) 背书是附属票据行为

附属行为是相对于基础行为而言的。汇票的出票为基础行为，是其他一切票据行为的前提。基础票据行为以外的为附属票据行为，背书是多种附属行为中的一种。强调此点原因在于确定背书行为效力的前提是出票行为必须有效。但是因为背书行为具有独立性，在出票行为的形式要件具备，只是出票人无民事行为能力或限制行为能力，或者伪造签章的情况下，背书并不因此失效。

(四) 我国《票据法》上的背书是广义的背书

广义的背书包括转让背书、设质背书、委托取款背书。狭义背书仅指转让背书。两者的区别在于狭义背书仅限于票据权利的转让，而广义背书不限于此。我国《票据法》第27条的文句表达是“记载有关事项”，应该说是包括设质和委托取款在内的广义背书。

二、背书的性质

关于背书的性质，向来存在不同的观点，归纳起来大约有以下几点：

(一) 债权让与

持票人享有的付款请求权和追索权，实质上是一种债权。所以当持票人将汇票背书转让时，实质是将债权转让给被背书人，因而背书被视为债权转让。

但是背书与债权让与又有很大的不同，区别在于：(1) 背书是单方法律行为，而债权让与是合同行为。(2) 背书转让以自由转让为原则，以禁止转让为例外，让与的债权须具有可转让性。比如《合同法》第79条规定依据合同性质、当事人约定和法律规定不得转让的债权，不得转让。(3) 背书是要式行为，而债权转让是不要式行为。(4) 债权转让后，债务人可以自己与原债权人之间的关系对抗新债权人，而付款人不得以自己与背书人的抗辩事由对抗被背书人。(5) 债权转让可以部分、附条件的让与，而背书必须全部、无条件的让与。

(二) 保证

背书是背书人承担保证承兑和付款的行为。背书人的这种保证责任与出票人的保证责任大体相似。① 这种保证对背书人的所有后手都有效。所以背书人越多，汇票的保证效力越高。

（三）所有权取得

认为汇票是权利证券，票据与权利不可分割。被背书人取得票据后，也就取得了票据权利。

（四）债权与物权契约

认为背书是由背书人对被背书人负担债务的单方行为与票据所有权转移的物权行为共同构成。此说与所有权取得说没有本质的差别。

（五）单方法律行为

认为背书仅凭背书人作成并交付就完成，体现的是背书人单方意志。

上述观点从不同角度描述了背书各个方面的法律性质，均有值得赞同之处。但是由于各观点立足点不同，得出的结论也不同。我们在讨论背书法律性质的时候不妨再进一步把问题限制在更小的范围。比如：从担保付款方面，背书具有保证性质；从权利获取的角度，当视为所有权转移。这样会更准确一些。

三、背书的种类

依据背书的目的，可以将背书分为转让背书和非转让背书。转让背书是指以转让票据权利为目的的背书；非转让背书是指非以转让票据权利为目的所作的背书。

就转让背书而言，又可分为一般转让背书与特殊转让背书。

1. 一般转让背书指对转让人、时间、方式等没有特殊限制的转让背书。此类是最普通的背书。以是否记载被背书人为标准，又分为：

（1）完全背书，又称记名背书、正式背书，指记载有背书目的、被背书人名称，并且由背书人签章的背书，是记载最完全、最正规的背书。

（2）空白背书，又称无记名背书、略式背书、不完全背书，指不记载被背书人名称而仅由背书人签章的转让背书。我国不承认空白背书。

2. 特殊背书指在背书某些方面受到限制的背书。又分为：

（1）无担保背书。背书人在背书中记载不负任何担保责任的背书。

（2）禁止背书的背书。背书人在作成背书时又在票据上记载禁止新的背

---

① 不同点在汇票出票“对出票人的效力”一节有详细叙述。

书的文句，又称禁转背书。

(3) 回头背书。以票据上原债务人为被背书人的背书。

(4) 期后背书。在票据被拒绝承兑或付款后，或超过付款提示期限而为的背书。

就非转让背书而言，又可分为委任背书与设质背书。

1. 委任背书。又称委托收款背书、代理背书，是以委托他人代为行使票据权利为目的而为的背书。

2. 设质背书。又称质权背书、质押背书，指以担保债务为目的，在票据权利上设定质权而为的背书。

背书分类示意图如图 8-1 所示。①

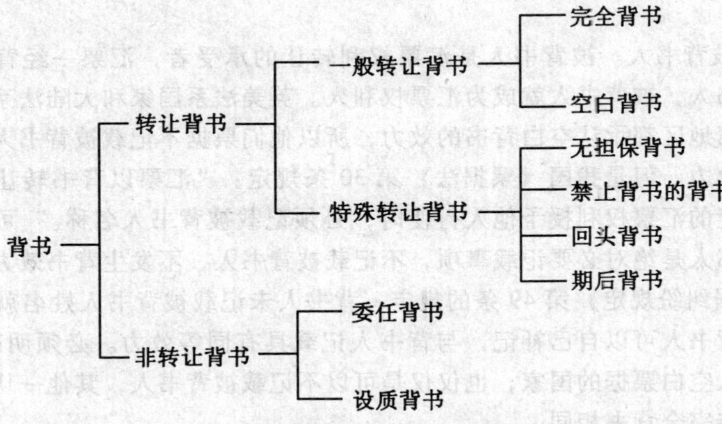

图 8-1　背书分类示意图

四、一般转让背书

(一) 完全背书

与出票的记载事项一样，可以将完全背书的记载事项分为：

1. 绝对必要记载事项

绝对必要记载事项包括背书人和被背书人。这类事项若不在票据或粘单上记载，则会导致背书无效。根据我国《票据法》的相关规定，完全背书的绝

① 引自谢怀栻著：《票据法概论》(增订版)，法律出版社 2006 年版，第 137 页。

对必要记载事项有：

（1）背书人。在票据背面或者粘单上记载有关事项并签章的票据行为人是背书人。背书人是有权转让汇票权利的人。完全背书的背书人必须是合法的持票人，可以是汇票载明的收款人、被背书人、承担了保证责任的保证人、偿还债务而收回票据的人等。

票据的文义性使得票据仅凭有效记载和交付就发生权利转移。为保证票据正常的流通，记载背书人就成为必要。尤其在我国，不承认空白汇票，不能单凭交付转让权利，记载背书人就成为必须。我国《票据法》要求背书人必须签章。单位在票据上的签章，应为该单位的财务专用章或者公章加其法定代表人或其授权的代理人的签名或者盖章；个人为背书的，应为该个人的签名或者盖章。并且，背书如果欠缺法定代表人或授权委托人签章的话会导致背书无效。

（2）被背书人。被背书人是汇票权利转让的承受者，汇票一经背书并交付给被背书人，被背书人就成为汇票权利人。英美法系国家和大陆法系国家以及我国台湾地区都承认空白背书的效力，所以他们票据不记载被背书人，仍产生背书的效力。但是我国《票据法》第 30 条规定："汇票以背书转让或者以背书将一定的汇票权利授予他人行使时，必须记载被背书人名称。"可见，在我国被背书人是绝对必要记载事项，不记载被背书人，不发生背书效力。但是根据《票据纠纷规定》第 49 条的规定，背书人未记载被背书人姓名就交付汇票的，被背书人可以自己补记，与背书人记载具有同等效力。必须明确的是，即使在承认空白票据的国家，也仅仅是可以不记载被背书人，其他一切记载事项的要求与完全背书相同。

2. 相对必要记载事项

相对必要记载事项可以由背书人自主决定是否在票据上记载，未记载的由法律确定，而不影响背书的效力。

《票据法》第 29 条第 2 款规定："背书未记载日期的，视为在汇票到期日前背书。"所以在我国，背书日期是相对必要记载事项。《日内瓦统一汇票本票法》也有相似规定，其第 20 条规定，如无反证，未记载日期的背书视为在规定作成拒绝证书之期限届满前所为。我国《票据法》第 36 条规定："汇票被拒绝承兑、被拒绝付款或者超过付款提示期限的，不得背书转让；背书转让的，背书人应当承担汇票责任。"因此背书日期就成为决定背书行为是否有效的重要依据。

有学者指出，结合第 29 条与第 36 条的规定，会发现我国《票据法》的一个疏漏：即在汇票被拒绝承兑之后，背书日期即使推定为到期日之前，也不能确定他的效力。从而主张在汇票被拒绝承兑后，认定汇票上没有记载背书日期的汇票有效①。我们赞同这个观点，并且我国司法实践中也是这样做的。

当实际的背书日期与记载的背书日期不一致时，应当以记载的日期为准，这也是票据文义性的必然要求。记载的日期具有现实合理性即为有效。如果记载的日期为历法上没有的日期，如6月31日，2月30日等，也可推定为该月最后一日，不影响记载效力。②

3. 任意记载事项

任意记载事项是可以由背书人自愿决定记载与否，但一经记载就发生票据法律效力的事项。关于禁止转让的记载，又称禁止背书的背书或禁转背书，就属于任意记载事项。

我国《票据法》中禁止转让的背书是惟一的任意记载事项。《票据法》第34条规定："背书人在汇票上记载'不得转让'字样，其后手再背书转让的，原背书人对后手的被背书人不承担保证责任。"背书人禁止转让与出票人禁止转让的效力不同，应当引起注意。出票人禁止转让的记载使得汇票的再转让不具票据法效力。而背书人在汇票上记载禁止转让后，汇票仍可以通过背书转让，只是背书人对禁止转让后取得汇票的人不负责任。即作出禁止背书的人仅对其直接后手负责，不对之后再取得汇票的人负责。比如，甲经背书取得汇票后又将汇票背书转让给乙，并附记"不得转让"的文句。而乙将汇票转让给丙。此时，甲依然应当保证乙得到承兑和付款；而丙遭乙拒绝承兑或付款时，可以向乙行使追索权，但不得对甲行使。

4. 记载不产生票据法律效力的事项

该种事项可以由背书人在票据上记载，但不产生票据法上效力，是否产生其他性质的法律效力由其他法律规定。在我国，背书时附条件的记载即是不产生法律效力的记载。票据背书附上条件就会影响到票据的流通，因此要认定此类记载无效。《票据法》第33条第1款："背书不得附有条件。背书时附有条件的，所附条件不具有汇票上的效力。"

① 王小能著：《中国票据法律制度研究》，北京大学出版社1999年版，第213页。

② 汪世虎著：《票据法律制度比较研究》，法律出版社2003年版，第340页。

5. 记载使背书行为无效的事项

此类事项若一经背书人记载，就会导致背书行为归于无效。《票据法》第33条第2项就规定："将汇票金额的一部分转让的背书或者将汇票金额分别转让给二人以上的背书无效。"汇票是权利证券，票据权利和汇票不可分离。而无论是部分转让，抑或是转让给多人，都会导致汇票权利和汇票的分离，从而此类转让的背书必然导致汇票的无效。

（二）空白背书

空白背书不记载被背书人姓名或名称，从而其必要记载事项仅有背书人签章一项，背书文句和背书日期都可以不记载。实践中空白票据以记载的不同又可分为两种：一种在票据上记载有转让票据权利的意思表示，一种没有记载此种意思表示。

根据《日内瓦统一汇票本票法》空白背书票据的转让可以通过以下方式：（1）于空白内，记载自己或他人的姓名；（2）将汇票再进行空白背书，或背书给他人；（3）不填记空白，也不背书，将汇票让与第三者。

大陆法系和英美法系国家大多承认空白背书的效力。《日内瓦统一汇票本票法公约》第13条第2款就规定，背书得不记明受益人，或仅由背书人签名。如为空白背书，其背书必须于汇票背面或其粘单上为之，才为有效。英国《票据法》第34条第1款也规定："未制定被背书人的背书叫空白背书，此种背书的汇票为来人汇票。"承认空白背书的效力有利于票据流通，发挥票据的经济功能。但根据我国票据法律制度的规定，并不承认空白票据。

（三）一般转让背书的效力

一般转让背书产生三方面的效力：

1. 票据权利转移

背书的目的是转让汇票权利，只要按法定方式完成背书，汇票权利就转移到被背书人，归其所有。两大法系的规定都是如此，《日内瓦统一汇票本票法》第14条："背书转移汇票上之一切权利。"《美国统一商法典》第3-201条："背书使受让人享有与让与人对票据的所有权利。"我国《票据法》第27条也规定："持票人可以将汇票权利转让给他人或者将一定的汇票权利授予他人行使。"

随汇票转移的权利包括付款请求权、追索权，以及再背书的权利。但是，已设定质权的汇票，并不因汇票的背书而改变质权的效力，条件具备时质权人仍可对被背书人行使质权。原因是票据关系与基础关系相分离。尽管基础关系中的担保权利附着于票据上，但仍属于票据外权利，并不随票据权利的转移而转移。

完全背书的汇票，必须以背书方式再转让。再转让不是必须以完全背书的方式，但不能以单纯交付的方式转让。

空白背书的汇票再转让相对自由，可以：

（1）单纯交付转让。此时转让人不在汇票上作任何记载，当然对受让人也就不承担任何责任。

（2）空白背书转让。背书人只在汇票上签署自己的姓名，不记载被背书人姓名。这样任何合法持票人都可以要求背书人承担票据责任。

（3）完全背书转让。背书人记载自己和被背书人的姓名，并将汇票交付被背书人。

（4）将空白票据改变为完全背书再转让。持票人持有的汇票如果是空白票据，它可以先将自己记载为被背书人，再将汇票背书转让。

2. 权利担保

《票据法》第 37 条规定："背书人以背书转让汇票后，即承担保证其后手所持汇票承兑和付款的责任。背书人在汇票得不到承兑或者付款时，应当向持票人清偿本法第 70 条、第 71 条规定的金额和费用。"背书人对其全部后手要承担保证承兑和付款的责任，这与出票人的责任相同。背书的权利担保责任与出票人的保证责任是大体相同的。① 背书人的保证责任是法律规定的，不以背书人在票据上记载承诺为条件，也不能根据背书人单方记载或者与被背书人双方合意而改变。但在背书时记载"禁止转让"的，背书人不对其直接后手以外的人负责。

3. 权利证明

背书权利证明的效力，也称为资格授予效力，体现在只要汇票背书的是连续的，持票人就被推定为正当持票人，从而可以享有票据权利。具体体现在：

（1）汇票背书如果连续，持票人就被推定为享有票据权利。如果有人主张持票人不是正当权利人，则必须承担证明责任。

（2）只要付款人善意地向持票人付款，就解除其票据责任，即使事后证明持票人并不是正当持票人。

（3）只要背书连续，善意的被背书人取得的汇票有效，即使该汇票的背书人无权为背书行为。

① 不同点在汇票出票"对出票人的效力"一节有详细叙述。

五、特殊转让背书

特殊转让背书的目的也是转让票据权利，但是情况与一般转让背书又有诸多不同。将特殊转让背书又可以分为：

（一）无担保背书

无担保背书指背书人在汇票上记载免除保证承兑和付款责任的背书。该种记载使得背书人对其直接后手在内的所有后手不负票据责任。我国《票据法》第33条规定：“背书不得附有条件。背书时附有条件的，所附条件不具有汇票上的效力。”因此，我国不承认无担保背书的效力，背书人的保证责任不能免除，而要按照不生效力处理，所以无担保背书的效力在我国与一般转让背书相同。

尽管如此，作此种分类仍有重要意义。首先，确定了此类背书具有一般转让背书的效力，前已述及；其次，在承认无担保票据的国家，此种汇票的权利转移和权利证明的效力仍然具备。被背书人仍然是正当权利人，只是这种权利的保障力度已大大削弱。也正因为如此，无担保背书对持票人保护不够，实践中应用更是极少。

（二）禁止背书的背书

背书人在汇票上记载禁止转让文句，就使得背书人免除了对被背书人以后的后手的票据责任。但是他仍然要对被背书人负责。根据票据行为的独立性，出票人和其他背书人的票据责任不受禁止背书的影响，仍然对各自的全部后手承担责任。

各国立法大多承认禁转背书。我国《票据法》第34条规定了禁转背书，但是要求记载“不得转让”字样。至于记载与其含义一致的字样，比如“禁止转让”，是否有效，我们认为答案是肯定的。

（三）回头背书

回头背书，又称还原背书、回还背书、逆背书，指以票据上的原债务人为被背书人的背书。前债务人可能是出票人、其他背书人、承兑人、保证人、参加承兑人等。未承兑的付款人、预备付款人和担当付款人不是票据债务人，以其为被背书人的背书适用一般背书的规则。

回头背书的特点在于使得原来的票据债务人变成了票据债权人。但这并不发生民法上的债权债务的混同，票据上的权利义务关系并不消灭，票据仍然可以继续转让。票据作为流通证券，在流通过程中回到原债务人手中的可能性是很大的。如果就此消灭票据的权利义务关系，无疑影响到票据的流通性，与票据作为支付工具的初衷不符。因而有必要确立回头背书制度，保证回头背书的流通性。

各国立法也大多采取宽容的态度，承认回头背书的效力。《日内瓦统一汇票本票法》第 11 条就规定：“汇票可以转让给付款人（不论承兑与否）、出票人或汇票上任何其他关系人。”美英两国也有相似的规定。我国《票据法》没有对回头背书的效力作出明确的规定。但是第 69 条规定：“持票人为出票人的，对其前手无追索权。持票人为背书人的，对其后手无追索权。”可见，我国实际上也是承认回头背书的。

一般转让背书的汇票在到期日后仍然可以转让。回头背书在到期日后不得再背书。因为回头背书汇票在到期日后债权债务混同而消灭，被背书人就不得再转让汇票。

根据回头背书的被背书人（持票人）先前在票据上的地位的不同，回头背书追索权的效力也有所不同：

如果被背书人是出票人时，需要区分汇票是否经过承兑。未经过承兑的汇票，考虑到效率问题，则该被背书人不得行使追索权，因为如果行使，最终会追索到他自己，毫无意义。如果汇票已经承兑，则他可以向作为第一付款人的承兑人追索。

如果被背书人是承兑人，则对所有人都无追索权。因为如果汇票未到期，承兑人作为主债务人，事实上不能行使追索权。如果汇票到期，则债权债务发生事实混同而消灭，自然就谈不上行使任何权利。

如果被背书人是汇票上已有的背书人，他只能对他作为背书人时的前手行使追索权，而不能对后手行使，因为这样还是会追索到他自己。如果他将汇票再次背书转让，则他必须对他第一次背书的全部后手承担责任。

如果回头背书的被背书人为保证人时，可以向被保证人行使追索权。能否对其他人行使追索权，则要依据被保证人的地位来确定。如果被保证人是出票人和承兑人，则不能行使任何追索权；如果被保证人是背书人，则对背书的后手无追索权。

（四）期后背书

期后背书包括汇票到期日以后作成的背书和作成拒绝付款证书后作成的背书。前者又称到期日后背书，后者又称期限后背书。

考察各个国家和地区对期后背书的立法例，发现其都不尽相同。英国和我国台湾地区规定了到期日后背书；而《日内瓦统一汇票本票法》承认到期日后背书完全有效，但期限后背书不具有票据法上效力。① 我国台湾地区的“票据法”规定到期日后的背书仅有通常债权让与的效力。②

我国《票据法》第36条规定：“汇票被拒绝承兑、被拒绝付款或者超过付款提示期限的，不得背书转让；背书转让的，背书人应当承担汇票责任。”说明在我国，不承认期后背书在票据法上的效力。但毫无疑问，当事人之间在民法上的权利义务关系并不受影响。然而本条规定却不无问题：因为本条第一句话说“不得背书转让”，这就否定了期后背书的效力；但紧接着第二句却说“背书转让的，背书人应当承担汇票责任”。这似乎又承认了期后背书的效力。而《最高人民法院关于审理票据纠纷案件若干问题的规定》第58条规定：“依照票据法第36条的规定，票据被拒绝承兑、被拒绝付款或者超过提示付款期限，票据持有人背书转让的，背书人应当承担票据责任。”该规定第3条也规定：“依照票据法第36条的规定，票据被拒绝承兑、被拒绝付款或者汇票、支票超过提示付款期限后，票据持有人背书转让的，被背书人以背书人为被告行使追索权而提起诉讼的，人民法院应当依法受理。”那么可以认为立法是认为期后背书与一般背书的效力是相同的了。

到期日后背书的付款人，可以到期日已过为抗辩，对抗持票人；而期限后背书则更为明显地表明付款人将不付款。所以持票人的保障力度就要小很多。因而法律就不应该像保护一般转让背书那样去保护期后背书。

承认期后背书与一般背书的效力相同，是加重了背书人的责任。但是，在仔细分析当背书人与被背书人之间有基础合同的情况下，③ 根据合同请求的赔偿范围要大于根据《票据法》的请求范围，而举证责任也要小得多。由此可见，票据立法要加重期后背书背书人责任的目的难以实现。

六、非转让背书

非转让背书不以转让票据权利为目的。包括委任背书和质押背书。

（一）委任背书

委任背书，又称委托收款背书，是背书人以委托他人代为收取款项为目的作成，并交付受托人的背书。委任背书不以转让票据权利为目的，而是以背书

① 参见《日内瓦统一汇票本票法》第20条。
② 参见我国台湾地区“票据法”第41条。
③ 王小能著：《中国票据法律制度研究》，北京大学出版社1999年版，第222页。

行使的委托授权。因为这种授权简单易行，又有严格的规则和格式，省去了另行签订委托合同的诸多麻烦，因而使用起来非常方便。

委任背书也是背书的一种，具有背书的一般性质，作成后必须交付，被背书人才能行使被委托的权利。但是交付不发生票据权利的转让。被背书人行使权利获得的利益应当归于背书人。

委任背书不受“禁止背书”的限制。禁止背书的目的是要限制出票人或背书人的责任，而由于委任背书并不发生权利转移，因而不会加重出票人和背书人的责任。①

背书人可以在汇票上记载“委托收款”类似的文句。这种背书成为明示的委托收款背书。如果汇票上没有记载“委托收款”相关的文句，也仍然有效，称为隐存的委托收款背书。但是隐存的委任背书在汇票上没有文字上的表示，不能与一般转让背书分别开来。如果被背书人向背书人行使追索权，背书人只能以委托关系抗辩。如果委任背书的被背书人再转让汇票的，他不能抗辩受让人的追索权。

委任背书也分为完全背书和空白背书。在记载事项和效力等方面和转让背书很相似，只是不发生转让票据权利的效力。

委任背书为各国票据法所承认。

委任背书的效力

①代理权授予。委任背书使得被背书人取得代理背书人行使权利的权利，但不发生票据权利的转移。我国《票据法》没有明确被背书人可以行使的权利的范围。但从其他国家的立法情况看，被背书人可以行使背书人的一切权利。包括票据上的请求权比如承兑、请求付款、请求作成拒绝证书、追索权；也包括行使票据法上的请求权，比如利益偿还请求权；还包括提起诉讼和申请强制执行的权利。但是在行使诉讼权利时不得和解、免除债务、接受反诉、承认请求，除非得到背书人的特别授权。

被背书人可以再委任背书，但不得为转让背书和质押背书。这是因为被背书人并不享有票据权利。

②权利证明。委任背书的证明效力在于可以证明代理权的存在。只要背书连续，被背书人就当然拥有代理权。即使持票人实质上并不享有代理权，善意付款人无恶意或重大过失而偿付债务后就可以免责。

---

① 汪世虎著：《票据法律制度比较研究》，法律出版社 2003 年版，第 355 页。

③不切断抗辩。被背书人行使权利时，债务人可以对抗背书人的抗辩对抗被背书人，但不得以对抗被背书人的抗辩对抗背书人。原因当然还在于委任背书并不转移票据权利，背书人只是将其票据权利交由被背书人代为行使而已。

（二）设质背书

1. 设质背书概述

设质背书又称质押背书、质权背书，指背书人以票据权利为被背书人设定质押而为的背书。背书人实质上是质押人，被背书人是质权人。设质背书是质押制度与背书制度的结合。仅仅作成背书并交付就可以发生质押效力，而不用另立质押合同，详细的记载又具有很强的证明力，因而质押背书是一种便利的质押制度。但是质押背书在实践中运用并不多。原因在于背书人完全可以通过完全转让的形式借得款项，从而大大降低了设质背书应用的几率。

质押背书上必须记载背书人和被背书人姓名，否则背书无效。除此而外，还应当记载质押的意思表示。一般认为质押的意思表示只要以恰当的文句表示即可，但我国《票据法》仍然要求写明“质押”字样。

2. 设质背书的效力

（1）设定质权

汇票经设质背书，被背书人就取得质权，享有领受票据金额的权利。当质押期限一到，不管主债务是否到期，质权人都可以行使票据权利，包括请求付款、请求作成拒绝证书、提起诉讼等。被背书人有权全额领受票据金额，但对超出担保金额的部分应当退给背书人。如果主债权到期而票据未到期，则不能取款，被背书人在领受票据金额后应当先将其提存，待到主债权到期日再受清偿。债务清偿后，汇票还应当返还给背书人，因为票据本身的所有权仍然是背书人的。

根据《担保法解释》第101条的规定，设质背书不能再设质。当然，由于质权人自己并不享有权利，因此也不能为转让背书。但是，在主债务到期而票据尚未到期的情况下，质权人可以转让背书，行使质权。这种背书转让不会给出质人带来更大风险，又给质权人增加一种实现权利的途径。但是质权人（再转让的背书人）也要承担被追索的风险。

（2）切断抗辩的效力

切断抗辩的效力是指票据的债务人不得以其对背书人的抗辩来对抗被背书人。原因在于设质背书的被背书人是为自己的利益代背书人行使票据权利。在这一点上与单纯的为背书人利益代背书人行使权利的委任背书是恰好相反的，而与转让背书是相同的。设质的目的是以票据权利作为债权担保，如果允许债务人以对背书人的抗辩对抗被背书人，则票据的安全性和流通性就受到影响，质权效力就被削弱，甚至质押目的不能实现。

（3）权利证明效力

只要背书连续，就可推定持票人是质权人，而无需其他证明。善意债务人付款之后就可以免责。

（4）权利担保

设质背书的背书人对被背书人承担保证承兑和付款的责任。被背书人为自己的利益行使票据权利，一旦被拒付，就无法从票据金额中优先受偿。这样就应当允许被背书人向背书人行使追索权，否则债权就没有票据权利作为保障，设质背书将没有任何的担保功能。

七、背书的连续

（一）背书连续概述

《票据法》第31条第2款规定："前款所称背书连续，是指在票据转让中，转让汇票的背书人与受让汇票的被背书人在汇票上的签章依次前后衔接。"背书连续证明持票人的相关权利的正当性。具体地说，转让背书中可以证明持票人的票据权利的有效性，非转让背书中可以证明代理权或质权的有效性。从外观上看，第一次背书的人应当是票据上记载的收款人，以后所有的背书人均应当是前一次背书的被背书人。

流通性是汇票的重要属性。在到期日前，票据的流通次数不受限制。次数越多，票据的经济功能发挥得越显著。在背书转让的情况下，要确定每次转让的法律效力十分困难，且不现实。因此设计出票据背书连续规则应对这一问题。

只要背书连续，就推定持票人为票据权利人，不需另行举证。债务人主张背书人不是正当权利人时，要负举证责任。债务人向背书连续的持票人付款时，不必审查他是否是真正权利人。如果持票人并非真正权利人，而债务人依据连续的背书付款的，仍然免除责任。在背书人并非真正权利人而导致背书无效时，被背书人票据权利并不因此而受影响，除非被背书人接受票据时明知此种无效情形的存在。

（二）背书连续的认定

背书是否达到连续性的要求，一般可以从以下几个方面加以认定：

1. 各次背书形式上都有效力

形式上有效力指背书符合票据法对背书的形式要求。转让背书必须记载背书人和被背书人，背书人必须签章。而签章是背书连续性最重要的要求。《票据法》第 31 条第 2 款规定："转让汇票的背书人与受让汇票的被背书人在汇票上的签章依次前后衔接。"

2. 背书记载顺序具有连续性

连续性指前一背书的被背书人是后一背书的背书人。比如，第一次背书的背书人为甲，被背书人为乙；第二次背书的背书人为乙，被背书人为丙。这样的背书就是连续的。倘若第二次背书的背书人不是乙，那么背书就不连续了。

3. 连续的背书具有同一性

同一性指后一背书的背书人与前一背书的被背书人在形式上看来是同一人。同一性其实是连续性在外观上的必然要求。现实中出现过前一次背书中的被背书人记载为简称，后一次背书中的背书人又记载为全称，或正好相反；也有同名、多个名称，或同音异字等情况。这时背书是否具有同一性应当依据公认一致标准，即一般公众认为具有同一性就可以了。原因在于两次签名并非同一人所为，些许差异，只要不影响认定，就不影响背书连续性。

第四节　承兑和参加承兑

一、承兑的概念和特征

承兑，指的是汇票的付款人在汇票正面明确的表示在汇票的到期日无条件支付汇票金额的一种票据行为。承兑是汇票特有的一种制度。根据我国《票据法》的规定，承兑的汇票仅限于商业承兑汇票和银行承兑汇票两种。对于汇票而言，出票人在出票的时候并不是承诺自己支付，而是委托付款人代替支付。在汇票出票时，付款人并没有在票据上签章，所以付款人并不是票据债务人，也就没有当然的支付义务。所以，就需要通过汇票的承兑制度征得付款人同意付款的确定。汇票的承兑行为具有以下基本法律特征：

（1）承兑与背书一样，是一种附属票据行为。所谓附属票据行为，指的是票据流转过程中的背书、承兑、保证、参加等票据行为。附属票据行为又称为从票行为。承兑是附属票据行为的一种，它以存在有效的出票行为为前提，其逻辑基础是先有出票行为中的委托，然后才有付款人的承诺，其主要目的是为了确认付款人无条件支持付款的委托。

（2）承兑是付款人的单方法律行为。付款人作出承兑，就意味着其必须按照汇票所载明的事项承担无条件付款责任。一旦付款人作出承兑，那就意味着票据行为不需要通过他人的合意而产生了效力。

(3) 承兑是远期汇票付款人所为的票据行为。所谓远期汇票，是指在一定期限或特定日期付款的汇票。远期汇票的付款时间通常有以下几种规定办法：①见票后若干天付款；②出票后若干天付款；③提单签发日后若干天付款；④指定日期付款。通常意义上的所说的汇票属于远期汇票，而见票即付汇票以及本票、支票等其他票据的付款人是不需要为承兑行为的。因为在本票中，出票人同时又是付款人，附有无条件付款的责任，所以本票无需承兑。对于支票而言，支票的付款人是银行等金融机构，其付款是因为出票人在银行等金融机构有存款账户并且有支付的能力，支票无需承兑。所以承兑是汇票特有的一项制度。

二、承兑的原则

(一) 自由承兑原则

所谓自由承兑原则，指的是汇票的付款人可以依照自己独立的意思，决定是否对汇票进行承兑，不受出票人指定其为付款人的限制。即使付款人与出票人存在一定的资金关系或者依承兑协议，应为汇票进行承兑而未承兑，也只承担票据外责任。自由承兑原则是与汇票自身的特点密切相关的。首先，自由承兑原则来源于票据的无因性。票据上的法律关系是一种单纯的金钱支付关系，权利人所享有的票据权利仅仅以票据法为依据，而对于票据得以发生的原因则在所不问。即使原因关系有瑕疵或者无效，也不影响票据的效力。也就是说，票据权利人在行使票据权利的时候不需要证明取得票据的原因，票据的债务人也不可以用原因关系对抗善意的第三人。所以，对于汇票而言，付款人的承兑行为同原因关系相分离，其效力不会受到原因关系变化的影响。即使在现实中确实存在一定的原因关系，汇票的付款人基于这种关系，应当对汇票的出票人发出的汇票予以承兑，但是付款人也有拒绝承兑的权利。即使付款人拒绝承兑，也当然不会发生任何票据责任，付款人只承担基于原因关系应当予以承兑而没有承兑的票据法以外的责任。其次，自由承兑原则来源于票据行为的独立性。票据行为的独立性是指同一票据上有若干个票据行为时，各票据行为均依其票据上所载明的文义，分别独立产生效力，其中一个行为无效，不影响其他行为的效力。因此，票据行为的独立性使得出票行为与承兑行为相分离，二者并不发生必然的联系，出票人的行为与承兑人的行为分别独自完成，独立产生效力。

（二）完全承兑原则

所谓的完全承兑原则，指的是付款人在对汇票进行承兑时，应该对票据金额全部予以承兑，而不仅仅对票据金额作出部分承兑。与完全承兑相对应的就是部分承兑。部分承兑指的是付款人仅就汇票金额的一部分进行承兑。例如《日内瓦统一汇票本票法》第 26 条第 1 款就规定，付款人得就汇票金额之一部为承兑。我国《票据法》第 54 条规定，付款人必须在持票人提示付款当日，足额付款。通过对该法条的解读，可以认为我国《票据法》在事实上是否认部分承兑的。付款人进行部分承兑的，应当视为是附有条件的承兑。而依照《票据法》第 43 条的规定，“付款人承兑汇票，不得附有条件；承兑附有条件的，视为拒绝承兑”，则部分承兑应当视为拒绝承兑。

（三）单纯承兑原则

所谓单纯承兑原则，也可以称为无条件承兑，是指付款人在承兑时，仅仅记载承兑文句，不对承兑附加其他条件，也不对汇票上已有的记载事项进行变更。与单纯承兑相对应的就是不单纯承兑。不单纯承兑，指的是付款人对票据所载明的事项进行限制或者进行变更。常见的情形有部分承兑、附条件的承兑以及变更记载事项的承兑。我国《票据法》第 43 条规定：“付款人承兑汇票，不得附有条件；承兑附有条件的，视为拒绝承兑。”所以，我国只承认单纯承兑的效力，而不承认不单纯承兑的效力。但是对于单纯承兑与不单纯承兑，大陆法系国家和地区的票据法与英美票据法同样都做了相应的规定。例如，《美国统一商法典》就有条件的承认不单纯承兑，《日内瓦统一汇票本票法》和我国台湾地区的“票据法”虽然规定了不单纯承兑应当视为拒绝承兑，但是仍应当对其不单纯承兑记载的事项负担相应的责任。①

三、承兑的分类

依照不同的标准，对承兑可以进行如下分类：

（1）正式承兑和略式承兑。以承兑记载的方式为标准，可以把承兑分为正式承兑和略式承兑。

正式承兑又称做完全承兑，是指付款人在汇票正面记载“承兑”字样和承兑日期并签章，例如在汇票上记载“承兑”、“照付”等字样。我国《票据法》第 42 条规定：“付款人承兑汇票的，应当在汇票正面记载‘承兑’字样

① 张文楚著：《票据法》，华中科技大学出版社 2006 年版，第 97 页。

和承兑日期并签章；见票后定期付款的汇票，应当在承兑时记载付款日期。”

略式承兑又称做非正式承兑，是指承兑人不在汇票上记载“承兑”、“照付”等字样，仅仅以签章表示承兑的方式。依照我国《票据法》第42条的规定，我国不承认略式承兑的法律效力。其他国家对略式承兑的规定不一。例如，英美票据法规定，付款人在汇票上签名构成承兑，不要求必须在汇票正面签名。《日内瓦统一汇票本票法》则强调略式承兑的形式要求，在略式承兑时，付款人应在汇票正面签名，否则不能视为承兑。

(2) 单纯承兑和不单纯承兑。以对承兑有无限制为标准，可以把承兑分为单纯承兑和不单纯承兑。

单纯承兑指的是，付款人完全按照汇票上所记载的文义予以承兑，不附加任何条件，也不变更任何票据上的记载事项。我国《票据法》第43条就对此进行了规定，只承认单纯承兑的效力。

不单纯承兑指的是，付款人对票据所载明的事项加以变更或者限制之后而进行的承兑。不单纯承兑通常包括一部承兑、附条件承兑。

①所谓一部承兑，指的是付款人仅就汇票金额的一部分进行的承兑。理论上，以汇票的全部承兑为原则，而部分承兑应当为例外。我国法律不承认部分承兑的效力。但是我们应当看到，部分承兑有着其自身的优点。对持票人而言，可以获得部分承兑，对于剩下的部分票据金额则可以请求做成拒绝证书，行使其追索权。对票据的被追索人而言，由于票据金额的减少，其作为票据债务人的负担也相应减少。例如，我国台湾地区“票据法”第47条就规定：“付款人承兑时，经持票人同意，得就汇票金额之一部分为之。但持票人应将事由通知其前手。”

②所谓附条件承兑，指的是付款人对票据文义进行限制或予以变更而进行的承兑。例如，对付款地点加以限制或对付款时间加以限制等。由于附条件承兑违反票据法中的单纯承兑原则，我国《票据法》第43条明确规定，付款人承兑汇票不得附有条件；承兑附有条件的则视为拒绝承兑。由此可见，我国并不承认附条件承兑的法律效力。

四、承兑的程序

承兑的程序具有重要的意义。对于付款人来说，其在承兑程序中要决定是承担付款的义务还是拒绝承担付款的义务；对于持票人来说，其在承兑程序中要确定并行使自己的权利。持票人向付款人请求承兑，有利于尽早确定其权利，去除不稳定因素。付款人如果拒绝承兑，则持票人可以行使追索权，向其他债务人行使其权利。承兑具体包括以下几个阶段：

（一）提示承兑

所谓提示承兑，指的是汇票的持票人向汇票上所载明的付款人出示汇票，请求其承诺付款的行为。提示是指，汇票的持票人向汇票上载明的付款人现实的出示汇票，目的在于请求付款人同意到期付款。承兑则是指，汇票上的付款人作出的统一到期付款的意思表示。提示承兑的目的在于确定付款人是否承担到期付款的义务，所以一般的持票人都可以进行提示承兑，法律对持票人的资格无特别的规定。例如，我国《票据法》第 39 条第 2 款明确规定："提示承兑是指持票人向付款人出示汇票，并要求付款人承诺付款的行为。"

提示承兑有着期间的限制。在汇票制度中一般采用提示承兑自由原则，对持票人来说，一般情况下其没有必须前往付款人处提示汇票请求承兑的义务，是否请求承兑是持票人的自由而非义务。但是在有些情况下，票据法规定了某些汇票必须提示承兑，如果持票人不进行提示承兑，将会丧失票据权利。其目的是为了加快票据的流转，维护票据关系的稳定。我国《票据法》第 39 条规定："定日付款或者出票后定期付款的汇票，持票人应当在汇票到期日前向付款人提示承兑。"也就是说，提示承兑必须在汇票到期日前进行。未在提示承兑期间提示承兑的，票据持有人将会丧失对其前手的追索权。我国目前使用的汇票主要有两种，银行承兑汇票和商业承兑汇票，这两种汇票都是必须进行提示承兑的汇票。我国《票据法》第 40 条规定："见票后定期付款的汇票，持票人应当自出票日起一个月内向付款人提示承兑。汇票未按照规定期限提示承兑的，持票人丧失对其前手的追索权。见票即付的汇票无需提示承兑。"所以，提示承兑必须在出票日起一个月内进行。否则，超过提示承兑期间的汇票持有人将丧失对前手的追索权。但是，如果持票人没有在承兑期间内提示承兑，其对出票人的追索权是否也要丧失呢？答案是否定的。《最高人民法院关于审理票据纠纷案件若干问题的规定》第 19 条规定："《票据法》第 40 条第 2 款规定的持票人丧失对其前手的追索权，不包括对出票人的追索权。"①

（二）承兑款式

承兑是要式法律行为，需要承兑人签章并且在汇票的正面记载相应的事项，必须遵循法定的款式。承兑的款式主要包括如下事项：

1. 绝对必要记载事项。我国《票据法》第 42 条规定："付款人承兑汇票

① 《最高人民法院关于审理票据纠纷案件若干问题的规定》第 19 条。

的，应当在汇票正面记载‘承兑’字样和承兑日期并签章；见票后定期付款的汇票，应当在承兑时记载付款日期。汇票上未记载承兑日期的，以前条第一款规定期限的最后一日为承兑日期。”依照该法条，绝对必要记载事项主要有以下几项：①承兑文句。承兑文句是承兑行为的绝对必要记载事项。付款人承兑汇票需要在汇票正面记载“承兑”字样。承兑只能在汇票正面作出记载，不能在背面记载，以免与背书人、被背书人等相混同。由于付款人是票据债务人的主债务人，承担付款责任，其地位不同于背书人、被背书人，所以应当在汇票正面记载“承兑”字样。没有“承兑”字样记载则该承兑行为不成立。可以对“承兑”字样进行扩大化解释，如果在汇票上载明“兑付”、“兑”等可以表示承兑意义的词语，均具有法律效力。实践中，在商业承兑汇票和银行承兑汇票上往往已经事先印制了“本汇票已经承兑，到期无条件汇款”或者“本汇票已经承兑，到期日由本行付款”字样，那么此时承兑人就无需另行记载“承兑字样”。②付款人签章。在承兑过程中付款人要在汇票的正面进行签章。签章是承兑人负担票据上责任的意思表示，没有签章就没有承兑的法律效果，所以承兑人签章也是汇票承兑的绝对必要记载事项。③日期。根据《票据法》第 42 条，在见票后定期付款的汇票中，承兑时应当载明付款的日期。在见票后定期付款的汇票中，由于承兑关系到汇票到期日的确定和计算，所以付款人必须记载承兑日期。

2. 相对必要记载事项。相对必要记载事项指的是绝对必要记载事项以外的，允许承兑人在票据上记载的事项。如果承兑人在票据上记载该事项，则其记载发生票据法上的效力。依照我国《票据法》第 42 条的规定，承兑日期属于相对必要记载事项。付款人在承兑汇票时，应记载承兑日期。如果汇票上没有记载承兑的日期，则以付款人收到提示承兑汇票之日起第 3 日为承兑日期。

3. 不得记载事项。我国的《票据法》对承兑记载采取了严格的要式主义，不承认部分承兑、附条件承兑以及在承兑时改变汇票上原有的记载事项。《票据法》第 43 条规定：“付款人承兑汇票，不得附有条件；承兑附有条件的，视为拒绝承兑。”所以，不论是何种形式的附条件记载事项，都将导致视为承兑人拒绝承兑，持票人由此可以进行期前追索。

（三）承兑期间

所谓承兑期间，指的是票据法所规定的，预留给付款人在收到提示承兑以后，考虑其是否承兑该汇票的准备期间。目前学理上主要存在两种学说：“即时承兑主义”与“考虑期限主义”。在采用“即时承兑主义”的国家中，在汇票持票人向付款人提示付款之后，付款人应当立即决定是否予以承兑，法律不另行规定考虑期间。在采用“考虑期限主义”的国家中，持票人提示承兑之后，法律则赋予付款人在一定期限内决定是否对汇票予以承兑。其实持票人向汇票上所载明的付款人提示承兑时，就意味着其已经完成了提示承兑的行为，付款人应当当即作出是否进行承兑的意思表示。但是考虑到进一步稳定票据关系，法律给予付款人以充足的考虑时间。我国采用“考虑期限主义”。《票据法》第41条第1款规定：“付款人对向其提示承兑的汇票，应当自收到提示承兑的汇票之日起三日内承兑或者拒绝承兑。”我国《票据法》赋予付款人以3天的考虑期限来确定进行承兑或者拒绝承兑。3天的考虑期是最长时限，并不意味着汇票的承兑都必须考虑3天，只要付款人能够尽快作出决定就不应当拖延，从而加快票据的流转。汇票的承兑期间与承兑提示期间是不同的。承兑期间是法律赋予付款人考虑是否进行承兑的最长期间，而承兑提示期间指的是法律赋予持票人行使承兑请求权的期间，其通常以承兑到期日为起算点，以付款到期日为终点。

《日内瓦统一票据法》在汇票承兑期间的规定与我国《票据法》不同。《日内瓦统一票据法》第24条规定：“付款人于汇票第一次提示之翌日得请求为第二次之提示。除于拒绝证书上证明者外，有关当事人不得以此项请求未经照办作为抗辩理由。执票人无将提示承兑之票据放弃给付款人之义务。”也就是说，《日内瓦统一票据法》规定了二次提示承兑制度。持票人要想获得汇票的承兑，必须进行两次提示承兑行为。持票人第一次提示承兑之后，付款人无义务作出是否承兑的意思表示。持票人需要在第二日再次提示承兑，则付款人须作出是否予以承兑的意思表示。在第一次提示承兑之后到第二次提示承兑之前的这段期间，除非承兑人拒绝承兑，则持票人不得进行期前追索。

（四）承兑交付

我国《票据法》第41条第2款规定：“付款人收到持票人提示承兑的汇票时，应当向持票人签发收到汇票的回单。回单上应当记明汇票提示承兑日期并签章。”这意味着在承兑过程中，持票人应当先将票据交与承兑人暂时占有，承兑人则应当向持票人签发收到汇票的回单。在承兑人完成记载之后，应当将票据交还与原票据持有人，持票人则应当向承兑人交还回单。这是因为我国《票据法》上的承兑行为以完成票据交付为基本要件，承兑行为在完成交付时才生效。

五、承兑效力

票据承兑的效力指的是，承兑人基于其所进行的承兑行为而发生的承担票据上义务的后果。在我国《票据法》中，承兑制度具有极其重要的作用。我国《票据法》第44条规定："付款人承兑汇票后，应当承担到期付款的责任。"也就是说，付款人进行承兑并将汇票交还持票人之后，承兑就对付款人、持票人、出票人以及背书人等发生一系列法律效力了。

（一）对付款人的效力

汇票的付款人一旦承兑，即成为汇票的主债务人，承担最终的票据责任。我国《票据法》第44条规定："付款人承兑汇票后，应当承担到期付款的责任。"同时，《日内瓦统一汇票本票法》第28条也规定："受票人承兑后保证在到期日付款。"这些规定均表明付款人的这种责任具有绝对性，除非票据权利因为时效届满而消灭，否则不受其他因素的影响。即使在到期日承兑人尚未从出票人处收到资金，该承兑人也不得以此对抗持票人。如果承兑人到期不付款，其不仅应当承担票据金额的支付，而且要承担延迟付款的利息以及追索的费用。同时，付款人一经承兑，必须对持票人承担绝对的追索责任，即使持票人超过提示付款期限而没有进行提示付款，其追索权归于消灭，但这也不影响持票人对于承兑人的权利。汇票上的其他债务人因为被追索而主动清偿了汇票的债务而取得汇票时，均有权对承兑人行使再追索权。这充分体现了汇票的无因证券性质。

（二）对持票人的效力

承兑对于持票人也有着重要的意义，其体现为持票人的权利从期待权到现实权的转化。在付款人承兑之前，汇票上的载明事项对于付款人没有约束力，持票人所享有的是一种不确定的期待权。在汇票经承兑以后，则持票人的付款请求权就转化成为现实权利，并且以承兑人的责任为保障。汇票承兑具有确定和保全持票人付款请求权的效力。如果在汇票承兑后持票人得不到付款，则其可以行使追索权，请求承兑人付款。

（三）对出票人和背书人的效力

根据我国《票据法》第26条的规定，出票人签发汇票后，即承担保证该汇票承兑和付款的责任。持票人在汇票得不到承兑或者付款时，应当向持票人付款并支付追索费用。也就是说，出票人和背书人在汇票尚未承兑之前，可能要承担期前追索的责任，即汇票未得到承兑时，持票人可以向出票人或前手行使拒绝承兑的追索权。当汇票一经承兑，出票人和背书人则成为"第二债务人"，出票人和背书人的期前追索责任即得到免除。持票人只有在遭到承兑人拒绝付款并依拒绝证明才能向出票人和背书人行使追索权。

六、参加承兑

（一）参加承兑的概念和特征

所谓参加承兑，指的是为特定票据人的利益由预备付款人或者第三人代替付款人进行承兑以阻止持票人在汇票到期日前进行追索的一种附属票据行为。① 也就是说，当票据提示给付款人被拒绝承兑时，在持票人同意下，参加承兑人为参加承兑行为，在票据上批注“参加承兑”字样和签名、日期。参加承兑人不像承兑人一样成为票据的主债务人，其只在付款人拒绝付款时才负付款的义务。我国法律没有规定参加承兑制度，但是《日内瓦统一汇票本票法》和许多国家的票据法都有所规定。参加承兑制度有以下一些特征：

1. 参加承兑是一种附属票据行为。参加承兑以基本的票据行为的存在为前提，参加承兑使参加承兑人成为票据债务人，该行为同样包括票据上的记载、签章以及票据交付三要件。

2. 参加承兑是票据债务人之外的第三人或者预备付款人，代替付款人承兑的票据行为。汇票的承兑是由付款人进行，而参加承兑则由预备付款人或者票据债务人之外的第三人实施。例如，在某票据关系中，出票人为甲，背书人有乙、丙、丁，参加人戊。戊为了丙不受追索而参加承兑，则丙为被参加承兑人，戊为参加承兑人。换言之，出票人、背书人等本身即为票据的债务人，对持票人负有保证汇票承兑和到期付款的义务，其既不可能以自己为被参加人为参加承兑，也不可能彼此间相互参加承兑，所以参加承兑只能由票据债务人之外的第三人进行。

3. 参加承兑是为了特定债务人利益而进行的票据行为。之所以设计参加承兑制度，其目的是为了防止持票人行使追索权，维护特定票据债务人的利益。这里的特定票据债务人可以是背书人、出票人、付款人等。参加承兑阻止了持票人行使期前追索权，维系了票据的信用，并使得全体票据债务人受益。

（二）参加承兑的效力

1. 对参加人的效力

参加承兑人一经在汇票上为参加承兑行为，即产生相应的法律效力，即参加人负担起了票据债务人的责任。《日内瓦统一汇票本票法》第 58 条规定：“参加承兑人对持票人和被参加承兑人的后手背书人承担的责任与被参加人承

---

① 施天涛著：《商法学》，法律出版社 2003 年版，第 686 页。

担的责任相同。”但是需要注意的是，参加人承担的责任是第二付款责任，即汇票到期时持票人应当先向付款人请求付款，如果遭到拒绝，则只有在请求作成拒绝证书之后才能向参加承兑人请求付款。参加人付款后，对于被参加人的后手不能行使追索权，而对于被参加人以及被参加人的前手可以行使追索权。此时，参加人的法律地位与持票人的法律地位相同，这是参加承兑的积极效力。

2. 对持票人的效力

参加承兑制度设计的目的在于阻止持票人行使期前追索权以保全汇票的信用，所以如果持票人允许参加承兑，则其应当在一定期限内受到约束，不得在汇票到期日之前再行使追索权。通常来讲，持票人虽然不得行使期前追索权，但是其对参加承兑人有付款请求权，有权请求支付票据金额或者请求支付作成拒绝证书的费用。但是当参加承兑人死亡、失踪或者破产时，由于票据信用得不到保证，参加承兑因此而失去实际效果，持票人可以恢复行使其期前追索的权利。此点成为参加承兑的消极效力。

3. 对被参加人及其前手、后手的效力

参加人参加承兑以后，持票人不得行使期前追索权，所以被参加人以及其前手、后手均得到在汇票到期日之前不被追索的利益。但是，对于被参加人及其前手来说，这种利益是可抛弃的。被参加人及其前手仍然可以在参加承兑之后，随时向持票人支付金额、利息和其他费用，并且请求其交出汇票及拒绝证书，以便于行使追索权。对于被参加人的后手来说，如果参加人在汇票到期日时进行了付款，则其票据责任得以免除。如果参加人拒绝付款，则其票据债务不能免除。

第五节 保 证

一、保证的概念与特征

所谓汇票保证，是指票据债务人以外的人在已经签发的票据上进行保证文句的记载并签发，从而表明对特定票据债务人的票据债务履行承担保证的一种票据行为。我国《票据法》第45条规定：“汇票的债务可以由保证人承担保证责任。保证人由汇票债务人以外的他人担当。”票据保证是一种人的保证，而不是物的担保。票据法上的保证制度是为了增强特定票据债务人的信用从而促进票据流通的一种制度设计。在票据制度中，汇票、本票、支票都有相应的保证制度。票据保证行为人为保证人，由其所保证的票据债务人则是被保证人；由票据保证行为所发生的债务叫做保证债务，由其所保证的票据债务则称作被保证债务。为了同民法上的保证相区别，票据法上的保证称为票据保证。汇票保证一般具有以下一些特征：

（1）汇票保证是一种附属票据行为。票据行为可以分为基本票据行为和附属票据行为。票据保证的前提是存在合法有效的票据债务，而票据债务是因出票行为而产生，所以票据保证是建立在基本票据行为之上的，具有明显的附属性。这里需要注意的是，虽然票据保证是一种附属票据行为，但是保证也具有一定的独立性。即依据票据行为的独立性原则，即使票据主债务因为实质原因而发生无效，票据保证仍然成立且有效，保证人仍然承担保证责任。

（2）汇票保证是对主票据债务的担保。汇票保证同民法上的保证相同，其作用在于增强特定票据债务人的信用，促进票据的流通。该特定债务人可以是承兑人、出票人、背书人或者参加承兑人等。当汇票保证人履行了票据的主债务之后，其取得对被保证人前手的追索权。

（3）票据保证是票据债务人之外的第三人所进行的票据行为。由于票据保证的目的在于担保票据债务的履行，所以保证人必须是票据债务人以外的第三人。如果票据债务人可以成为保证人，实则无法增加票据的信用，票据保证制度也就形同虚设。我国《票据法》第45条第2款规定："保证人由汇票债务人以外的他人担当。"同时要注意，《最高人民法院关于审理票据纠纷案件若干问题的规定》第60条规定："国家机关、以公益为目的的事业单位、社会团体、企业法人的分支机构和职能部门作为票据保证人的，票据保证无效，但经国务院批准为使用外国政府或者国际经济组织贷款进行转贷，国家机关提供票据保证的，以及企业法人的分支机构在法人书面授权范围内提供票据保证的除外。"也就是说，并不是所有第三人都可以担当票据保证人。

（4）票据保证是要式单独行为。票据保证行为需要保证人在票据上或者粘单上记载一定的事项，并且签名。我国《票据法》第46条规定："保证人必须在汇票或者粘单上记载下列事项：（一）表明'保证'的字样；（二）保证人名称和住所；（三）被保证人的名称；（四）保证日期；（五）保证人签章。"

二、保证的种类

（一）单独保证与共同保证

以保证的人数为标准，可以把保证分为单独保证与共同保证。单独保证，是指保证人为一人的保证。共同保证，是指保证人为两人及以上的保证。我国

《票据法》第51条规定:“保证人为二人以上的，保证人之间承担连带责任。”这里要说明的是，法律直接规定共同保证人之间承担连带责任，并且共同保证人的连带责任是同一顺位的，债权人可以向任何一个共同保证人行使债权。

（二）完全保证与部分保证

以汇票保证所担保的金额为标准，可以把汇票保证分为完全保证与部分保证。完全保证，指的是以汇票全部金额进行的保证。部分保证，指的是仅就汇票金额的一部分而进行的保证。我国的《票据法》未明确地规定是否承认部分保证，但是《票据法》第48条规定：“保证不得附有条件；附有条件的，不影响对汇票的保证责任。”也就是说，如果保证人在汇票上载明仅为部分保证，则按照我国《票据法》的规定可以视为是附条件的保证，则附有条件的保证不影响对汇票的保证责任，保证人需要对汇票的全部金额承担保证责任。此外，《日内瓦统一汇票本票法》第30条规定:“汇票的全部或部分金额得以担保方式保证付款。此项保证得由第三人或甚至由在汇票上签名的当事人作出。”因此，该法承认部分保证的效力，在进行部分保证时，保证人仅对部分票据金额承担保证责任。

（三）正式保证与略式保证

以保证人在汇票上记载的内容为标准，可以把汇票保证分为正式保证与略式保证。正式保证，是指保证人同时在汇票上记载“保证”字样并签章。略式保证，是指保证人仅在汇票上签章而没有载明“承兑”文句。我国《票据法》第46条规定:“保证人必须在汇票或者粘单上记载下列事项:（一）表明‘保证’的字样；（二）保证人名称和住所；（三）被保证人的名称；（四）保证日期；（五）保证人签章。”依我国《票据法》的规定，“保证”字样和保证人签章是保证人的绝对必要记载事项。这两项缺少一项都不得构成汇票保证。其他三项是相对必要记载事项，如不记载并不影响保证的成立。因此，我国《票据法》只承认正式保证，不承认略式保证。此外，《日内瓦统一汇票本票法》第31条规定：“除受票人或出票人的签名外，仅有保证人在票面上的签名亦视为担保的成立。”说明该法承认略式保证的效力。

（四）单纯保证与不单纯保证

以保证是否附有条件为标准，可以把汇票保证分为单纯保证与不单纯保证。单纯保证，是指不附加任何条件的保证。不单纯保证，是指附加一定条件的保证。我国《票据法》第48条规定：“保证不得附有条件；附有条件的，不影响对汇票的保证责任。”因此，我国《票据法》只承认单纯保证的效力。如果保证人在保证是附有条件，则视为对汇票的全部金额予以保证。这里要注意汇票保证与汇票承兑的区别。汇票保证附有条件的，则视为不影响汇票保证的效力；汇票承兑附有条件的，则视为拒绝承兑。

此外，在实务中还有一种称为隐存的保证。所谓隐存的保证，是指保证人不以保证的方式记载于票据上，而依出票、背书、承兑等方式来达到保证目的的保证。① 也就是说，隐存保证是通过汇票的背书、承兑等方式变相的达到汇票保证的目的。之所以这样做，是因为票据上存在保证往往会给债权人以票据债务人信用不高的印象，而以隐存保证的方式来增强票据的信用往往是十分有效的做法。例如：A 签发一张汇票，本应当以 B 为收款人，但是 B 对 A 的资信程度不予信任，不愿意接受该汇票。A 为了取得 B 的信任，先以资信较好的 C 为收款人，再由 C 以背书形式转让该汇票于 B。那么，此时的 C 因背书而负担汇票的担保承兑及付款责任，其实际结果与保证相同。

三、保证的当事人

汇票保证的当事人可以分为保证人与被保证人。

（1）保证人。我国《票据法》第 45 条规定："汇票的债务可以由保证人承担保证责任。保证人由汇票债务人以外的他人担当。"因此，按照我国的《票据法》，只要是汇票债务人以外的第三人都可成为票据保证人。但是要注意《最高人民法院关于审理票据纠纷案件若干问题的规定》第 60 条的限制性规定："国家机关、以公益为目的的事业单位、社会团体、企业法人的分支机构和职能部门作为票据保证人的，票据保证无效，但经国务院批准为使用外国政府或者国际经济组织贷款进行转贷，国家机关提供票据保证的，以及企业法人的分支机构在法人书面授权范围内提供票据保证的除外。"法律之所以这样规定，是因为汇票保证的目的就在于增加票据的信用，如果允许票据债务人再为其他债务人担当保证人，则无非是重复其应承担的票据责任而已。但《日内瓦统一汇票本票法》第 30 条规定，"汇票的全部或部分金额得以担保方式保证付款。此项保证得由第三人或甚至由在汇票上签名的当事人作出"，也就是说按照日内瓦统一法的规定，保证人可以是票据债务人。相比之下，我国《票据法》的规定较《日内瓦统一汇票本票法》的规定更为合理。

（2）被保证人。汇票保证的被保证人，指的是已经在汇票上签章并承担

① 汪世虎著：《票据法律制度比较研究》，法律出版社 2003 年版，第 395 页。

票据责任的票据债务人。理论上说，凡汇票上的债务人都可以充当被保证人，例如出票人、背书人、承兑人等。因而就被保证债务人来说，不论是第一债务人还是第二债务人，都可以成为被保证人。但是应当注意的是，对于未承兑的汇票付款人，因其尚未负票据上的责任，因而不得充当被保证人。各国关于被保证人的法律制度设计大致相同。

四、保证的记载事项

保证的记载事项主要是指汇票保证人进行保证时应当在票据上载明的文句以及所应采取的形式。汇票保证作为一种附属票据行为，应当遵循我国《票据法》的严格要式规则。对于保证人来说，汇票保证必须在票据或者其粘单上进行，否则不产生票据法上的效力。《最高人民法院关于审理票据纠纷案件若干问题的规定》第 62 条规定：“保证人未在票据或者粘单上记载‘保证’字样而另行签订保证合同或者保证条款的，不属于票据保证，人民法院应当适用《中华人民共和国担保法》的有关规定。”也就是说，此时只产生一般民法上的效力。依具体情况，保证人可以选择在票据以及粘单的正面或反面上为保证行为。通常情况下，如果为承兑人进行保证，则可以记载于正面；如果为背书人进行保证，则可以记载于背面。我国《支付结算办法》第 35 条规定：“银行汇票、商业汇票和银行本票的债务可以依法由保证人承担保证责任。保证人必须按照《票据法》的规定在票据上记载保证事项。保证人为出票人、承兑人保证的，应将保证事项记载在票据的正面；保证人为背书人保证的，应将保证事项记载在票据的背面或粘单上。”

（一）绝对必要记载事项

1. 表明“保证”字样。我国《票据法》第 46 条规定：“保证人必须在汇票或者粘单上记载下列事项：（一）表明‘保证’的字样；（二）保证人名称和住所；（三）被保证人的名称；（四）保证日期；（五）保证人签章。”在这五项中，第一项“保证”字样和第五项保证人签章是保证人绝对必要记载事项。这两项缺少一项都不得构成票据保证。而第二项和第三项是相对必要记载事项，不记载并不影响保证的成立。也就是说，第一项“保证”字样是用来表明保证之意思表示，以区别其他的附属票据行为。但是在实务中，除了“保证”字样之外的其他能够表明保证意思的任何词语，都可以表示保证文句，具有票据法上的效果。例如，“担保”、“与担保同”等。《日内瓦统一汇票本票法》第 31 条就规定：“担保得以‘与保证同’或任何其他相同的词语表示之。担保由担保人签名。”

2. 保证人签章。保证人签章是汇票保证行为的必备要件，是表明保证人完成保证行为，作为票据债务人承担票据保证责任的重要事项。根据我国《票据法》第 7 条的规定，保证人签章可以是保证人签名、盖章或者签名加盖章。法人和其他使用票据的单位在票据上的签章，为该法人或者该单位的盖章加其法定代表人或者其授权的代理人的签章。①

（二）相对必要记载事项

我国《票据法》规定汇票保证中相对必要记载事项包括：保证人名称和住所、被保证人的名称以及保证日期。

1. 保证人名称和住所

汇票保证中保证人名称和住所，是用来表明保证人身份的记载，这是我国《票据法》中特有的规定。《日内瓦统一汇票本票法》和我国台湾地区的“票据法”均无此要求。之所以要求保证人在汇票上载明名称和住所，是为了方便汇票权利人了解保证人的情况，有利于权利人行使权利。当然，如果汇票上并未记载保证人的名称和住所，也不影响保证的效力。票据权利人完全可以通过保证人签章对保证人的情况进行了解和考察。

2. 被保证人的名称

被保证人的名称是汇票保证的相对必要记载事项。虽然汇票债务人中的任何一人均可以成为被保证人，但是为了明确汇票保证的权利义务关系，需要确定具体的被保证人。我国《票据法》第 47 条规定，保证人在汇票或者粘单上未记载被保证人名称的，已承兑的汇票，承兑人为被保证人；未承兑的汇票，出票人为被保证人。之所以这样规定，是因为在汇票承兑以前，出票人承担着最终的付款责任，以其作为被保证人，可以最大化地保护汇票债务人的权益。在汇票一经承兑以后，承兑人就成为了票据的主债务人，持票人的请求权首先应当向承兑人行使，所以此时以承兑人为被保证人可以使多数人获得票据保证的利益，实现汇票保证效果的最大化。此外，《日内瓦统一汇票本票法》关于被保证人的推定与我国《票据法》稍有不同。该法第 31 条第 4 款规定：“担保必须指明被保证人姓名，如未指明，视为为出票人担保。”也就是说，当未记载被保证人姓名时，直接推定被保证人为出票人。

3. 保证日期

保证日期是汇票保证的相对必要记载事项。保证日期既不是保证生效的日

① 参见《票据法》第 7 条。

期，也不是保证终止的日期，其记载与否并不影响票据保证的效力。我国《票据法》第47条第2款规定，保证人在汇票或者粘单上未记载保证日期的，出票日期为保证日期。需要注意的是，在票据实务中，只有在为出票人进行保证时才可能发生保证日期与出票日期相同的情况，其他保证行为必发生于出票日之后。因此，我们认为，应当以被保证行为的成立日期作为保证日期更为合理。

五、保证的效力

保证行为一经成立，即对票据的当事人发生效力，包括保证人、持票人、被保证人以及其前后手在内所有当事人均受此影响。由于保证的基本效力是担保被保证票据债务的履行，因此保证的效力可以分为对汇票保证人的效力、对汇票持票人的效力以及对汇票被保证人的效力。

（一）对汇票保证人的效力

1. 汇票保证人的责任是一种从属责任。票据保证作为一种特殊的保证行为，其制度设计的目的在于增加票据的信用，担保票据债务的履行。因此，票据保证债务相对于被保证的票据债务而言具有从属性。保证人责任的发生依赖于被保证债务的存在和被保证人责任的种类及范围。首先，如果保证人为承兑人保证，则保证人成为主债务人，其应负绝对付款责任；如果保证人为出票人或者背书人保证，则其应负担担保承兑和担保付款的责任。其次，保证人所应清偿的票据金额以及有关费用与被保证人完全相同。最后，保证人的责任与被保证人的责任性质相同，两者在次序上无先后之分。持票人既可以先向被保证人主张票据权利，亦可以先向保证人主张票据权利。也就是说，保证人不享有先诉抗辩权。

2. 汇票保证人的责任具有独立性。作为票据行为，汇票保证具有独立性与无因性。保证人承担的保证责任独立于被保证的票据债务。也就是说，只要被保证的债务在形式上有效成立，即使被保证债务在实质上无效（因汇票形式欠缺无效的除外），保证行为仍然有效，保证人仍然需要承担保证责任。保证人也不能援用被保证人对抗持票人的抗辩事由来对抗持票人。之所以这样规定，是因为票据为文义证券并且具有流通性，实质上的原因往往从票据文义不易察觉，如果因为实质上无效而免除保证人的责任，则不利于保护善意持票人的权益。因此，票据法就通过保证责任之独立性来达到保护持票人合法权益，维护交易安全的目的。

3. 汇票保证人的责任具有连带性。汇票保证人与被保证人之间为连带责任关系。我国《票据法》第50条规定：“被保证的汇票，保证人应当与被保证人对持票人承担连带责任。汇票到期后得不到付款的，持票人有权向保证人请求付款，保证人应当足额付款。”也就是说，保证人的责任同被保证人的责任是完全相同的，同时保证人的连带责任是一种法定的连带责任而不是补充责任。保证人不享有先诉抗辩权。例如，王某获得一张金额为100万元的汇票，该汇票出票人是A，付款人是B。汇票上还有C、D两公司的保证签章。王某履行了一切正常义务之后，B拒绝付款。则在此汇票的票据关系中，A、B、C、D都需要承担连带责任。此外，我国《票据法》第51条规定：“保证人为二人以上的，保证人之间承担连带责任。”也就是说，共同保证人的连带责任是同一顺位的。债权人可以向任何一个保证人行使债权。结合上面的案例，则王某既可以向C行使债权，也可以向D行使债权。保证人在履行保证责任之后，保证债务消灭，被保证人后手的票据债务也随之消灭，保证人由此取得持票人对被保证人及其前手的追索权。我国《票据法》第52条规定：“保证人清偿汇票债务后，可以行使持票人对被保证人及其前手的追索权。”

(二) 对汇票持票人的效力

在汇票保证中，对持票人来讲由于保证人的加入使得汇票又多了一层担保关系，由此增强了持票人权利实现的可能性。在汇票保证期间，持票人不仅可以向承兑人或者其前手行使付款请求权或者追索权，也可以向保证人行使付款请求权或者追索权。我国《票据法》第50条规定：“汇票到期后得不到付款的，持票人有权向保证人请求付款，保证人应当足额付款。”

(三) 对汇票被保证人的效力

保证行为本身并不免除任何票据债务人的责任，但是如果汇票保证人履行了保证责任，清偿了持票人的债务，则对被保证人及其后手来说，即可免除被追索的责任。也就是说，保证人履行保证责任以后，被保证人为承兑人的，票据关系消灭，票据债务人的债务免除；被保证人为出票人的，被保证人后手免责，保证人可以向出票人追索；被保证人为背书人的，被保证人的后手免责，保证人可以向被保证人以及其前手行使追索权。

第六节　付款和参加付款

一、付款的概念和分类

(一) 付款的概念

付款是指汇票上的付款人或担当付款人支付票据金额，从而消灭票据关系的行为。付款是票据权利最终实现的标志，也是票据功能最终完成的标志。我国《票据法》第60条规定："付款人依法足额付款后，全体汇票债务人的责任解除。"汇票的付款有广义和狭义两种解释。广义的付款，指的是所有票据债务人对汇票权利人进行的一切金钱支付。这里的债务人，既包括付款人或承兑人在票据到期时对持票人进行的支付，亦包括票据追索义务人对追索权利人进行的支付，以及保证人对持票人进行的支付。而狭义的票据付款，指的是汇票上记载的付款人或者承兑人在票据到期时对持票人所进行的票据金额支付。一般而言，票据的付款指的是狭义的付款。

（二）付款的分类

依据不同的标准，可以把汇票付款分为以下几类：

1. 全部付款与部分付款。以是否支付票据金额的全部为标准，可以把汇票付款分为全部付款与部分付款。付款人支付汇票所载明的全部金额的付款为全部付款；付款人仅支付汇票所载票据金额一部分的为部分付款。我国《票据法》第54条规定："持票人依照前条规定提示付款的，付款人必须在当日足额付款。"也就是说，我国《票据法》仅承认全部付款的效力，并不承认部分付款的效力。其实，部分付款一方面没有增加持票人的损害，另一方面还可以减轻追索义务人的负担。所以，《日内瓦统一汇票本票法》以及我国台湾地区"票据法"均承认部分付款的效力。例如，《日内瓦统一汇票本票法》第39条第2款规定："持票人不得拒绝部分付款。在部分付款情况下，受票人得要求在汇票上载明该部分付款，并应给以收据。"

2. 到期付款与期外付款。以是否在法定或者约定期限内进行付款为标准，可以把汇票付款分为到期付款与期外付款。到期付款，是指付款人在法定或约定的提示期间内进行的付款，而期外付款，是指不在上述期间进行的付款。具体而言，期外付款又可以分为期前付款与期后付款。由于期前付款与期后付款的法律效力不同，学理上通常把期外付款称之为特别付款。

二、付款提示

（一）付款提示的概念

所谓付款提示，是指持票人或其代理人向付款人或代理付款人现实地出示汇票，以请求其付款的行为。付款提示是汇票付款的必要步骤，并且具有重要的意义。首先，汇票是完全有价证券，票据上权利的存在、行使和移转，都与票据本身不得分离。也就是说，票据所表明的金钱债权，以票据为其表现形式，票据上的权利不能脱离票据而独立存在。持票人行使其权利必须以持有汇票为必要，提示汇票时持票人行使付款请求权的条件，否则付款人可以加以拒绝。其次，汇票是流通证券，其转让不以通知债务人为要件。也就是说在市场流通中，付款人不能够知道汇票究竟落入何人之手，也就无法像普通债务人那样可以去特定债权人处履行债务。所以，持票人行使权利必须提示票据从而证明自己是真正权利人，并经过付款人的形式审查而最终实现票据权利。

付款提示是持票人实现票据权利的前提，但是在下列情况下，持票人可以免除提示义务。(1) 如果持票人在提示承兑时遭到拒绝并且取得了拒绝证书，则其可以不再进行付款提示而直接行使追索权。(2) 承兑人或付款人死亡、逃匿、依法被宣告破产或者因其他原因无法取得拒绝证书的，持票人可以直接行使期前追索权。我国《票据法》第 61 条第 2 款就作出了详细的规定。① (3) 票据权利人丧失票据后因为无法进行付款提示，则可以通过挂失止付、公示催告程序或者起诉予以补救。例如，我国《票据法》第 15 条规定："票据丧失，失票人可以及时通知票据的付款人挂失止付，但是，未记载付款人或者无法确定付款人及其代理付款人的票据除外。收到挂失止付通知的付款人，应当暂停支付。失票人应当在通知挂失止付后三日内，也可以在票据丧失后，依法向人民法院申请公示催告，或者向人民法院提起诉讼。"

(二) 付款提示当事人

付款提示的当事人包括提示人和被提示人。

1. 提示人。提示人是指有权向票据债务人提示付款的人。权利人通常包括无记名汇票的持票人、未转让过的汇票的收款人，可以背书连续证明其权利的持票人以及不能以背书连续证明其票据权利的持票人。除持票人外，持票人的代理人也可以进行付款提示。此外，按照我国法律的规定，持票人还可以通过委托银行以及票据交换系统进行提示付款。我国《票据法》第 53 条规定："通过委托收款银行或者通过票据交换系统向付款人提示付款的，视同持票人提示付款。"

2. 被提示人。被提示人是指接受付款提示的人，通常包括付款人、付款代理人。一般情况下，付款人以受托银行为被委托人，通过银行账户进行票据付款。付款人也可以另行委托其他代理人，代替自己进行票据支付。特殊情况下，当遇到付款人丧失行为能力时，应当向其法定代理人提示；付款死亡时，应当向其继承人提示；付款人破产时，应当向破产管理人提示。需要注意的

① 参见我国《票据法》第 61 条第 2 款。

是，按照我国《票据法》的规定，在汇票付款提示过程中票据交换系统是作为提示人而非被提示人来看待。

（三）付款提示期间

汇票的付款提示应当在付款提示期间内进行。付款提示是持票人的自由，其可以选择是否提示以及何时提示。但是如果持票人长时间不进行付款提示，则会影响票据的流通，给付款人造成经济上的不利，所以法律规定付款提示期间以提高票据交易的效率。我国《票据法》第53条第1款规定："（一）见票即付的汇票，自出票日起一个月内向付款人提示付款；（二）定日付款、出票后定期付款或者见票后定期付款的汇票，自到期日起十日内向承兑人提示付款。"也就是说，即期汇票以提示日为到期日，持票人应当自出票日起一个月内向付款人提示付款；而远期汇票则是自汇票到期日起10日内向承兑人提示付款。同时，我国对汇票付款提示期限做了灵活规定，《票据法》第53条第2款规定："持票人未按照前款规定期限提示付款的，在作出说明后，承兑人或者付款人仍应当继续对持票人承担付款责任。"也就是说，如果持票人没有在法定期限内提示付款，在作出说明后，承兑人或者付款人仍应继续承担付款责任，并且这时的付款责任与按照汇票规定期限的付款责任具有同等法律效力。① 需要注意的是，此处的"同等法律效果"仅仅是针对汇票的承兑人与出票人而言的。因为持票人在超过法定期限进行付款提示，而未获付款时，持票人丧失对前手背书人的追索权。

（四）付款提示地点

根据我国《票据法》第23条的规定，汇票付款提示的地点应该是汇票上所载明的付款地、出票地等。若汇票上未记载付款地，则以付款人的营业场所、住所或者经常居住地为付款地。

（五）付款提示效力

付款提示对持票人、付款人以及背书人有着不同的法律效力。

对于汇票持票人而言，付款提示是行使付款请求权的前提。但实践中，为付款提示的同时也就意味着付款请求权的行使。持票人提示付款以后，如果付款人履行了付款义务，则票据关系因为债权得到满足而消灭。如果付款人拒绝付款，则持票人可以请求作成拒绝证书而行使票据追索权。

对于汇票背书人而言，其是否承担追索义务与持票人进行付款提示的期间

① 参见《最高人民法院关于审理票据纠纷案件若干问题的规定》第59条。

有关。持票人在《票据法》规定的期间内为付款提示，如果付款人足额付款，则汇票背书人的追索义务因票据关系的消灭而解除；如果付款人拒绝付款，则汇票背书人必须承担被追索责任。持票人未在《票据法》规定的期间内为付款提示，即使未获付款，汇票背书人也不用承担被追索责任，而仅由付款人和出票人承担付款责任。这是因为，汇票的承兑人和出票人是汇票的主债务人，负有绝对的付款责任。例如，《支付结算办法》第 36 条规定："商业汇票的持票人超过规定期限提示付款的，丧失对其前手的追索权，持票人在作出说明后，仍可以向承兑人请求付款。银行汇票、银行本票的持票人超过规定期限提示付款的，丧失对出票人以外的前手的追索权，持票人在作出说明后，仍可以向出票人请求付款。支票的持票人超过规定的期限提示付款的，丧失对出票人以外的前手的追索权。"

对于汇票付款人而言，持票人在提示期间进行付款提示，付款人必须在付款期限内足额付款。如果付款人延迟付款，则其必须承担从汇票到期日起至清偿日止的延迟利息。

三、付款

（一）付款时间

根据我国《票据法》第 54 条规定："持票人依照前条规定提示付款的，付款人必须在当日足额付款。"也就是说我国《票据法》要求汇票即时足额付款。付款人的即时足额付款义务要求付款人不得延期付款、部分付款。即时付款，可以解释为在持票人提示付款后从承诺付款时起至当天正常营业活动结束时止的这段时间内的付款。即时付款可以使持票人的权利尽快实现，票据关系早日结束。

（二）付款货币

我国《票据法》第 59 条规定："汇票金额为外币的，按照付款日的市场汇价，以人民币支付。汇票当事人对汇票支付的货币种类另有约定的，从其约定。"也就是说，根据我国《票据法》的规定，如果汇票当事人约定了支付货币的种类，则依约定；如果汇票当事人没有约定，则以人民币支付。

（三）付款人审查义务

我国《票据法》对付款人的审查义务以及付款人承担损失的情形有明确规定。《票据法》第 57 条规定："付款人及其代理付款人付款时，应当审查汇票背书的连续，并审查提示付款人的合法身份证明或者有效证件。付款人及其代理付款人以恶意或者有重大过失付款的，应当自行承担责任。"也就是说，付款人的审查义务是形式审查，包括两项，即背书的连续性和提示付款人的合法身份或者有效证件。首先，付款人或其代理付款人应当认真审查背书人与被背书人之间在汇票上的签章是否依次前后衔接。只要汇票上的背书连续，且持票人为最后背书人，则可以推定其为合法权利人。其次，付款人应当对提示付款人的合法身份证明或有效证件进行审查，确定持票人即是本人。若提示付款人不能提供有效证明或证件，则不能获得付款。

就付款人不当付款而言，法律规定只有在付款人恶意或者存在重大过失的情形下，才承担付款损失。《票据纠纷规定》规定，付款人或者付款代理人因重大过失而未能识别出伪造、变造的票据或者身份证件而错误付款，给持票人造成损失的，应当依法承担民事责任。① 付款人及其代理付款人未依照法律规定对汇票背书的连续性履行审查义务而错误付款的，公示催告期间对公示催告票据付款的，收到人民法院的止付通知书后付款的以及其他以恶意或者重大过失付款的，都应当自行承担责任。②

（四）持票人签收并交回汇票

我国《票据法》第55条规定："持票人获得付款的，应当在汇票上签收，并将汇票交给付款人。持票人委托银行收款的，受委托的银行将代收的汇票金额转账收入持票人账户，视同签收。"也就是说在汇票付款中，在付款人经审查同意的付款情况下，持票人获得付款时应在汇票正面签章表明持票人已经获得付款，并将汇票交付付款人。法律之所以这样规定是因为，一方面，持票人签收并交回汇票可以证明付款人已经付款，票据关系据此消灭；另一方面，如果付款人不收回票据，持票人可能恶意利用或者无意丧失该汇票，汇票一旦落入善意第三人手中，则付款人仍需负票据责任。所以，在汇票付款中，经过提示付款和付款之后，必须履行签收并交回汇票的程序。签收和交回汇票是汇票付款程序的最后环节。

四、参加付款

（一）参加付款的概念

参加付款，指的是当汇票遭到拒绝付款时，为了特定债务人的利益，防止持票人行使追索权，由付款人或者代理付款人以外的人所进行的付款。也就是

---

① 参见《最高人民法院关于审理票据纠纷案件若干问题的规定》第69条。

② 参见《最高人民法院关于审理票据纠纷案件若干问题的规定》第70条。

说，除了票据原先载明的付款人或者代理付款人之外，其他任何人都可以充当票据的参加付款人，包括票据上记载的其他债务人。参加付款的目的在于维护特定票据债务人的信用，阻止持票人行使追索权。参加付款制度适用于汇票和本票，我国《票据法》没有关于参见付款制度的规定。但是《日内瓦统一汇票本票法》以及我国台湾地区"票据法"都有着较为明确的规定。

（二）参加付款的时间

由于参加付款制度的目的在于防止持票人行使追索权，所以参加付款应当在持票人行使追索权时进行。具体而言可以分为以下几种情况。1. 汇票遭到拒绝承兑时，由于此时持票人可能行使追索权，所以第三人可以参加付款。2. 汇票遭到拒绝付款时，在持票人行使追索权之前，第三人可以参加付款。3. 当付款人或者承兑人死亡、失踪或者因其他法定原因使得票据无法得到承兑或付款时，由于存在持票人行使追索权的可能性，则第三人可以在此时参加付款。例如，对于参加付款的期限，《日内瓦统一汇票本票法》第 59 条第 2 款规定："此项付款至迟须在规定作成拒绝付款证书最后一日的次日为之。"

（三）参加付款的效力

1. 对参加付款人的效力。参加付款人为付款行为之后即取得持票人的地位。《日内瓦统一汇票本票法》第 63 条第 1 款规定："付款参加人付款后取得汇票上得对抗被参加人及向被参加人承担责任的人的一切权利。但不得再将汇票背书。"也就是说，此时参加付款人对承兑人、被参加人以及其前手享有持票人的权利。但是，参加付款人不得再将汇票背书转让。这是因为参加付款人为付款行为就已经说明该汇票存在付款问题，为了维护债权人的利益，稳定票据的流通性，法律规定参加付款人不得背书转让汇票。

2. 对持票人的效力。参加付款人为付款行为之后，持票人就脱离了票据关系，其票据权利也就归于消灭。对于持票人来说，其不得拒绝参加付款人的付款。《日内瓦统一汇票本票法》第 61 条规定："拒绝接受参加付款人的持票人对任何因参加付款而不解除责任的人丧失追索权。"也就是说，如果持票人拒绝参加付款人的付款，则其将丧失对被参加人及其后手的追索权。此外，由于参加付款人取得了持票人的地位，则持票人需要将票据、收据以及拒绝证书交付于参加付款人。

3. 对被参加付款人的效力。参加付款后，被参加付款人的后手因为付款行为而免除票据责任。由于参加付款人取得了持票人的资格，则被参加付款人以及其前手仍然负票据责任。也就是说，参加付款只能免除部分票据债务人的责任，不能消灭全部汇票关系。

第七节　到　期　日

一、到期日的概念

所谓到期日，指的是票据债务人依照汇票上所载明的应当付款的日期。到期日对于汇票来说十分重要，如果到期日届满，持票人进行付款提示而遭到拒绝，则票据债务人就应当负延迟责任。我国《票据法》关于到期日的规定没有采用专章或者专节的立法模式，而是主要在汇票这一章节中加以规定。我国《票据法》第 25 条规定：“付款日期可以按照下列形式之一记载：（一）见票即付；（二）定日付款；（三）出票后定期付款；（四）见票后定期付款。前款规定的付款日期为汇票到期日。”

二、到期日的种类

依照我国《票据法》第 25 条的规定，汇票到期日可以分为以下几种类型：

（一）见票即付

所谓见票即付，指的是汇票持票人提示付款时，付款人就应当立即付款。也就是说，提示付款的日期就是汇票的到期日。见票即付汇票通常也叫做即期汇票。一般情况下，即期汇票的出票人在出票时就已经载明“见票即付”字样。如果汇票上既没有记载“见票即付”字样，也没有注明付款日期，则该汇票也是见票即付的汇票。例如，我国《票据法》第 23 条第 2 款规定：“汇票上未记载付款日期的，为见票即付。”

由于见票即付汇票的到期日只有在持票人为付款提示之后才开始计算，所以我国《票据法》规定了即期汇票的付款提示期限。之所以规定付款提示期限，其意义在于如果持票人始终不为付款提示，则即期汇票的到期日就无法起算，票据债务人的偿还责任就无法免除，这既不利于稳定票据关系也不利于加快票据的流转。我国《票据法》规定，见票即付的汇票应当自出票日起一个月内向付款人提示付款。①

（二）定日付款

所谓定日付款，指的是在汇票上已经载明了特定的付款日期为到期日的付

① 参见我国《票据法》第 53 条第 1 款。

款方式。例如，汇票上记载付款日期为2010年1月24日或者2009年国庆节。也就是说，所谓“定日”是指，只要按照汇票上所载明的日期可以确定为具体特定日，即具有法律效力。

（三）出票后定期付款

所谓出票后定期付款，指的是汇票出票后从出票日开始计算，经过一定期间后进行付款的付款形式。例如，汇票上出票时载明“出票后2个月付款”，出票日期为2009年7月1日，则同年9月1日为到期日。

（四）见票后定期付款

所谓见票后定期付款，指的是付款人见票后，经过一定期间后进行付款的付款形式。需要说明的是，“见票”指的是付款人承兑时的见票；“经过一定期间”指的是汇票出票时已经记载了的期间，而不是付款人承兑时另行指定的期间。例如，汇票上记载“见票后一个月付款”，持票人于2009年8月1日提示承兑并获得付款人承兑，则该汇票的到期日为2009年9月1日。

同见票即付汇票类似，为了稳定票据关系，加快票据的流转，我国《票据法》规定了见票后定期付款汇票的提示承兑期限。《票据法》第40条规定：“见票后定期付款的汇票，持票人应当自出票日起一个月内向付款人提示承兑。汇票未按照规定期限提示承兑的，持票人丧失对其前手的追索权。见票即付的汇票无需提示承兑。”也就是说，提示承兑必须在出票日起之后的一个月内进行。否则，超过提示承兑期间的汇票持有人将丧失对前手的追索权。

第八节　追　索　权

一、追索权的概念

所谓票据追索权，指的是持票人在提示承兑或提示付款，而未获承兑或未获付款时，依法向其前手请求偿还票据金额及其他金额的权利。也就是说，当持票人在汇票到期前未获得承兑或者到期后未获得付款，在持票人依法行使或保全了汇票权利之后，持票人有法定权利向其前手请求偿还汇票金额、利息以及其他法定款项。追索权是票据上的一种特有制度，其具有以下一些特点。

1. 汇票追索权是汇票上的一种票据权利。对于汇票来说，付款请求权与追索权是相对应的。持票人行使付款请求权是汇票上的第一次请求权，而当付款请求权不能实现或者无法得到满足时，持票人行使的追索权是汇票上的第二次请求权。付款请求权是票据关系中的主要债权，而追索权则是付款请求权的一种补充和保障性权利。此外，法律在赋予持票人追索权的同时对其又有一定的限制。当持票人为出票人时，持票人对其前手没有追索权；持票人为背书人时，持票人对其后手也没有追索权。也就是说，持票人和出票人归于一人时，其对前手不得行使追索权；持票人和背书人归于一人时，其对后手也不得行使追索权。

2. 汇票追索权具有任意性、替代性和同时性。由于汇票的出票人、背书人、承兑人以及保证人对持票人承担连带责任，他们对汇票持有人承担无条件给付汇票金额的责任，所以汇票追索权具有这三种性质。追索权的任意性是指持票人可以不按照汇票债务人的先后顺序，对其中任何一人、数人或者全体行使追索权。追索权的替代性指，在被追索人清偿汇票债务后，其享有与原持有人相同的追索权。换言之，已经清偿汇票债务的被追索人，可以依法向其前手行使再追索的权利。追索权的同时性是指，持票人对汇票债务人中的一人或者数人已经进行追索的，对其他汇票债务人仍可以行使追索权。也就是说，可以同时向一人，或者多人行使追索权，已经开始的追索权不影响向另一主体再行使追索权。

二、追索权的分类

（一）期前追索与到期追索

以行使追索权时期的不同为标准，可以把追索权分为期前追索与到期追索。

1. 所谓期前追索，是指在汇票上所载的到期日到来之前，因发生到期付款的可能性显著减少的情况，而得以进行追索的权利。使得付款可能性显著减少的情况包含以下几种：（1）汇票被拒绝承兑；（2）承兑人或者付款人死亡、逃匿的；（3）承兑人或者付款人被依法宣告破产的或者因违法被责令终止业务活动的。① 也就是说，在以上三种情况下，即使在票据到期前，持票人也可以行使追索权。持票人行使期前追索权，需要提交被拒绝承兑证书、承兑人或者付款人期前被依法宣告破产的司法文件等证明依据。没有相应的拒绝承兑、付款等法定情形的证明依据的，持票人不得行使期前追索权。例如，我国《最高人民法院关于审理票据纠纷案件若干问题的规定》第4条规定，持票人只能在首先向付款人行使付款请求权而得不到付款时，才可以行使追索权。持

① 参见我国《票据法》第61条第2款。

票人不先行使付款请求权而先行使追索权遭拒绝提起诉讼的，人民法院不予受理。①

2. 所谓到期追索，指的是在票据已届付款日期，持票人向付款人请求付款而遭拒绝或不获付款时而行使的追索权。也就是说，当汇票到期却被拒绝付款时，持票人可以对背书人、出票人以及汇票的其他债务人行使追索权。票据在到期日被拒绝付款、不获付款是持票人行使追索权的最一般、最主要的原因。汇票到期未获付款的原因可以是多方面的，如持票人未履行原因债务、付款人资金不足、付款场所不存在等。但是无论得不到付款是出于何种原因，持票人的到期追索权并不会受到影响。持票人行使到期追索权，需要提交拒绝付款证明，到期追索的金额一般包括被拒绝付款的票据金额、票据金额自到期日开始至清偿期为止的利息以及行使追索权所支出的必要费用。

（二）最初追索权与再追索权

以行使追索权主体的不同为标准，可以把追索权分为最初追索权与再追索权。所谓最初追索权，指的是最后持票人在被拒绝付款或者被拒绝承兑，或者出现其他法定原因时行使的追索权。所谓再追索权又称作代位追索权，指的是被追索人清偿了票据金额、利息以及有关费用后，依据其取得的票据而向其前手继续进行追索的权利。再追索权人向其他汇票债务人请求支付的金额包括：1. 已经清偿的票据金；2. 自清偿日起至再追索清偿日止的票据金额利息；3. 发出再追索通知书的费用。同时，行使再追索权的被追索人获得清偿时，应当交出汇票和有关拒绝证明，并出具收到利息和费用的收据。

三、追索权行使的要件

追索权行使的要件可以分为实质要件和形式要件。行使追索权的法定原因是追索权的实质要件，而追索权行使的程序是追索权的形式要件。

（一）实质要件

追索权的实质要件，指的是确定持票人的追索权已经发生、能够进行追索的客观事实。以持票人在汇票到期前还是到期后行使追索权为标准，汇票追索权的实质要件可以分为到期追索和期前追索。

1. 到期追索。到期追索是指，在票据已届付款日期，持票人向付款人请求付款而遭拒绝或不获付款时而行使的追索权。也就是说，合法持票人在汇票到期日后行使追索权的唯一原因是汇票到期被拒绝付款。票据在到期日被拒绝

① 参见《最高人民法院关于审理票据纠纷案件若干问题的规定》第4条。

付款、不获付款是持票人行使追索权的最一般、最主要的原因。根据我国《票据法》第 61 条规定，汇票到期被拒绝付款的，持票人可以对背书人、出票人以及汇票的其他债务人行使追索权。①

2. 期前追索。期前追索是指，在汇票上所载的到期日到来之前，因发生到期付款的可能性显著减少的情况，而得以进行追索的权利。一般来说，在汇票到期日以前，持票人是不得行使追索权的。但是当汇票发生票据法所规定的清偿不能或者资信不佳以致影响了汇票到期日后的付款，则持票人可以在法定情形下行使期前追索权。我国《票据法》第 61 条第 2 款规定，汇票到期日前，有下列情形之一的，持票人也可以行使追索权：（1）汇票被拒绝承兑的；（2）承兑人或者付款人死亡、逃匿的；（3）承兑人或者付款人被依法宣告破产的或者因违法被责令终止业务活动的。②

（二）形式要件

所谓汇票追索权的形式要件，指的是行使追索权所必须遵循的程序和必须履行的法定手续。根据我国《票据法》的规定，汇票追索权的形式要件可以分为以下 5 个部分。

1. 票据提示

票据提示是指，持票人向票据义务人或者关系人出示票据，请求对方为一定的行为。在我国《票据法》中，提示分为两种：提示承兑、提示付款。持票人要行使追索权，首先必须向付款人提示票据，请求其承兑或者付款。提示票据既是行使票据权利的方式，也是保全票据权利的方式。票据是完全有价证券，票据权利人在行使票据权利时，必须向票据债务人出示票据，否则不发生票据权利行使的效果。当票据权利人在法定的时间内为票据提示而遭到拒绝时，即可以行使对其前手的追索权。如果票据权利人在法定的时间内未向票据债务人提示票据，就会丧失对其前手的追索权。

2. 作成拒绝证书

所谓拒绝证书，指的是用来证明持票人已经按照票据法的规定，作了票据权利行使和保全行为，但是无法获得付款或者承兑的法定文书。作成拒绝证书是保全追索权手续的一项重要程序，也是持票人行使追索权的一个重要步骤。按照票据法的规定，持票人提示票据，请求承兑或者付款被拒绝后，在行使追

① 参见我国《票据法》第 61 条第 1 款。

② 参见我国《票据法》第 61 条第 2 款。

索权之前，应当对被拒绝的事实负担举证责任，而作成拒绝证书则为履行举证责任的法定证明方法。①

我国《票据法》第62条规定，持票人行使追索权时，应当提供被拒绝承兑或者被拒绝付款的有关证明。持票人提示承兑或者提示付款被拒绝的，承兑人或者付款人必须出具拒绝证书，或者出具退票理由书。未出具拒绝证书或者退票理由书的，应当承担由此产生的民事责任。为使持票人能够确实获得拒绝证书，票据法将拒绝证书作成义务人规定为承兑人或者付款人。也就是说，如果承兑人或者付款人违反作成拒绝证书义务时，其应当承担由此而产生的民事责任。一般来说，拒绝证书需要记载下列事项：拒绝人与被拒绝人的名称；汇票的内容；提示日期；拒绝事由或者无从提示的原因；作成日期；做成人签章等。对于无法作成拒绝证书的，我国《票据法》也有规定。《票据法》63条规定了持票人因承兑人或者付款人死亡、逃匿或者其他原因，不能取得拒绝证书的，可以依法取得其他有关证明。这里的其他有关证明包括：（1）医院或者有关单位出具的承兑人、付款人死亡的证明；（2）司法机关出具的承兑人、付款人死亡逃匿的证明；（3）公证机关出具的具有拒绝证明效力的文书。此外，我国《票据法》第64条还规定了法院司法文书、行政处罚决定具有拒绝证明的效力。承兑人或者付款人被人民法院依法宣告破产的，人民法院的有关司法文书具有拒绝证明的效力。承兑人或者付款人因违法被责令终止业务活动的，有关行政主管部门的处罚决定具有拒绝证明的效力。

3. 拒绝事由的通知

所谓拒绝事由的通知，指的是持票人将自己进行票据提示并被拒绝承兑或者拒绝付款的事告知被追索人。之所以要将拒绝事由告知被追索人，是为了维护票据交易安全，给予被追索人充足的时间来准备偿付或者调查票据的抗辩是否合理有效。我国《票据法》第66条规定，持票人应当自收到被拒绝承兑或者被拒绝付款的有关证明之日起三日内，将被拒绝事由书面通知其前手；其前手应当自收到通知之日起三日内书面通知其再前手。持票人也可以同时向各汇票债务人发出书面通知。持票人所作的通知书应当采取书面的形式，并记载汇票的主要记载事项，并说明该汇票已经被退票。如果持票人没有在法律规定的期限内作出通知，那么持票人仍可以行使追索权，但是因延迟通知给前手或者出票人造成损失的，由没有按照规定期限通知的汇票当事人承担对该损失的赔

① 汪世虎著：《票据法律制度比较研究》，法律出版社2003年版，第243页。

偿责任，赔偿的最高金额以汇票金额为限。关于书面通知是否逾期的判断标准，通常以持票人或者其前手发出通知书的日期为准。如果通知书是以信函形式，则以信函投寄邮戳记载的日期为标准。

4. 确定被追索人

在作出拒绝事由的通知之后就需要确定被追索人。汇票中的被追索人，是指票据的债务人，具体包括：出票人、背书人、承兑人、保证人等。由于汇票中的被追索人对持票人承担连带责任，所以持票人可以不按照汇票债务人的先后顺序，对其中任何一人、数人或者全体被追索人行使追索权。我国《票据法》第68条第3款规定："持票人对汇票债务人中的一人或者数人已经进行追索的，对其他汇票债务人仍可以行使追索权。被追索人清偿债务后，与持票人享有同一权利。"也就是说，就追索方式而言，权利人可以同时向一人或者多人行使追索权，已经开始的追索权不影响向另一主体再行使追索权。需要注意的是，虽然持票人可以任意选择汇票债务人进行追索，但是我国《票据法》第69条规定："持票人为出票人的，对其前手无追索权。持票人为背书人的，对其后手无追索权。"也就是说，持票人和出票人归于一人的时候，对前手不得行使追索权；持票人和背书人归于一人的时候，对其后手不得行使追索权。这样规定的原因是为了避免循环追索。

5. 追索权人受领追索金额并交还票据及拒绝证书

所谓追索金额，指的是汇票权利人行使追索权而请求被追索人支付的金额。持票人行使追索权请求被追索人支付的金额一般包括三部分：票据金额、利息以及追索费用。如果发生再追索，则请求支付的金额称为再追索金额。我国《票据法》第70条第1款规定："持票人行使追索权，可以请求被追索人支付下列金额和费用：（一）被拒绝付款的汇票金额；（二）汇票金额自到期日或者提示付款日起至清偿日止，按照中国人民银行规定的利率计算的利息；（三）取得有关拒绝证明和发出通知书的费用。"需要说明的是：（1）拒付金额的同期利息的期间是从拒付金额到期日到追索日，而费用只包括取得拒付证明和发出通知书的费用。（2）中国人民银行规定的利率，是指中国人民银行规定的企业同期流动资金贷款利率。我国《票据法》还规定了再追索金额。根据《票据法》第71条规定，若被追索人清偿了票据金额，则其可以向其他汇票债务人行使再追索权。请求支付的金额和费用包括以下三项：①已经清偿的全部金额；②已清偿全部金额的自清偿之日起至再追索清偿日为止的利息；③发出通知书的费用。也就是说，再追索权的追索金额的基数是追索权行使所获得的全部金额，包括票据金额以及利息和费用。利息的计算是清偿日到再追索权实现之日。被追索人清偿全部债务后，其票据责任得到解除。

追索权人领受追索金额后，应当将汇票以及拒绝证书交付给被追索人，并出具所收到的利息和费用的收据。法律之所以这样规定，是因为汇票是文义证券，即证券上的权利义务仅依证券上记载的文义而确定的证券。被追索人清偿追索金额后如果要行使再追索权，则其必须持有汇票和相关拒绝证书及文件。我国《票据法》第71条第2款规定："行使再追索权的被追索人获得清偿时，应当交出汇票和有关拒绝证明，并出具所收到利息和费用的收据。"

追索人受领追索金额并将汇票、拒绝证书等相关文件交付被追索人后，对追索人而言，追索程序即告终结。

第九节 复本和誊本

一、汇票的复本

（一）复本的概述

所谓汇票的复本，指的是汇票出票人就同一汇票关系所签发的，以供在异地承兑或付款的数份内容完全相同的汇票。汇票的复本具有以下一些特点：1. 汇票复本只能由出票人制作，同一汇票复本之间内容相同，其效力也完全相同，但是复本必须标明"复本"字样并编号，否则将被视为数份独立的汇票。2. 汇票复本虽有数份，但只表示一个票据关系，就其中一份所为的票据行为，其效力当然及于其他几份。例如，付款人或承兑人就其中一份付款后，其他复本即会失效。3. 如果汇票复本一旦分开，每份均可独立发挥效力。4. 汇票复本制度为汇票专有的制度，签发汇票复本的作用是预防寄送异地时遗失，并可助长汇票流通。

由于现代交通和通信手段的日益发展和便捷，特别是电子票据制度的广泛运用，传统意义上的纸质汇票复本的实用意义已经逐渐降低。同时，汇票复本制度在一定程度上会使票据关系复杂化，所以我国《票据法》没有规定汇票复本制度。但是，《日内瓦统一汇票本票法》和其他国家和地区的票据法都有相应的规定，所以汇票的复本制度主要以《日内瓦统一汇票本票法》为依据。

（二）复本的发行

1. 复本发行人与发行请求人。对于汇票复本而言，其发行人只能是汇票的出票人，但是持票人可以请求出票人签发复本。持票人请求出票人签发复本时，应当向其直接前手背书人请求签发复本，而前手背书人也负有义务协助请求人依次向其背书人提出请求，直到出票人为止。《日内瓦统一汇票本票法》第3款规定："背书人有义务在成套新开立的各章汇票上再为同样的背书。"也就是说，在复本的交换过程中，背书人有义务在各份复本上作出与原背书同样的背书，以保持各复本在形式上具有同一性。

2. 复本发行的份数。对于签发的份数而言，《日内瓦统一汇票本票法》第64条规定，汇票可以开立两张或者两张以上的复本。

3. 复本发行的费用。对于发行的费用而言，如果是出票人主动发行复本，则由其自己负担费用；如果是由其他持票人请求发行复本时，则由请求人负担相关费用。

(三) 复本的效力

1. 复本承兑的效力。对于汇票复本的承兑而言，持票人只需提示数份复本中的一份即发生承兑的效力。由于复本具有"一体性"，所以即使承兑人对全部复本都进行了承兑，该付款人也仅负有一个付款责任。

2. 复本付款的效力。对于汇票复本的付款而言，《日内瓦统一汇票本票法》第65条第1款规定："就成套汇票中的一张汇票付款，即解除责任，即使汇票上并无对一张付款而使其他各章失效的规定。但受票人对未收回而已承兑的各张汇票仍应负责。"也就是说，持票人在请求付款时，只要提示数份复本中的一本，则汇票关系自然归于消灭，其他复本即失去效力。但是，付款人负有收回已经承兑的其他各张汇票的义务，否则付款人对于已经承兑但未收回的复本仍然承担付款责任。

3. 复本转让的效力。对于汇票复本的转让而言，《日内瓦统一汇票本票法》第65条第2款规定："背书人将成套的各张汇票转让与不同的人时，该背书人及其后手背书人对未收回的载有彼等签名的各张汇票均应负责。"也就是说，背书人将各复本背书转让与同一人时，以一并转让与同一个人为原则。如果背书人将复本转让与不同的人，则该背书人需要对经过其背书而未收回的复本承当相应责任。

二、汇票的誊本

(一) 誊本的概念

所谓誊本，指的是汇票持票人依照汇票所作成的誊写本。汇票的誊本不是汇票，不能用来提示承兑或者付款，其主要是以背书或保证为目的来促进票据的流通。同汇票的复本一样，我国《票据法》没有规定誊本制度，所以汇票的誊本制度主要以《日内瓦统一汇票本票法》为依据。

（二）誊本的作成

1. 誊本的作成。《日内瓦统一汇票本票法》第 67 条第 1 款规定："每一汇票持票人有权作成该汇票的誊本。"也就是说，誊本只能由持票人制作，不同于汇票复本只能由出票人作成。

2. 誊本的记载事项。汇票誊本所记载的内容需要与正本相同，并表明"誊本"字样。誊本需要记载正本上的背书和所有其他事项，并注明正本票据人的姓名、住所以及原本接收人。

（三）誊本的效力

1. 誊本背书及保证的效力。由于誊本以背书及保证为目的，促进票据的流通，所以《日内瓦统一汇票本票法》第 67 条第 3 款规定："誊本得与正本同样方式背书和以'担保付款'保证之，其效力亦同。"也就是说，持票人在誊本上所进行的背书和保证行为，与在原本上进行背书和保证具有相同的效力。

2. 誊本追索权的效力。由于誊本本身不是汇票，所以不能以誊本提示承兑、提示付款或者行使追索权。但是，在例外情形下，法律允许持票人以誊本向其前手进行追索。《日内瓦统一汇票本票法》第 68 条第 2 款规定："如该人拒绝交出，持票人在拒绝证书作成并载明正本经其要求未获归还前，不得对在誊本上背书或以'担任付款'保证的人行使追索权。"也就是说，当持票人提示承兑或提示付款后，原本接收人拒绝将汇票原本交还于持票人时，持票人可以持汇票誊本向其前手行使追索权，其前手不得拒绝。

参考习题

1. 甲公司在交易中取得汇票一张，金额 10 万元，汇票签发人为乙公司，甲公司在承兑时被拒绝。其后，甲公司在一次交易中需支付丙公司 10 万元货款，于是甲公司将该汇票背书转让给丙公司，丙公司承兑时亦被拒绝。下列哪一选项是正确的？（　　）(2008 年司考卷三第 28 题)

A. 丙公司有权要求甲公司给付汇票上的金额

B. 丙公司有权要求甲公司返还交易中的对价

C. 丙公司有权向乙公司行使追索权要求其给付汇票上的金额

D. 丙公司应当请求甲公司承担侵权赔偿责任

2. 甲公司于 2004 年 4 月 6 日签发一张汇票给乙公司，到期日为 2004 年 7 月 6 日。乙公司于 2004 年 5 月 6 日向付款人提示承兑，被拒绝。乙公司遂将

该汇票背书转让给丙公司。乙公司在此汇票上的背书属于什么性质？（　　）（2004 年司考卷三第 24 题）

A. 回头背书

B. 限制背书

C. 期后背书

D. 附条件背书

3. 甲、乙签订一份购销合同。甲以由银行承兑的汇票付款，在汇票的背书栏记载有“若乙不按期履行交货义务，则不享有票据权利”，乙又将此汇票背书转让给丙。下列对该票据有关问题的表述哪些是正确的？（　　）（2005 年司考卷三第 66 题）

A. 该票据的背书行为为附条件背书，效力待定

B. 乙在未履行交货义务时，不得主张票据权利

C. 无论乙是否履行交货义务，票据背书转让后，丙取得票据权利

D. 背书上所附条件不产生汇票上效力，乙无论交货与否均享有票据权利

4. 下列选项正确的是：（　　）

A. 甲售货给乙，甲可签发汇票，自己为出票人，又以自己为收款人，以乙为付款人

B. 甲在北京汇款给南京的乙，可以将款交付工商银行北京分行，由该行签发汇票，以南京分行为付款人，以乙为收款人

C. 甲对乙公司享有金钱债权，甲向乙公司的某分公司购货，可以签发汇票，自己为出票人，以乙公司为付款人，以乙公司分公司为收款人

D. 甲向乙购货，可签发汇票，记载于发票日后 2 个月付款

5. 下列说法中正确的是（　　）

A. 票据有当然的背书性

B. 出票人甲在汇票上载明“不得转让”时，收款人乙背书转让给丁，丁向付款人丙请求付款，丙可以背书无效为由拒绝付款

C. 甲签发己付汇票给乙，乙背书转让给丙时应当通知甲，否则，甲可以不同意乙转让汇票为由拒绝向丙付款

D. 收款人甲将汇票背书转让于乙，乙将之背书转让于丙，并附记不得转让文句，丙再转让于丁，丁再转让于戊，戊遭拒付时，戊、丁不能对乙行使追索权

6. 甲发出汇票给乙，乙背书转让给丙，丙背书转让给丁，丁又背书转让给甲，则（　　）

A. 此时票据债权消灭，因债权人与债务人发生混同

B. 甲仍可依背书将票据转让给戊

C. 甲背书转让给戊，戊遭拒付向甲追索，甲清偿后不得再向其前手乙、丙、丁等追索

D. 汇票到期之后，甲再以背书转让给戊，此时戊不享有票据权利

7. 汇票持票人甲公司在汇票到期后即请求承兑人乙公司付款，乙公司明知该汇票的出票人丙公司已被法院宣告破产仍予以付款。下列哪一项表述是错误的？（2006 年司考卷三第 23 题）

A. 乙公司付款后可以向丙公司行使追索权

B. 乙公司可以要求甲公司退回所付款项

C. 乙公司付款后可以向出票人丙公司的破产清算组申报破产债权

D. 在持票人请求付款时乙公司不能以丙公司被宣告破产为由而抗辩

8. 甲公司在与乙公司交易中获汇票一张，出票人为丙公司，承兑人为丁公司，付款人为戊公司，汇票到期日为 2003 年 11 月 30 日。当下列哪些情况发生时，甲公司可以在汇票到期日前行使追索权？（　　）（2004 年司考卷三第 65 题）

A. 乙公司申请注销法人资格

B. 丙公司被宣告破产

C. 丁公司被吊销营业执照

D. 戊公司因违法被责令终止业务活动

【案例选读】

案例一：

1996 年 1 月 22 日，原告 S 公司根据与案外人 L 公司和 H 公司签订的代理进口摩托车发动机协议，对外开立了信用证。为此，H 公司按照约定签发了金额分别为 450 万元和 650 万元，到期日分别为同年 11 月 16 日、12 月 16 日，收款人均为 S 公司的两张银行承兑汇票，均为被告郊区农行承兑。

这两张银行承兑汇票，被 H 公司在交付给原告 S 公司前遗失。H 公司曾于 1996 年 8 月 2 日在《南方日报》登报声明汇票作废，又于同年 9 月 2 日向无锡市郊区人民法院申请公示催告。无锡市郊区人民法院于当天通知被告郊区农行停止支付。在法律规定的公示催告期届满时，H 公司未向无锡市郊区人民

法院申请除权判决。H公司后来交付给原告S公司的，是遗失的银行承兑汇票第一联（此联由承兑行支付票款时作借方凭证）复印件和被告郊区农行于1996年8月28日出具的说明函。在银行承兑汇票第一联复印件上的汇票签发人签章栏内，加盖了郊区农行的汇票专用章，但是没有H公司的签章。郊区农行说明函的内容是：由于银行承兑汇票被出票人遗失，出票人已登报声明作废，因此同意在遗失汇票的底联复印件上加盖本行汇票专用章，作为收款人向本行收款的有效依据；汇票到期后，收款人必须派员凭此复印件结算票面款项。S公司按复印件记载的日期，在到期后持上述遗失汇票第一联的复印件向郊区农行提示付款时，遭到郊区农行拒付，因此提起诉讼。

（本案例选自江苏省高级人民法院判决书，［1998］苏经终字第372号）

思考：

1. H公司是否完成出票行为？
2. S公司是否享有票据权利？
3. H公司的债权怎样得到保护？
4. 你对本案有何看法？

案例二：

1995年12月5日，被告甲公司根据其与被告乙公司订立的购销摩托车合同，向被告CZ市工行南办申请办理银行承兑汇票。被告CZ市工行南办经审核，于同日与被告甲公司订立《银行承兑协议》，该协议载明的汇票金额为85.6万元。同年12月8日，被告甲公司签发了编号为IXIV07065001号的银行承兑汇票一张。该汇票表明了“银行承兑汇票”的字样，且载明：承兑申请人甲总公司；收款人乙摩托车股份有限公司；汇票金额85.6万元；汇票到期日1996年5月30日。但该汇票上“承兑协议编号”及“交易合同号码”等栏均未填写。被告CZ市工行南办经对汇票进行审核，在该汇票上加盖了“汇票专用章”并用压数机压印了汇票金额，尔后将该汇票连同解讫通知一并交给被告甲公司。1996年3月11日，被告乙公司因其从日本进口摩托车零部件需委托原告丙公司对外开立信用证，便以人民币481.1万元的银行承兑汇票为开证抵押并兼为首期支付给原告丙公司的货款，双方为此订立《协议书》。签约后，被告乙公司将被告甲公司签发并经被告CZ市工行南办承兑的IX-IV07065001号银行承兑汇票背书转让给原告丙公司。被告乙公司和原告丙公司分别在该汇票背面的“背书”及“被背书人”栏中加盖了各自财务专用章和法定代表人印章。同年6月6日，原告丙公司通过其开户银行向被告CZ市工行南办提示付款。同年6月10日，转汇行中国工商银行海口市分行向被告CZ市工行南办电报查询IXIV07065001号银行承兑汇票的真实性并得到被告CZ市工行南办的确认。同日，原告丙公司的开户银行海南省国际信托投资公司以IXIV07065001号银行承兑汇票上无协议编号，不能入账为由，在汇票上注明“无协议编号”后，将IXIV07065001号银行承兑汇票退回原告丙公司。原告丙公司遂将汇票交被告乙公司办理补填协议编号手续。同年6月14日，被告乙公司将IXIV07065001号银行承兑汇票交给被告甲公司。同日，被告甲公司以汇票未用为由，向被告CZ市工行南办申请办理退票手续并将IXIV07065001号银行承兑汇票交给被告CZ市工行南办。被告CZ市工行南办在IXIV07065001号银行承兑汇票上加盖“未用退回”印章后，注销了该汇票，并于当日将票款85.6万元退还给被告甲公司。原告丙公司因索款未果，遂诉至法院。

（本案例选自海南省海口市中级人民法院［1996］海中法经初字第224号）

思考：

1. 本案三被告应该如何承担责任？
2. 你对本案有何看法？

案例三：

1997年5月，某洗煤厂业务员张某请求被告中国建设银行某区支行所属陶庄办事处副主任渠某为其提供贷款担保，并许诺给予好处费。5月28日，渠某在没有收到任何款项的情况下，签发了编号为VIV00316605的银行汇票（下称5号汇票），次日收到洗煤厂的法定代表人刘某和业务员张某出具的借条一张，内容为：借建行某区支行陶庄办事处汇票一张75万元，借款人刘某、张某，并加盖洗煤厂财务专章。该银行汇票记载的出票单位为陶庄办事处，收款人为洗煤厂，金额为75万元。同日，洗煤厂与原告该市城郊信用社签订一份质押借款合同，约定：洗煤厂向城郊信用社借款75万元，期限1个月，质物为“汇票”。合同签订后，洗煤厂向城郊信用社交付5号汇票和一份《权利质物质押声明书》，其上加盖了汇票签发行陶庄办事处和汇票收款人洗煤厂的印章，载明的主要内容为洗煤厂以其所有的5号汇票作为向城郊信用社借款的权利质押凭证，城郊信用社据此向洗煤厂发放贷款75万元。同年6月26日，借款期限即将届满时，渠某担心如果洗煤厂不能按期归还，城郊信用社一旦行使质权，将暴露其非法出具银行汇票的事实，于是在没有收到任何款项的情况下，又签发了编号为VIV00316608的银行汇票（以下简称8号汇票）。洗煤厂持8号汇票向城郊信用社换回了5号汇票，同时交付城郊信用社一份注明权利质押凭证为8号汇票的《权利质物质押声明书》。8号汇票记载的出票单位亦为陶庄办事处，收款人为洗煤厂，金额为75万元，出票日期为1997年6月26日。该汇票的背书人栏内加盖了洗煤厂的财务专章及法定代表人刘某的印章，但被背书人栏内空白。该汇票的“持票人向银行提示付款签章”处加盖了“洗煤厂财务专章”和法定代表人“刘某”印章，并书写有“委托城郊信用社收款”。洗煤厂在借款到期后未能偿还借款，城郊信用社于1997年7月17日将8号汇票提交该市人民银行，通过票据交换系统向建行某区支行收取75万元票款。建行某区支行见票后，通知陶庄办事处办理解付，原陶庄办事处副主任渠某收到汇票后，携票潜逃，建行某区支行遂向检察机关报案，并拒绝向城郊信用社支付票款。渠某潜逃三天后，将该汇票寄回建行某区支行处，建行某区支行将该汇票退回城郊信用社，但仍拒付票款。在本案的审理过程中，建行某区支行向城郊信用社出具退票理由书，明确退票理由：一是洗煤厂恶意取得票据，二是该票据实际结算金额没有套写。

（本案例选自山东省高级人民法院判决书，2002-06-18）

思考：请用本章的知识，谈谈你对本案的看法。

案例四：

1995年11月30日，德国某金属处理有限公司供给中国西南公司一批旧钢轨，开出一张远期商业汇票。该汇票金额为1951115.18美元，有效期至见票后90天，付款人为西南公司，收款人为“我们自己指示的指示人”。后德国金属公司以空白背书的形式将该汇票转让给德国BHF银行。德国BHF银行取得该汇票后，作出内容为“请付给指示人为东亚银行托收数额的款项”的背书，委托东亚银行收款，并将该汇票邮寄给东亚银行。1995年12月6日东亚银行收到该汇票，第二天持该汇票向西南公司提示承兑，并在该汇票左侧上端加盖了托收印章，内容是“款付给东亚银行ZH分行，承兑日期：1995年12月8日。有效期：1996年3月7日”。1995年12月8日，西南公司在以上托收印章处加盖了该公司公章并签收了东亚银行的提示承兑回单。1995年12月11日，东亚银行将上述票汇项下的全部单证交付给西南公司。1996年12月11日，西南公司出函给东亚银行，提出该公司原已预付德国金属公司定金75000美元，故要求修改上述承兑汇票的承兑金额为1876115.18美元，请东亚银行向出票人转达该公司要求，据此，东亚银行随将西南公司的上述要求转交了德国BHF银行，并将上述承兑汇票退回给德国BHF银行。

1996年2月7日，德国金属公司重新开出一张金额为1892975.65美元的汇票，有效期至1996年5月7日，付款人为西南公司，收款人为“我们自己指示的指示人”。后德国金属公司以空白背书的形式将该汇票转让给德国BHF银行。德国BHF银行取得该汇票后，作出内容为“请付给指示人为东亚银行托收数额的款项”的背书，委托东亚银行收款，并将该汇票邮寄给东亚银行。东亚银行收到该汇票后，将该汇票编号为1105N000055。随后，东亚银行持该汇票向西南公司提示承兑，并在该汇票左侧上端加盖了托收印章，内容是“款付给东亚银行ZH分行。承兑日期：1996年2月15日。有效期：1996年5月7日”。在托收印章的下方，东亚银行加盖了一个签字印章。西南公司签收提示回单并在汇票托收印章印戳处加盖了其公司印章，但没有其法定代表人或其授权的代理人签章。东亚银行亦无在该汇票上记载表明“保证”的字样。一、二审期间，东亚银行称加盖其签字印章是应德国BHF银行的要求为该汇票作出保证。

在该汇票有效期届满前，东亚银行以书面形式向西南公司提示付款。西南公司于1996年5月6日书面答复东亚银行称，西南公司承兑的1105N000055汇票，因出票人提供的货物存在与合同要求严重不符的问题，拒绝承付该汇票项下的货款，并请东亚银行慎重处理该业务的货款支付问题。在汇票有效期届满之日及之后，东亚银行多次向西南公司发出付款指示通知书，但西南公司拒绝付款。

1996年5月13日，德国BHF银行以电传方式要求东亚银行基于汇票保证人身份支付该汇票款项及迟付利息。5月17日，东亚银行向德国BHF银行发出一份电传称，关于1105N000055号汇票，其已通过北方信托银行公司汇付了1884580.65美元到德国BHF银行的账户，该款已扣除了东亚银行的担保佣金、佣金、电传费、邮资等有关费用8395.15美元。其后，东亚银行再次向西南公司要求付款，但被拒付。1996年6月，东亚银行向一审法院提起诉讼，请求判令西南公司立即支付汇票金额1892975.65美元及相应利息。一审期间，东亚银行向一审法院提供了一份德国BHF银行于1996年7月29日发给东亚银行的一份证明书的传真复印件，内容是：由德国金属公司出具的汇票已由付款人西南公司承兑并经东亚银行保证，该汇票：金额为1892975.65美元，已由德国BHF银行贴现并在1996年2月28日已付给收款人德国金属公司。二审期间，东亚银行向法院提供了一份由德国BHF银行1997年1月6日出具的证明书，该证明书经中华人民共和国驻德意志联邦共和国大使馆领事部的认证。该证明书的内容是：“德国BHF银行于1996年5月17日收到东亚银行

ZH分行（汇票的保证人）1884580.65美元（已扣除手续费及其他费用）"；"BHF银行特此把其银行对西南公司的一切权利转让给东亚银行"；"BHF银行确认已付款给开票人，并且开票人已把所有索款权利转让给BHF银行。据此，BHF银行在收到东亚银行的付款凭证后即将这些索款权全部转让给东亚银行"。

ZH市中级人民法院一审审理，本案为涉外票据纠纷，本案所涉的由东亚银行编号为1105N000055的汇票合法有效。西南公司是在明确表示愿意承兑，并明白东亚银行所提示承兑内容的情况下，作出承兑行为的，且在本案审理过程中，西南公司并不否认其有作出承兑的意思表示。故其承兑时虽无法定代表人或其授权的代理人的签章，仍应确认该承兑行为有效。东亚银行在汇票的左侧下方加盖其签字印章，为该汇票提供保证。但无记载表明"保证"的字样，不符合汇票保证的法定形式要件，依法应确认该项保证无效。故东亚银行以汇票保证人身份要求西南公司支付汇票款项，法院不予支持。从德国BHF银行的背书内容看，该项背书为委托收款背书，东亚银行据此可以委托收款人身份向西南公司行使相关的票据权利，但东亚银行在无委托人特别授权的情况下，其以诉讼方式来行使该项票据权利，缺乏法律依据，故其作为委托收款人身份要求西南公司支付汇票款项，法院亦不予支持。另从该汇票的背书的内容及其连续性，并不能反映东亚银行是汇票权利人性质的持票人。东亚银行称其已向德国BHF银行支付了汇票对价，从而以法定的其他合法方式而成为汇票权利人。但东亚银行付款给德国BHF银行，是基于无效的汇票保证而以保证人身份付款的，该付款行为不具有票据法意义上的法律后果，同时德国BHF银行于1996年7月29日出具的证明书，其内容仅称德国BHF银行已为该汇票贴现，并无明确该汇票权利已转让给东亚银行。故不能认定东亚银行是以"其他合法"方式而成为汇票权利人性质的持票人。东亚银行以该种持票人身份诉请西南公司付款，法院亦不予支持。综上，东亚银行提出的诉讼请求，缺乏法律依据，应予驳回。依照《中华人民共和国票据法》第31条第1款、第46条、第99条的规定，判决：驳回东亚银行的诉讼请求。

（案例选自人大与议会网 http：//www. e-cpcs. org）

思考：试分析该案例中的票据承兑关系。

案例五：

1996年2月14日，被告上海甲公司签发了一张收款人系上海乙皮件厂，票面金额为20万元，汇票到期日为1996年5月30日的商业承兑汇票（号码为 ZXZV6468553)，同时该汇票经被告甲承兑，到期日无条件支付票款。上海乙皮件厂收到汇票后，于同年 3 月 8 日背书后交付原告上海丙公司丁皮革制品厂（简称丁皮革厂），原告丁皮革厂遂在背书人一栏中填写了自己的名称。同年 5 月 30 日原告丁皮革厂因出借钱款又将汇票背书转让给借款方上海某寄售站。同日，该寄售站持该汇票至银行提示付款。次日，因被告甲账户内存款不足银行拒付款而退票。为此，该寄售站将汇票退回原告丁皮革厂，原告丁皮革厂与该寄售站之间已不存在债权债务关系。为此，原告丁皮革厂遂向法院提起诉讼。

原告丁皮革厂诉称：请求法院判令被告偿付票据金额 20 万元，承担利息及诉讼费。

被告甲称：原告丁皮革厂取得汇票后已背书转让他人，且本案系争汇票的前后手之间均无直接债权债务关系。为此，原告丁皮革厂不具备持票人资格，无票据权利，要求驳回原告丁皮革厂之诉。

法院经审理认为：被告甲 1996 年 2 月 14 日签发的商业承兑汇票，记载完备、真实，并经其盖章承兑，属合法有效，被告甲应承担票据的付款义务，并在票据不获付款时承担票据的清偿责任，且不得以与持票人的前手之间无直接债权债务关系为由对抗持票人。原告丁皮革厂与其后手之间已不存在债权债务关系，其依法向被告甲使追索权，合理合法，应予支持。根据《中华人民共和国票据法》第 26 条、第 61 条之规定，于 1996 年 11 月 13 日作出判决：被告甲偿付原告丁皮革厂票载金额 20 万元及利息（利率按中国人民银行同期贷款利率，自 1996 年 5 月 30 日起计算至本判决生效之日止）。

（本案例选自天津经济开发区网 http：//www. teda. gov. cn)

思考：请试分析该案例中的汇票追索关系。

第九章　本　　票

【学习指导】

这一章详细讲述本票制度。本票在很多方面都准用汇票的相关规定，但也有自身的特点。通过本章的学习，要求了解本票的概念、特征及种类；熟悉本票的出票和见票，并在此基础上重点掌握本票与汇票的相似点和不同点，以及本票对汇票的准用方式。

第一节　本票概述

一、本票的概念

我国《票据法》第73条规定："本票是出票人签发的，承诺自己在见票时无条件支付确定的金额给收款人或者持票人的票据。"

关于本票的定义方式，各个国家和地区有不同的做法。一种是不给出明确的定义，如《日内瓦统一汇票本票法》以及大陆法系国家和地区的票据法都没有具体规定本票的概念。另一种是给出明确定义，如我国台湾地区"票据法"第3条规定："称本票者，为发票人签发一定之金额，于指定之到期日，由自己无条件支付与受款人或持票人之票据。"英国《票据法》第83条规定："本票是指一人对他人所做的无条件书面承诺，经发票人签名，承担即期或在一定时期或在未来的特定时期内，向特定的人或其指定的人，或向来人支付定额金钱的票据。"《美国统一商法典》第3-104条规定，符合流通证券的法定条件，如果是承诺而不是存款单的，属本票。这些对于本票的定义虽然在特点和种类上有所差别，但是都体现了本票的本质，即是由出票人作出的无条件支付的承诺。

二、本票的特点

本票作为一种独立的票据，其与汇票和支票相比，有着自身的特殊性。我国本票的特点表现在以下几个方面：

(1) 本票属于票据，当然具备票据共有的性质。即本票也属于金钱证券、设权证券、要式证券、文义证券、无因证券、提示证券等。这些性质是票据的本质特点，理解本票当然要首先从这些方面着手。

(2) 除了共有的属性，本票自身的特点也很明显。其中最明显的特点便是本票属于“自付证券”，即本票是出票人自己支付本票金额的票据。对于汇票和支票，其都属于“委托支付证券”，在票据关系当中，基本上都存在出票人、持票人以及付款人三方。付款人承担相应的付款责任，而出票人仅仅负担保承兑和担保付款的责任，持票人不得直接向出票人行使付款请求权。而对于本票来说，法律关系的当事人仅仅有出票人和持票人两方，出票人为当然的主债务人，承担支付持票人本票金额的责任。

(3) 本票没有承兑制度。本票的一大特点便是出票人承诺无条件支付票据金额，这样就在出票的当时确定了付款人的付款责任，因而就不需要再通过承兑来明确支付责任。

(4) 我国的本票不仅与其他种类的票据有差别，而且与其他国家的本票相比也有自身的特点。首先，对于本票，一般可分为银行本票和商业本票。而我国的本票仅仅限于银行本票，即出票人只能是银行，不承认商业本票。但多数国家对本票的出票人资格并无限制，不论是个人、企业或者银行都可以。其次，我国的本票是见票即付，不承认远期本票。这也与多数国家承认远期本票的规定不同。所以在我国的实践中，本票所体现的职能主要在支付手段方面，信用功能很弱。

三、本票的种类

(一) 即期本票与远期本票

以对付款日期记载的不同为标准，本票可以分为即期本票和远期本票。而远期本票又可以分为定期本票、计期本票以及注期本票。其中即期本票所体现的作用基本上只是种支付工具，而远期本票则还有信用功能。《日内瓦统一汇票本票法》、英国《票据法》和我国台湾地区“票据法”均承认即期本票和远期本票，而我国《票据法》第73条规定：“本票是出票人签发的，承诺自己在见票时无条件支付确定的金额给收款人或持票人的票据。”所以我国的本票只限于即期本票一种。其作用也当然被局限在支付手段上。

(二) 记名本票、指示本票、无记名本票

以付款人记载方式的不同为标准，本票可以分为记名本票、指示本票以及

无记名本票。各个国家和地区对这种分类都有不同的规定。其中英美国家对这三种本票都予以承认；我国台湾地区虽然也规定了这三种本票，但对无记名本票进行了限制，规定金额必须在500元以上，这是为了防止无记名本票这种作用相当于纸币的票据一旦大量小额发放所造成的金融混乱；《日内瓦统一汇票本票法》规定了记名本票和指示本票，并不承认无记名本票；而在我国只承认记名本票，我国《票据法》第75条规定了收款人名称是必须记载的事项，这样就否定了指示本票和无记名本票。

（三）国内本票与国外本票

按照票据行为地的不同可以将本票分为国内本票与国外本票。英美票据法按照签发和付款地是否都在国内为标准将本票分为国内本票和国外本票。凡是在国内签发并且付款的就是国内本票，否则便是国外本票。在我国票据法当中，本票被分为国内本票和涉外本票，《票据法》第94条第2款规定："前款所称涉外票据，是指出票、背书、承兑、保证、付款等行为中，既有发生在中华人民共和国境内又有发生在中华人民共和国境外的票据。"由此可见我国的本票也分为国内本票和国外（涉外）本票，对待不同的本票要适用不同的法律。

（四）银行本票与商业本票

根据出票人的不同，本票可以分为银行本票和商业本票。银行本票是由银行作为出票人签发的，由其无条件支付确定金额的本票；商业本票是由除银行以外的其他企业或个人作为出票人签发的本票。大多数国家和地区对这两者不做过多的区分，而我国却比较特殊。我国《票据法》第73条第2款规定："本法所称本票，是指银行本票。"所以我国本票单指银行本票，不承认商业本票。我国如此规定，有一定的原因。银行本票是以银行的信用作为担保的，银行的资金雄厚，可靠性大。而商业本票相比较而言要不确定得多，往往会由于出票人资金不足而导致支付不能实现，损害票据权利人的利益。

我国只规定了银行本票，并且将银行本票分为以下几种：

1. 定额银行本票与不定额银行本票

依照票面金额是否由有关机关事先印制于本票上面，银行本票可以分为定额银行本票和不定额银行本票。定额银行本票，其金额由本票的印制和发放机关事先印制在本票的正面，签发时不必再填写票据金额。《支付结算办法》规定了四种定额银行本票，面额分别有1000元、5000元、1万元以及5万元四种，由出票人自行选择需要的金额。不定额银行本票，其金额并未印制在票面，而是由出票人任意填写。

2. 转账银行本票与现金银行本票

以用于转账或现金支取为标准，可将银行本票分为转账银行本票和现金银行本票。用于转账的是转账银行本票，用于支付现金的为现金银行本票。在有关机关制定的银行本票的统一格式中，本票正面并列印有“转账”、“现金”字样。如果用于转账，应将“现金”字样画去；如果支取现金，则将“转账”字样画去。

四、本票与债券

本票是出票人承诺由自己付款的证券，所以出票人发出本票后是由自己承担债务。收款人或持票人作为债权人，有权利到期请求支付票面金额，而出票人为债务人，有义务到期支付票面金额。从这个意义上讲，本票本质上与政府债券、企业债券是一致的，且两者都具有流通性和要式性。

但是本票与债券也有明显的不同，表现在以下几个方面：首先，两者功能不同。债券的功能主要在融资；而本票则兼具交易性、融资性以及信用性功能，由于我国本票为付款提示期短的即期票据，所以不具有融资功能且信用功能也较弱。其次，发行条件不同。债券往往是筹集资金数额较大而且面向投资者多，所以法律规定的条件很严格；但本票发行相比较而言条件较宽松。再次，发行方式不同。债券发行往往是公开大量发行，投资者通常数量众多；而本票发行则是一对一的方式。最后，两者在具体记载事项、债权人权利、债务人义务等方面也不一样。

第二节　本票的出票

一、本票出票的概念

本票出票是出票人签发本票并将其交付给收款人的票据行为。① 从形式上讲，本票出票包括两部分，即作成票据和交付票据。在实践中，由于本票是统一印制的样式，所以做成票据只需在本票上填写内容并签章。从内容上看，本票的出票是出票人承诺见票时无条件支付的行为，其实质是确立了出票人的付款责任。这与汇票和支票中委托他人付款的规定不一样，是本票自身的特点。

① 董安生主编：《票据法》，中国人民大学出版社2000年版，第233页。

二、本票的记载事项

我国《票据法》规定了本票的绝对必要记载事项、相对必要记载事项、可记载事项以及不得记载事项。

(一) 绝对必要记载事项

《票据法》第75条规定:"本票必须记载下列事项:(一) 表明'本票'的字样;(二) 无条件支付的承诺;(三) 确定的金额;(四) 收款人名称;(五) 出票日期;(六) 出票人签章。本票上未记载前款规定事项之一的,本票无效。"

1. 表明"本票"字样。这一项是本票文句,意在表明该票据的本票性质。在具体表达上面,我国票据只限于银行本票,故在本票的正面上端居中处,以醒目的大字标明"银行本票"字样。在实践中,该字样已经印制在有关机关统一印制发放的本票当中。

2. 无条件支付的承诺。这项为支付文句。本票的最大特点在于出票人承诺自己无条件支付,不同于汇票与支票的"委托支付"。所以要在本票上标明无条件支付的意思,实践中只要有体现这个意思的文句即可,不必非要写明"无条件支付"。我国是统一文句"凭票即付"、"凭票付与"等字样。

3. 确定的金额。本票金额是必须记载的事项,不允许签发空白本票;金额必须明确,中文大写与阿拉伯数字也要同时记载并且一致,不一致的本票无效;当事人可以自行选择定额本票或是不定额本票。

4. 收款人名称。收款人名称是我国本票必须记载的事项。因为我国只承认银行本票,而且限定为见票即付。如果允许签发不记名本票,则其作用相当于现金,易引发信用膨胀,不利于金融管理和票据安全,所以必须写明收款人名称。

5. 出票日期。在我国本票为即期银行本票,付款提示日期从出票时开始算,所以出票日期是确定付款提示期限的关键;同时,出票日期也是确认票据权利时效期间的依据,所以出票日期必须记载。本票记载日期若与实际日期不符,则以本票上记载日期为准。

6. 出票人签章。《支付结算办法》第23条规定:"银行本票的出票人在票据上的签章,应为经中国人民银行批准使用的该银行本票专用章加其法定代表人或其授权经办人的签名或盖章。"

(二) 相对必要记载事项

我国《票据法》第76条规定:"本票上记载付款地、出票地等事项的,应当清楚、明确。本票上未记载付款地的，出票人的营业场所为付款地。本票上未记载出票地的，出票人的营业场所为出票地。”因此付款地和出票地是本票上两个相对必要记载事项。

1. 付款地，是出票人履行权利，持票人履行义务的主要场所；而且一旦发生票据纠纷也需要据此来确定法院管辖权，所以应予记载。未记载的用推定方式确定。

2. 出票地，出票地是出票人签发本票的地点。出票地的确定对于涉外关系的法律适用意义重大。同样应予记载，未记载的用推定方式确定。

（三）可记载事项

除了绝对必要记载事项和相对必要记载事项，法律还承认一些任意记载事项的效力。《票据法》在这方面规定得较少，《支付结算办法》第30条规定，出票人可以在票据上记载“不得转让”字样。这表明出票人可以记载，也可以不记载。但是一旦记载，出票人的直接后手如果再背书转让的，出票人对其直接后手的被背书人不再承担付款担保责任。

（四）不得记载事项。

本票上不得记载的事项有两种：

1. 记载事项导致该事项无效。《票据法》第80条第2款规定准用第24条关于汇票的规定：“汇票上可以记载本法规定事项以外的其他出票事项，但是该记载事项不具有汇票上的效力。”由此可见，在本票上记载这类型内容只会导致该记载事项不发生效力，而并不影响本票的效力。

2. 记载事项导致本票无效。这就是说记载一些违背本票性质的事项不仅仅致使该项无效，还会导致本票整体无效。这些事项包括免除义务记载、附条件付款的记载以及分期付款记载等。

（五）本票出票的相关具体规则

本票出票除须遵守记载事项规则和签章交付规则外，还必须遵守《票据法》、《支付结算办法》等法规规定的某些具体规则，主要包括以下方面：

1. 银行本票的出票人必须为经中国人民银行主管部门批准的办理银行本票业务的银行机构。

2. 出票人必须具有支付本票金额的可靠资金来源。

3. 本票出票必须使用中国人民银行统一规定印制的本票凭证，未使用该法定凭证出票的，其票据无效。

4. 填写本票，应按照《支付结算办法》和所付《正确填写票据和结算凭证的基本规定》记载，单位和银行的名称应当记载全称或者规范化的简称。

5. 本票的金额、出票或签发日期、收款人名称不得更改，更改的票据无效；本票上的其他记载事项，出票人可以更改，更改时应当由原记载人在更改处签章证明。

6. 本票金额以中文大写和阿拉伯数字同时记载，两者必须一致，两者不一致的票据无效。少数民族地区和外国驻华使、领馆根据实际需要，金额大写可以使用少数民族文字或外国文字记载。

7. 银行本票限于出票人向其票据交换区域内的收款人出票。向规定区域以外的收款人出票的，区域外的银行不予受理。

8. 申请人或付款人为单位的，银行不得为其签发现金银行本票。

三、本票出票的效力

本票出票以后即产生法律上的权利和义务，持票人享有本票上相应的权利，而出票人应履行本票上的义务。因此本票出票的效力体现在以下两个方面：

（一）对持票人的效力

本票也是票据的一种，持票人的权利自然也有付款请求权以及追索权。首先，在付款请求权方面，本票有自身的特点。因为本票是由出票人无条件支付票据金额，所以持票人可以直接向出票人请求履行付款责任，而无须承兑。与汇票和支票相比较，这种请求权更直接、更现实。其次，在追索权方面，本票关于追索权的规定准用汇票的相关规定，追索权行使的方式、行使条件以及行使效果都与汇票和支票大致相同。但是，由于我国的本票只为即期银行本票，所以本票的流通性不强，故追索权的行使往往不必要。

（二）对出票人的效力

我国《票据法》第 77 条规定：“本票的出票人在持票人提示见票时，必须承担付款的责任。”《支付结算办法》第 210 条第 3 款规定：“银行签发银行汇票、银行本票后，即承担该票据付款的责任。”所以在银行签发本票以后，其对持票人承担的是一种直接的、绝对的、最终的责任。具体表现为以下几个方面：

1. 本票出票人所负担的责任为本票上的主债务。持票人依票可以直接向出票人行使付款请求权，这与汇款、支票出票人承担的担保责任或第二债务不同，后者只是在票据付款人拒绝付款后才依法承担责任。

2. 本票出票人所负担的责任为绝对的责任。本票出票人的付款义务只因时效届满而消灭，在时效届满以前，其付款义务始终存在，持票人是否在付款提示期限内请求付款对其并无影响。

3. 本票出票人所负担的责任为最终的责任。在本票出票人依法付款后，全体本票债务人的债务均归解除，本票关系消灭。这与本票上的其他第二债务人（如背书人）之责任也有所不同，第二债务人在清偿了后手的追索后，并不完全消灭本票关系，他还可以向其前手再行追索。

第三节　本票的见票和付款

一、本票的见票

（一）见票的含义

见票是指见票后定期付款的本票的持票人，为确定到期日，向发票人提示票据，发票人在本票上记载见票字样并签名的行为。本票有定日付款、发票后定期付款、见票后定期付款与见票即付四种，其中只有见票后定期付款无法确定到期日。所以需要一种制度来确定到期日，于是便有“见票制度”，这一“见票”与汇款的“承兑”是不一样的。承兑除了有确定到期日的作用，还有为承兑人设立无条件付款义务的效力；而本票的“见票”主要是为了确定见票后定期付款本票的到期日，而付款义务早在出票时就已确定归于出票人履行。

然而我国《票据法》只承认即期本票，不承认见票后定期付款本票。在这种情况下，《票据法》第 73 条、第 77 条、第 79 条这三条中仍然规定了“见票”，似乎是与本票的见票制度不相符。但我们应该将这里的“见票”二字理解为持票人向出票人提示本票、请求付款。①

（二）见票的程序和效力

1. 见票的程序

见票程序分为以下三步：首先，见票后定期付款的本票持票人应向发票人提示票据，请求发票人见票。这一行为要在法律规定的期限内完成，否则便丧失对前手的追索权，但不影响对出票人的追索权。例如《日内瓦统一汇票本票法》第 78 条规定，持票人应在出票日起一年内提示见票。这里的“一年”便是提示见票的期间。其次，持票人提示见票，出票人在验看本票后，于本票上记载“见票”字样，并且标明日期和签章，这个日期便是确定到期日的起

① 刘心稳著：《票据法》，中国政法大学出版社 2008 年版，第 218 页。

算日期；如果发票人没有记载到期日的，应以所定提示见票期间的末日为见票日期。最后，在持票人签章后，应当把本票交还持票人，持票人可凭此票在到期日提示付款。

2. 见票的效力

首先，见票的目的就是为了确定见票后定期付款本票的到期日，因此一旦本票见票之后，就应该从见票日起开始计算规定期间来确定到期日。例如：出票日期为2009年10月1号，出票时记载“见票后2个月付款”，法定提示见票期限为1年。那么，持票人就要在规定的1年内，即2009年10月1日到2010年10月1日之间的某一日向出票人提示见票。确定见票日期后，假如见票日期是2010年1月1日，那么就要在见票后2个月内付款。即在2010年1月1日到2010年3月2日之间付款。如果出票人拒绝见票，持票人应于提示见票期限内请求作成“见票拒绝证书”，从证书作成日起计算到期日；如果既拒绝见票而持票人又未取得拒绝证书，应从提示见票期间末日起计算到期日。

其次，除了可以明确到期日，见票的效力还在于追索权的行使。如果出票人拒绝见票，持票人若在规定期间内要求作成“见票拒绝证书”，则持票人可直接凭此证书行使追索权；如果持票人未在规定期间内提示见票或者取得拒绝证书，则丧失对出票人以外的前手的追索权。

二、本票的付款

我国的本票为见票即付本票，所以不存在“见票”制度。《票据法》中所谓的本票“见票”实质上为一种提示付款的行为。本票的付款大致可准用汇票，但是其有一些自身的特殊之处：

（一）本票的付款人

本票的特点在于其是“自付证券”，即出票人要承担无条件支付的义务，不存在另行委托的付款人，也不存在承兑的问题，所以持票人可以直接凭票向出票人请求支付。由于我国只承认银行本票，所以付款人仅限于银行。

（二）付款提示期限

我国《票据法》第78条规定：“本票自出票日起，付款期限最长不得超过2个月。”《支付结算办法》第103条第1款规定：“银行本票的提示付款期限自出票日起最长不得超过2个月。”所以，持票人应从出票日起2个月内向出票人提示付款，否则便丧失对出票人以外的前手的追索权。

（三）付款提示的效力

付款提示作出以后，出票人如果同意付款，便会于提示日无条件足额付款；但如果出票人不愿意付款，则持票人便可以在规定时间内作出拒绝付款证明，行使追索权；即使持票人不按期提示或作出拒绝证明，也只丧失对前手的追索权，而不影响其行使对出票人的权利。我国《票据法》第 79 条规定："本票的持票人未按照规定期限提示见票的，丧失对出票人以外的前手的追索权。"

第四节 关于汇票规则的准用

一、本票准用汇票原因

汇票与本票是票据中两个重要的分类，对它们之间的关系要进行深入了解。从欧洲票据发票史看，本来是本票最先出现。后来在本票上附加了支付委托书，逐渐便形成汇票。① 慢慢随着异地贸易的发展，本票的局限性体现出来，因其一般只在出票人场所付款而导致交易不便，相比之下汇票要灵活得多。因此《日内瓦统一汇票本票法》将这两种票据并列在一起。汇票使用较多，故规定较完备详细，而本票则用简略的语言来归纳，与汇票相似处则直接准用。

在现实操作中，本票准用汇票规则，最主要由于汇票规定得详尽以及本票在很多方面确实与汇票相似；除此之外，应该还出于对法条的精简和高效的考虑。所以，本票对汇票的准用是有历史和现实操作原因的，是值得实行的。

二、立法模式

关于本票对汇票规则准用的立法模式，大致可以分为以下几种：列举式、概括式以及列举式与概括式相结合的方式。列举式是指在票据法中将本票适用汇票的事项一一列出；概括式是指在票据法中概括规定除本票有特殊规定以外均准用汇票规定。各国关于本票准用汇票的立法体例不尽相同。日内瓦大陆法系国家普遍采用列举式规定本票对汇票的准用。如《日内瓦统一汇票本票法》第 77 条规定："下列关于汇票之各项规定，凡不与本票之性质相抵触者，均于本票准用之……"这就用列举的方式规定了本票对于汇票规则的准用。英美法系国家则主要采取概括式的立法体系。例如英国《票据法》第 89 条规

① 刘心稳著：《票据法》，中国政法大学出版社 2008 年版，第 221 页。

定:“依本部分的规定,除本条外,立法中有关汇票的规定,加以必要修改后,均可适用于本票……”这是典型的概括式立法体例。

三、我国本票准用汇票的规定

我国采取列举式与概括式相结合的立法体例。《票据法》第80条规定:“本票的背书、保证、付款行为和追索权的行使,除本章规定外,适用本法第二章有关汇票的规定。本票的出票行为,除本章规定外,适用本法第24条关于汇票的规定。”可见,我国《票据法》对本票的准用主要采取概括式规定方式;对某些特殊问题采取专门规定的方式。概括式立法虽然有利于法规的精简,但是毕竟本票与汇票还是不同的,有自身的特点,所以需要对本票的一些特殊情况作出分析。

(一)本票的出票

本票的出票与汇票相比,明显具有自身的特点。所以我国《票据法》对本票的出票作了详细的规定。但是,除了自身规定外本票在出票方面仍然准用了汇票的一条规定:《票据法》第81条第2款规定本票准用第24条相关规定,即“汇票上可以记载本法规定事项以外的其他出票事项,但是该记载事项不具有汇票上的效力”。除此之外,关于出票的定义,也可以准用汇票相关规定。

(二)本票的背书

本票的背书因与汇票差异不大,所以基本上能适用汇票的相关规定。但也要注意两点不同:首先,《票据法》第29条第2款规定:“背书未记载日期的,视为在汇票到期日前背书。”由于我国本票为见票即付,故不能适用该条规定。其次,汇票中规定背书人要对本票未获承兑承担责任,而本票中没有承兑制度,所以背书人不承担此项责任。

(三)本票的保证

有关本票的保证,实质上也与汇票没有太大差异,但是仍有不适用于本票的规定。《票据法》第47条规定:“保证人在汇票或粘单上未记载前条第(3)项的,已承兑的汇票,承兑人为被保证人;未承兑的汇票,出票人为被保证人。”由于本票没有承兑制度,所以这条也不予准用。在实际上,本票的出票人是银行,信用度高且实力强,基本上没有保证的必要。所以本票的保证理论意义大于实践意义。

(四)本票的付款

本票的付款大致上也可以准用汇票的规定。但是《票据法》第77条关于付款人的规定以及第 78 条关于提示付款期限的规定与汇票不一样，不能准用，除此之外，第 58 条中关于汇票的期前付款规定也不适用于本票。

（五）本票的追索权

本票的追索权除下列的规定外也均准用汇票的规定：《票据法》第 61 条第 2 款中规定的有关“承兑”和“承兑人”的事项；关于付款人死亡、逃匿的规定。除此之外，汇票追索权中有关“承兑”的内容均不适用于本票。

第十章 支 票

【学习指导】

本章内容详细讲述支票制度。与本票一样，支票在许多方面也是准用汇票的相关规定。通过本章的学习，要掌握支票对汇票相关制度的准用规则；熟悉支票的出票、转让、背书、追索；了解支票与汇票、本票不同的制度。

第一节 支票概述

一、支票的概念与意义

我国《票据法》第81条规定："支票是出票人签发的，委托办理支票存款业务的银行或者其他金融机构在见票时无条件支付确定的金额给收款人或者持票人的票据。"其他国家和地区对于支票也有自己的表述。例如《日内瓦统一支票法》第3条和第4条规定："支票必须以持有发票人得以处分之资金之银行业者为付款人；支票不得有承兑，支票上有承兑者，视为无记载。"除此之外，英国《票据法》第73条和《美国统一商法典》第3节第104条规定："支票是以银行为付款人的即期付款的票据。"

支票虽然与汇票、本票一样属于票据的一种，但是后二者不仅作为一种支付工具，还体现了信用功能。而支票则只是代替现金作为支付工具，其产生也是经历了长期的演变。随着经济和商业的发展，人们需要大量存储和支付金钱，银行因此产生。但是个人和企业要利用银行就需要一种便利的支取金钱的工具。① 于是便有了支票。人们可以用支票，对事先存储在银行的金钱进行支取。这样不仅方便了交易，而且可以确保安全。

① 谢怀栻著：《票据法概论》（增订版），法律出版社2006年版，第246页。

二、支票的特点

支票作为一种独立的票据，与汇票、本票相比有着共同的属性以及自身的特殊性，具体体现在以下几个方面。

(1) 支票与汇票、本票都属于票据，因此也具有票据的共性。这些特性包括金钱证券、设权证券、要式证券、文义证券、无因证券、提示证券等。

(2) 支票与汇票一样是一种“委托证券”，本票是“自付证券”。支票不是由出票人自行支付，而是由出票人委托办理支票存款业务的银行或者其他金融机构代为支付。因此出票人除了在金融机构有存款以外，还需要与该机构签订有支付委托合同。

(3) 支票的付款人仅限于银行及其他金融机构。这点与本票不一样，本票是出票银行自行支付，银行是出票人，不是接受委托的付款人；其与汇票也不一样，虽然汇票也是委托证券，但汇票的付款人没有被限定。支票的付款人限于经批准办理支票业务的金融机构，包括银行机构、城市信用合作社、农村信用合作社及其他金融机构。

(4) 支票为见票即付的票据。票据分为即期票据和远期票据。而支票的作用主要体现在支付手段上，为了方便交易，多数国家都将支票规定为即期票据，我国也只承认即期支票。

(5) 支票无需承兑。支票是委托证券，出票人与跟自己有账户合作关系的金融机构签订委托支付合同，从而为该机构设定支付义务。因此，支票中的付款人是明确的，无须另行承兑。

(6) 支票可为空白授权出票。我国《票据法》第85条规定：“支票上的金额可以由出票人授权补记，未补记前的支票，不得使用。”第86条第1款规定：“支票上未记载收款人名称的，经出票人授权，可以补记。”空白支票的产生是基于现实需要，它方便了支票的使用。

(7) 支票的出票人和付款人之间需要有资金关系。这点与汇票和本票都有区别。汇票虽是委托证券，但不作资金关系的要求，而本票是出票人付款，所以更无资金关系可言。

(8) 支票付款提示期间短，主要体现支付功能。我国《票据法》第91条规定：“支票的持票人应当自出票日起10日内提示付款；异地使用的支票，其提示付款的期限由中国人民银行另行规定。”由此看来，支票的付款提示期间是很短的，这样就削弱了支票的信用功能，着重体现了支票的支付功能。

三、支票的种类

（一）记名支票和无记名支票

依照出票时是否记载收款人名称，可分为记名支票和无记名支票。支票上记载收款人名称的是记名支票；不记载收款人名称的是无记名支票。两者的区别在于支票的转让和付款方式不同。记名支票依背书而转让，而无记名支票可以直接依交付转让，推定支票的持票人为票据权利人。我国《票据法》承认这两种支票，并且第86条第1款规定："支票上未记载收款人名称的，经出票人授权，可以补记。"《支付结算办法》第119条规定："支票的金额、收款人名称，可以由出票人授权补记。未补记前不得背书转让和提示付款。"这就说明在我国，虽然出票和单纯交付时可以不记载收款人名称，但是如要背书转让和请求付款时就必须补记收款人名称。

（二）普通支票、现金支票、转账支票

依照支票支付方式的不同，可分为普通支票、现金支票以及转账支票。根据《票据法》第83条的规定，支票可以支取现金，也可以转账。支票中专门用于支取现金的，是现金支票，现金支票只能用于支取现金。现金支票上印有"现金"字样，持票人可凭此票请求支取现金。支票中专门用于转账的，是转账支票，转账支票只能用于转账。转账支票上印有"转账"字样，持票人可凭票请求转账。普通支票是既可支取现金，又可转账的支票。票面上没有印制具体付款方式，而是根据出票人的出票记载来确定。

（三）即期支票和远期支票

以支票上记载的出票日与实际出票日是否一致可将支票划分为即期支票和远期支票。这是在实践中得出的分类。如果支票上记载的出票日与实际出票日一致，那么便是即期支票，可即时提示付款；如果将未来的某个日期记载为出票日，便是远期支票，那么持票人只能在该未来日期后才可提示付款。我国禁止签发远期支票。

（四）一般支票和变式支票

依照支票当事人的身份是否有兼充可将支票分为一般支票和变式支票。支票关系中有三方当事人，即出票人、付款人和持票人。一般支票是指这三方当事人各自只承担自己的角色，不存在兼任的现象。而变式支票是指三方当事人中存在主体重叠和兼任的现象。具体包括以下三种情况：第一，指己支票。即出票人以自己为收款人而签发的支票，这种支票中出票人和收款人为同一人。第二，对己支票。即出票人以自己为付款人而签发的支票，这种支票中出票人

和付款人为同一人。第三，付受支票。即出票人以付款人为收款人的支票。这种支票中付款人和收款人为同一人。这三种支票为多数国家所承认，但我国目前《票据法》第 86 条第 4 款只规定了指己支票。

(五) 定额支票和不定额支票

根据支票的票面金额是否已经确定可分为定额支票和不定额支票。这是我国《票据法》规定的特有分类。定额支票是指票据上已明确印有金额，当事人不得更改的支票；不定额支票是指票据金额由当事人自行确定并填写的支票。

(六) 保付支票与划线支票

这两种支票都是特殊支票。所谓特殊支票是指出票人可依照法律规定在支票上作出特别记载，并且这些记载会产生票据法上特殊效力的支票。具体可分为保付支票和划线支票。

1. 保付支票是指付款人在支票上为保证付款的记载，从而负担绝对付款责任，免除出票人及背书人责任的支票。保付支票是美国原有的一种支票，以后逐渐为其他国家所采用。支票的保付与汇票承兑不同，因为保付后保付人成为唯一的债务人，发票人与其他债务人均免责，而承兑则不是。保付与保证也不同，保付只有支票付款人才能进行，而且之后不存在追索问题，但保证主体没有限制且保证之后存在追索问题。保付由付款人于支票上记载“照付”或“保付”或其他同义字样并签收后生效。付款人签章后便成为支票上的唯一债务人，负绝对付款责任，而不论发票人在付款人处有无资金或在法定期间有无提示。发票人与背书人的担保责任则均因此而免除。

2. 划线支票是指支票的出票人及其他票据行为人依法在支票的正面划平行线两道，由此将收款人限定在特定人（银行或付款人的客户）的支票，也叫做平行线支票。划线支票是为了防止支票票款为非正当持票人冒犯而产生的。因为划线支票对取款人进行了限制，将其限制于银行或付款银行的客户，这样便容易查出票款的去向，使支票票款支付更为安全。

划线支票又分为普通划线支票及特别划线支票。普通划线支票是在支票正面划两条平行线，两线之间不记载文字或只记载“银行”二字，这种支票，付款人只能向银行付款或向付款银行的客户付款。特别划线支票是在两条平行线之间记载特定银行名称的支票。这种支票必须向平行线内特定的银行付款。

四、支票的当事人

支票中存在三方当事人，即出票人、付款人以及收款人。其中出票人和付款人是需具备一定的资格或条件的。

支票的出票人必须与付款人之间有一定资金关系，我国《票据法》第 82 条第 2 款规定："开立支票存款账户和领用支票，应当有可靠的资信，并存入一定的资金。"而《票据管理实施办法》第 7 条有更明确的规定："支票的出票人，为在经中国人民银行批准办理支票存款业务的银行、城市信用合作社和农村信用合作社开立支票存款账户的企业、其他组织和个人。"

支票的付款人也是需要具备一定资格的，各国大多将支票的付款人限定为银行机构，也有极少数国家支票付款人不以银行为限。《日内瓦统一支票法》第 54 条规定："本法所称银行业者，包括依法令得与银行业者同视之人或机构。"第 3 条规定支票须以银行业者为付款人，但在同条中又规定不按此规定发生的支票行为有效。

我国《票据法》第 81 条明确规定，支票的付款人是"办理支票存款业务的银行或者其他金融机构"。根据《支付结算办法》，"其他金融机构"包括经中国人民银行批准的办理支票存款业务的城市信用合作社、农村信用合作社等。

第二节 支票的出票

一、出票的概念

支票的出票与汇票、本票一样，包括出票人作成票据并将之交付受款人的行为。但支票是由出票人委托银行向持票人支付一定金额的票据，所以支票的出票有着自身的特点。首先，支票的出票以出票人与付款银行之间的账户合同关系为基础。要求出票人与付款人之间有资金关系。这是为了保证支票支付的顺利进行。其次，支票的记载事项与格式方面也有不同于汇票和本票的规定，具体内容下面会详细介绍。

二、支票出票的记载事项

（一）绝对必要记载事项

我国《票据法》第 84 条规定："支票必须记载下列事项：①表明'支票'的字样；②无条件支付的委托；③确定的金额；④付款人名称；⑤出票日期；⑥出票人签章。支票上未记载前款规定事项之一的，支票无效。"

1. 表明"支票"的字样，又称"支票文句"，这一项主要是为了明确票据的种类，将其与汇票、本票区别开来。若未记载的，支票无效。实践中，支票也有统一印制的格式，并分为“现金支票”和“转账支票”，出票人可自行选择。

2. 无条件支付的委托，又称“委托文句”，由于支票是委托证券，所以一定要有委托文句，否则无效。并且这种支付委托是无条件的，如若附有条件，同样导致支票无效。一般委托文句会记载“款项请从我账户内支付”等类似文句，表明付款人以出票人自己的存款代为支付。而实践中，支票的基本文句已由中国人民银行统一印制，无须出票人记载。

3. 确定的金额。《票据法》第 84 条规定支票必须记载确定的金额，而第 85 条又规定了支票上的金额可由出票人授权补记，意在承认空白授权支票。由此看来，虽然支票金额为绝对必要记载事项，但是出票人可以授权持票人补记，未经补记的，持票人不得背书转让和提示付款。与汇票、本票一样，支票中记载的金额也必须是具体明确的，而且中文大写和阿拉伯数字金额应当同时记载并且一致，否则票据无效。

4. 付款人名称。此项内容也是绝对必要记载事项。由于支票是出票人委托办理支票存款业务的银行或其他金融机构代为付款的票据，而且要求出票人与付款金融机构之间有真实的资金关系，所以支票的付款人只限于出票人的开户银行。

5. 出票日期。我国支票是即期票据，出票的日期对确定付款提示期限以及票据权利时效都很重要，因此出票日期为绝对必要记载事项。出票人应该以中文大写准确记载出票的年、月、日。在支票的出票日期上，许多国家规定可以记载与实际出票日期不符的日期，我国未认可远期支票，但是实践中出现远期支票情况时应予以灵活对待。

6. 出票人签章。该项与汇票、本票相同，不再赘述。

（二）相对必要记载事项

我国《票据法》第 86 条规定，支票上未记载付款地的，付款人的营业场所为付款地；支票上未记载出票地的，出票人的营业场所、住所或者经常居住地为出票地。因此，支票的相对必要记载事项主要为付款地和出票地两项。

1. 付款地。支票付款地为支票上付款人的债务履行地，它对于付款人履行义务，持票人行使权利以及发生纷争后确定管辖法院都很重要，所以应当记载，未记载的以付款人营业场所为付款地。

2. 出票地。支票的出票地为支票上付款人以外的人的债务履行地。确定出票地可以决定适用的法律，因此需要记载，未记载的以出票人营业场所为付款地。票载出票地与实际出票地不一致的，以支票载明的出票地为准。

（三）可记载事项

与汇票、本票一样，支票也有可记载事项，其是指出票人可在法律规定的范围内于支票上记载一定事项，这些事项会产生法律上的特别效力。由于我国票据的严格要求原则和支票统一印制规则使得我国支票的可记载事项相对其他国家而言明显较少，主要包括以下几个方面：

1. 收款人名称。我国《票据法》规定："支票上未记载收款人名称的，经出票人授权，可以补记。"我国票据法没有将收款人名称作为绝对必要记载事项，而且第 87 条第 1 款也没有规定收款人名称未补记的支票不得使用，故缺少收款人名称的支票是有效支票。① 而是否记载收款人名称由当事人自由决定，因此应认为收款人名称是可记载事项。

2. 担当付款人事项，又称"代理付款人"，是指由付款人指定，代理其履行票据付款义务的当事人。

3. 支票出票人同样可以在支票上记载"不得转让"的字样。作为可记载事项，出票人可以选择记载或不记载。但是一旦记载，出票人的直接后手如果再背书转让的，出票人对其直接后手的被背书人不再承担付款担保责任。

（四）不应记载事项

支票的不应记载事项也包括两种，即记载后导致该事项无效的事项以及记载后导致该支票无效的事项。前者包括有条件的委托付款文句以及分期付款的记载等；后者包括关于到期日、支票承兑、支票利息以及免除担保付款的记载等。

（五）支票出票的格式规则

我国的票据法规不仅对支票出票规定了严格的记载事项规则，而且对出票人填写支票或票上记载还规定了复杂的格式规则和形式规则。根据我国《票据法》、《票据管理实施办法》、《支付结算办法》和《正确填写票据和结算凭证的基本规定》的规定，我国支票出票须遵循的格式规则和形式规则主要包括以下方面：

1. 支票出票人必须使用由中国人民银行印制的统一格式的支票，未使用由中国人民银行统一印制的统一格式支票的出票人签发的支票无效。依我国的行政法规，此种由中国人民银行印制的统一格式的支票凭证，只能由出票人在

---

① 邢海宝著：《票据法》，中国人民大学出版社 2004 年版，第 319 页。

向具有支票存款业务的银行机构或其他金融机构办理完毕支票存款账户手续后，方可按照规定领用。

2. 出票人签发支票应当使用墨汁或碳素墨水填写，但中国人民银行另有规定的除外。

3. 支票出票人在签发支票时，对于支票的大小写金额、出票日期、收款人条款不得更改，否则其签发的支票无效；支票上其他内容如有更改时，须由出票人加盖预留银行的印鉴作为证明。

4. 支票出票人在签发支票时，对于支票上出票人名称的记载和持票人签章应明确清晰，并且必须与出票人预留于付款银行的签名和印鉴相一致。

5. 支票出票人可以与开户银行机构预约使用支票支付密码。使用支付密码的出票人不得签发支付密码错误的支票。

6. 支票上的票据金额必须同时采用大写和小写两种方式填写且其大小写内容必须一致，票据金额的汉字大写前应当表明人民币字样，支票金额以元结尾的应当记载“整”字样，支票的出票日期必须使用中文大写记载，支票上的中文记载、阿拉伯数字记载和符号记载必须符合《正确填写票据和结算凭证的基本规定》的规定。

7. 支票仅限于同城或同一票据交换地区内使用；支票出票人向规定区域以外的收款人出票的，区域外银行不予受理，但出票人仍应承担票据责任。

三、支票中的资金关系与空头支票问题

（一）支票的资金关系

支票的资金关系是票据的基础关系，《票据法》第82条第2款规定：“开立支票存款账户和领用支票，应当有可靠的资信，并存入一定的资金。”这就表明了支票立法强调支票的出票人与付款人之间的资金关系。之所以如此规定，是因为支票的见票即付性和支付手段的性质，使得确保支付的实现相当必要，要求出票人在付款人处有足额的资金可以保证支票支付的及时完整实现。而同样作为委托证券的汇票，虽然出票人和付款人之间也可有资金关系，但是各国法律都不作过多要求。

支票合同是支票资金关系的前提和基础。支票合同是指支票的发票人在银行中存入一定款项，双方约定出票人发行支票后，由银行按照支票上指示的数额从存款中支取并交付持票人而形成的合同。在这一合同中，出票人义务在于在银行中存入相应款项，并且授权银行对该资金进行处分，而银行的责任是按照支票的指示进行支付。支票合同分为普通支票合同以及透支支票合同。透支

支票合同规定出票人在银行的资金不足支付时，可由银行先垫付，在一定期限内由发票人偿还。我国不承认透支支票合同。《票据法》第 87 条第 2 款规定："出票人签发的支票金额超过其付款时在付款人处实有的存款金额的，为空头支票。禁止签发空头支票。"

此外，应当注意的是，虽然法律强调了支票的资金关系，但我们仍应遵循票据的无因性。即资金关系这一基础关系不影响出票行为的效力。《日内瓦统一支票法》第 3 条规定："支票应以拥有发票人得处分的资金的银行业者为付款人，并按照发票人与银行业者之间明示的或默示的由发票人以支票处分该资金的约定而发出支票，但未以此规定而发出的支票仍有支票的效力。"本条强调了支票的资金关系，但也明确了其无因性的特点。资金关系对于支票很重要，然而为了维护票据无因性的稳定，又不得不承认不符合相关资金关系规定而发出的支票仍有效，这个问题很让人困惑。

（二）对空头支票的处理

空头支票是指出票人签发的金额超过其付款时在付款人处实有的存款金额的支票。对于空头支票的认定，不是看出票时出票人签发的支票金额是否超过支票存款金额，而要看付款时出票人签发的出票金额是否超过支票存款金额。关于空头支票的效力，各国均承认空头支票在票据法上的效力，此是遵循了票据的无因性规则。然而我国票据法规却规定，出票人签发的空头支票不具有付款请求权，银行应予以退票，这不仅否定了票据关系无因性，而且也与《票据法》的规定相悖。

1. 国外对空头支票的处理

在支票的实际操作中，存在着支票无因性和空头支票效力之间如何协调的问题。支票的无因性要求空头支票属于有效证券，然而空头支票的签发会导致支票支付功能的弱化，不利于保护权利人的利益。所以各国都在肯定空头支票效力的同时，对其采取一定的惩罚措施，以减少空头支票的签发。英美法国家采取事先积极预防的保付制度来防止空头支票，而大陆法系国家通过事先强调资金关系与事后进行处罚两种手段进行规制。表现在具体的手段方式上，主要有以下几种：

（1）民事制裁。瑞士《债务法》第 1103 条规定："发票人发出支票时，并无可由付款人按指示处分的金额，应对于持票人，在所致损害外，赔偿其指示而未得偿的金额的 5%。"这是一种典型的民事制裁方式，其主要通过向空头支票人追偿损失以及行使赔偿请求权来实现。这种制裁方式肯定了签发空头支票是一种个人行为，其所引发的也是民事主体间权利义务的不平衡（严重的恶意欺诈除外），所以应用民事方式来调整和补救。

（2）行政制裁。日本《支票法》第71条规定："支票发票人违反第3条规定时，处5000元以下罚款。"这是典型的行政制裁方式。赞成这种方式的人认为，空头支票的签发若尚未达到严重的危害社会的地步，不应适用刑罚；而只是民事制裁有时会显得力度不够，因此需要实施行政制裁。

（3）刑事制裁。法国《支票法》第64条规定："事前无可处分之资金而签发支票者，处以支票金额6%的罚金，但不得超过100法郎。"这是典型的刑事制裁方式。这种制裁方式是为了应付那些情节严重、社会危害性大的空头支票签发行为，例如恶意欺诈签发空头支票。

2. 我国对空头支票的规定

关于空头支票，我国《票据法》第82条第2款规定："开立支票存款账户和领用支票，应当有可靠的资信，并存入一定的资金。"第87条规定："支票的出票人所签发的支票金额不得超过其付款时在付款人处实有的存款金额。出票人签发的支票金额超过其付款时在付款人处实有的存款金额的，为空头支票。禁止签发空头支票。"这表明我国禁止签发空头支票。

对于空头支票，我国的制裁手段与其他国家相比是相当严厉的。对空头支票，我国法律采取了多种制裁手段。其一，行政制裁与民事赔偿。《支付结算办法》规定，出票人签发空头支票，银行应予以退票，并按票面金额处以5%但不低于1000元的罚款；持票人有权要求出票人赔偿支票金额2%的赔偿金。对屡次签发的，银行应停止其签发支票（第125条）。其二，刑事制裁。《票据法》第102条规定，签发空头支票，骗取财物的应依法追究刑事责任。而依据《刑法》第194条第1款第（4）项的规定，签发空头支票骗取财务，数额较大的，处5年以下有期徒刑或者拘役，并处2万元以上20万元以下罚金；数额巨大或者有其他严重情节的，处5年以上10年以下有期徒刑，并处5万元以上50万元以下罚金；数额特别巨大或者有其他特别严重情节的，处10年以上有期徒刑或者无期徒刑，并处5万元以上50万元以下罚金或者没收财产。

四、支票出票的效力

（一）对出票人的效力

《票据法》第89条第1款规定："出票人必须按照签发的支票金额承担保证向该持票人付款的责任。"《日内瓦统一支票法》第12条规定："发票人应担保支票之支付。任何免除其担保之记载，应视为无记载。"因此可以看出，支票的出票人应承担担保付款的责任，这与汇票的承兑人以及本票的发票人责任本质上是一致的；但与汇票也有不同，即支票的出票人不需要为承兑提供担保，而汇票既需要为付款提供担保，也需要为承兑提供担保。

出票人的这种担保责任还是一种绝对的、最终的责任。我国《票据法》第91条第2款规定："超过提示付款期限的，付款人可以不予付款；付款人不予付款的，出票人仍应当对持票人承担票据责任。"所以，出票人的这种责任是绝对的，即使付款提示期届满，也不能免除。

（二）对付款人的效力

我国《票据法》规定支票付款人是由出票人委托的办理支票存款业务的银行或者其他金融机构。付款人之所以有付款的义务是基于出票人的委托合同以及两者之间的资金关系。① 在支票中，银行付款人居于第一债务人地位，而且即使出票人签发空头支票，也不影响支票的效力。（但我国《票据法》规定，银行付款人对于没有资金保障的支票实际上有退票权）。我国《票据法》第89条第2款规定："出票人在付款人处的存款足以支付支票金额时，付款人应当在当日足额付款。"除此之外《票据法》第91条第2款规定："超过提示付款期限的，付款人可以不予付款；付款人不予付款的，出票人仍应当对持票人承担票据责任。"这就确定了支票付款人在一定情况下免责的情形。

（三）对收款人的效力

对于支票收款人的效力，与汇票、本票相同。支票收款人享有请求付款和受领付款的权利；而且请求付款遭受拒绝后，其享有对出票人和前手的追索权。

第三节 支票的转让、付款、追索与保证

一、支票的立法体例

关于支票的立法体例，大致可以分为两种，即"分立主义"和"合并主义"。分立主义是指将支票与汇票、本票分开立法，因其认为支票与另两种票据相差悬殊，有自己的特点。例如将支票与汇票、本票分别规定形成《日内瓦统一汇票本票法》和《日内瓦统一支票法》，这样规定可以将支票中的出

---

① 有学者认为，支票付款人的义务为民事合同义务。

票、背书、付款、追索等行为作出具体规定，并且形成统一完整的支票法律体系。然而支票中很多规定与汇票、本票相同或相似，将支票单独立法容易造成法律法规的重复与繁冗。即使在分立主义中，也存在支票对汇票规则的准用问题，这里的准用大多采用具体指明的准用，即指明支票适用哪些汇票的条文。

合并主义是指将汇票本票以及支票统一规定在一部票据法中，形成一个完整统一的票据体系。合并主义存在于英美法系当中，认为支票属于汇票的一种，故应当将其合并规定。英国《票据法》、《美国统一商法典》均采用此种模式。此种体例可以使法条简化，避免重复。其中支票对汇票规则的准用大多采用概括性准用方式。

我国《票据法》将汇票、本票和支票放在一起统一规定，应类似于“合并主义”。《票据法》第93条规定：“支票的背书、付款行为和追索权的行使，除本章规定外，适用本法第二章有关汇票的规定。支票的出票行为，除本章规定外，适用本法第24条、第26条关于汇票的规定。”据此可看出，支票采用的是概括规定与具体指明方式兼用的体例。上一节已经对支票的出票作出了规定，下面就支票的转让、付款和追索对汇票的准用以及自身特殊的规定作一些分析。

二、支票的转让

我国的支票分为记名式支票、指定式支票以及无记名支票。支票与汇票、本票一样可以转让。其中记名式支票与指定式支票的转让以背书方式进行；而无记名式支票以单纯的交付方式转让。下面就这两种转让方式分别进行说明：

（一）记名式或指定式支票的转让

关于这两种支票的背书转让，《票据法》没有作出明确规定，而且仅在第93条中规定准用有关汇票的规定，除此之外，我们要注意到支票背书转让自身的特点：1. 支票没有承兑制度，背书人不负担保承兑的责任。2. 支票的流通期短，设质背书的可能性不大。3. 支票没有参加承兑和参加付款，所以没有预备付款人。4. 用于支取现金的支票不得背书转让。5. 空白支票必须由持票人授权补记后才能背书转让。6. 支票没有复本和誊本，在誊本上所为背书无效。

（二）无记名支票的转让

我国对无记名支票的转让未作出任何规定，依照其他国家的相关规定和理论界的研究，无记名支票主要有以下两点需要注意：1. 无记名支票的转让可以发生在提示期间善意取得的效力、切断人的抗辩的效力①。2. 无记名支票上也可以背书，背书人要负担保付款责任，但该支票并不因此成为记名支票，仍是依单纯交付转让。

三、支票的付款

《票据法》第 93 条规定支票的付款行为，“除本章规定”可适用有关汇票的规定。而支票中对于付款行为的特殊规定主要表现为以下几点：

（1）支票的付款主体是依法办理支票存款业务的银行或者其他金融机构。这些机构的付款责任是基于出票人的委托。支票付款人承担第一顺序的付款责任。《票据法》第 89 条第 2 款规定：“出票人在付款人处的存款足以支付支票金额时，付款人应当在当日足额付款。”

（2）支票属于见票即付证券。《票据法》第 90 条规定：“支票限于见票即付，不得另行记载付款日期。另行记载付款日期的，该记载无效。”《日内瓦统一支票法》第 28 条也规定：“支票限于见票即付，有相关之记载者，视为无记载。”所以支票的发票日便是到期日，持票人便可以请求付款。

（3）提示期间。由于支票没有到期日，所以持票人要想行使支票权利，必须在规定的期间内进行付款提示，而这一期间就是提示时间。关于提示时间的规定，各国都相对比较短，这是由支票的支付功能所决定的。为了实现迅速支付，只能给予支票更短的提示期间。《日内瓦统一支票法》第 29 条规定：“发票预付款在一国之内的，付款提示期为 8 日；不在一国之内的，提示期为 20 ~ 70 日，再由各国规定具体期间。”我国《票据法》第 91 条第 1 款规定：“支票的持票人应当自出票日起十日内提示付款；异地使用的支票，其提示付款的期限由中国人民银行另行规定。”

关于是否在提示期间作出提示的效力，法律也有相关的规定。《日内瓦统一支票法》第 40 条、第 32 条规定，持票人未在提示期间内提示的，对一切前手（包括发票人）丧失追索权；在提示期间过后，如发票人并未撤回付款委托时，付款人仍得付款；发票人在付款期间之内不得撤回付款委托。我国《票据法》第 91 条第 2 款规定：“超过提示付款期限的，付款人可以不予付款；付款人不予付款的，出票人仍应当对持票人承担票据责任。”而且持票人

① 《日内瓦统一支票法》第 21 条对支票善意取得的规定包括依单纯交付而取得支票的情形。

将丧失对出票人之外的其他前手的追索权。

（4）付款。支票的付款方面有两项特殊规定，即《票据法》第 87 条第 2 款规定："出票人签发的支票金额超过其付款时在付款人处实有的存款金额的，为空头支票。禁止签发空头支票。"第 89 条第 2 项规定："出票人在付款人处的存款足以支付支票金额时，付款人应当在当日足额付款。"这就表明付款人的义务也是附有条件的。

（5）付款的效力。支票付款分为合法付款与不合法付款。合法付款是指付款人按支票上的支付委托，依法对真正权利人支付票款。合法付款后，付款人对出票人的受委托付款的责任免除，出票人以及其他票据债务人的责任也免除；收款人或持票人的票据权利消灭。不合法付款是指付款人恶意或重大过失的付款。不合法付款后并不免除付款人对真正权利人的付款责任，出票人和其他票据债务人的被追索责任也不能免除；善意持票人仍可以请求善意付款人支付以及向其他债务人追偿。

四、支票的追索

支票遭受拒绝付款时，持票人在取得拒绝证书后，便可行使追索权。因为支票无承兑，所以不存在拒绝承兑后的追索问题。关于支票追索的规定除以下几点外，均可适用汇票有关追索的规定：

（1）与本票一样，支票是即期付款票据，不适用承兑制度。所以汇票中有关"承兑"、"承兑人"的规定不适用于本票；同样由于我国的支票中没有规定保证人事项，所以有关保证人的追索也不适用于本票。

（2）支票追索的原因主要有以下两点：首先，提示付款遭受付款人拒绝。因为支票出票日即是到期日，不存在汇票中"到期被拒绝付款"的问题，只存在提示付款遭拒绝。其次，在提示付款时付款人被依法宣告破产或被责令停止营业活动。由于支票付款人为金融机构，所以不存在汇票中"付款人死亡、逃匿"的问题。

五、支票的保证

关于支票的保证问题，我国法律没有规定。《票据法》第 93 条只规定了支票的背书、付款行为和追索权的行使可以准用汇票的相关规定，但没有规定保证的准用。其他国家对支票的保证问题有所规定。《日内瓦统一支票法》规定支票有类似于汇票的保证制度。日本一方面采用《日内瓦统一支票法》的规定，另一方面又增订关于“支付保证”的规定（日本《支票法》第53～55条）。①

参考习题

1. 熊某因出差借款。财务部门按规定给熊某开具了一张载明金额1万元的现金支票。熊某持支票到银行取款，银行实习生马某向熊某提出了下列问题：你真是熊某吗？为什么要借1万元？熊某拒绝回答，马某遂拒绝付款。根据票据法原理，关于马某行为，下列哪些选项是正确的？（　　）（2007年司考卷三第71题）

A. 侵犯熊某人格尊严

B. 违反票据无因性原理

C. 侵犯持票人权利

D. 违反现金支票见票即付规则

2. 甲公司于2006年3月2日签发同城使用的支票1张给乙公司，金额为10万元人民币，付款人为丁银行。次日，乙公司将支票背书转让给丙公司。2006年3月17日，丙公司请求丁银行付款时遭拒绝。丁银行拒绝付款的正当理由有哪些？（　　）（2006年司考卷三第73题）

A. 丁银行不是该支票的债务人

B. 甲公司在丁银行账户上的存款仅有2万元人民币

C. 该支票的债务人应该是甲公司和乙公司

D. 丙公司未按期提示付款

3. 甲银行签发1万元的定额本票给申请人乙，乙背书转让给丙，则（　　）

A. 如果乙在甲银行的存款额已不足本票金额，甲银行可于丙支取现金时拒付

B. 丙遭拒付后可以向乙追索

C. 自出票日后3个月丙才向甲银行请求付款，如遭拒付，则不能向乙追索，仅能依原因关系请求损害赔偿

D. 丙得以本票为质权标的，于到期日前为他人提供担保

---

① 谢怀栻著：《票据法概论》（增订版），法律出版社2006年版，第267页。

4. 甲签发2万元的现金支票给乙，付款人为丙银行，则（　）

A. 甲在银行的存款额仅余5000元时，乙向丙请求兑付支票，丙得拒付

B. 乙向丙提示支票时，丙因甲存款不足得于票上记载“待甲存款足2万元时付款”，并将支票退还给乙

C. 乙于出票日后第15日向丙银行提示付款，丙得拒付

D. 乙可于出票日后10日以内背书转让该支票给丁

【案例选读】

案例一：

甲公司与乙公司订立一份家具购销合同，合同约定甲公司在一个月内向乙公司提供仿明代红木家具80套，价值160万元。乙公司为表示履约的诚意，即向甲公司签发一张160万元的支票，收款人为甲公司，出票日期空白未填。合同约定80套红木家具一次性交付，等家具到后，乙公司即向银行存入足够的资金供甲公司以该支票提示付款。合同订立后甲公司即通知自己的代理商将家具在印尼装船后，预期15天即可抵达天津塘沽港，再花2天时间运到目的地，时间是绰绰有余的。正好债权人来催债，甲公司就去银行以此支票提示付款。银行以该支票出票人的账上没有足够的存款为由退票。并按照中国人民银行关于支付结算的规定给予出票人乙公司5%，共计8万元的罚款。乙公司不服银行的罚款决定，向当地银监会投诉，但银监会认为银行的做法符合法律的规定，驳回了乙公司的投诉。乙公司以甲公司违约提取提示付款，导致被银行处罚为由，转而要求甲公司承担这8万元的罚款损失。

（本案例选自中国政法大学精品课程网 http：//jpkc. cupl. edu. cn/jpkc/zhaoxudong1/news/view. asp？id=610）

思考：

1. 银行对乙公司的处罚有无法律依据？即使乙公司违反票据法的规定，银行罚款8万元是否合理？

2. 乙公司对银行的投诉有无法律依据？其抗辩理由能否成立？

3. 乙公司能否要求甲公司承担签发空头支票而被银行罚款的损失？

4. 如果你是乙公司的律师，你会如何处理此支票争议？

案例二：

A有限责任公司遗失空白转账支票一张。该支票被一青年拾得。2003年4

月1日，B商厦售货员根据该青年提示填写了支票，包括开户银行名称、签发人账户、用途及大小写金额等事项。其中大写金额中的“百”字错写。4月2日，B商厦财务人员持该支票到银行转账，银行以账户不符退回支票。B商厦凭支票上的印鉴要求A有限责任公司偿付货款。A有限责任公司以该支票已作废为由拒绝支付，B商厦遂起诉。对此，有两种意见：第一种意见认为：A有限责任公司违反有关金融法规，擅自签发预留印鉴的空白支票，且未妥善保管该支票。在该支票遗失后，又未按《中华人民共和国民事诉讼法》规定的公示催告程序宣告票据无效，致使他人冒用该支票购物，对此A有限责任公司应承担责任。另一种意见认为：虽然A有限责任公司遗失空白转账支票，但是，B商厦不能仅凭一张作废的支票，请求A有限责任公司承担责任。

（本案例选自法律快车网 http：//www.lawtime.cn/zhishi/piaoju/pjpjfaanli/2006112745253.html）

思考：谁应对此空白支票承担责任？

案例三：

2002年11月20日，贾某将出票人为A市政公司的农业银行转账支票一张交付保险公司，票面金额为456342.02元，用途为保费，出票日期为2002年11月30日，收款人没有填写。保险公司在将本公司填写为收款人后请求付款行兑付。2002年12月4日，该支票被付款行以支票上人民币大写“叁”被涂改为由退票。保险公司即以A市政公司为被告提起诉讼，请求支付票款，并在诉讼中称，是其保险代理员贾某将代收的保险费存入A市政公司的账户，由A市政公司出具了支票，并在接收该支票时，电话与市政公司联系，核实了确属A市政公司出票的真实性。A市政公司称该支票已于2002年9月15日丢失，因为是空白支票，未填写收款人、票据金额、出票日期，所以未到开户银行办理挂失止付，也没有申请公示催告。保险公司与A市政公司双方均同意贾某到庭作证。贾某到庭作证陈述称：我于2002年9、10月期间，在某饭店吃饭时捡到信封一个，内装该支票，当时为交纳所欠保险公司的保费，在捡到支票后即将该支票除收款人外的其他事项进行了填写，并交付给保险公司，日期填写为2002年11月30日，金额为456342.02元；为使该支票退票，我对支票金额的大写中的“叁”进行了涂改。贾某是保险公司的保险代理员，双方没有劳动工资关系，贾某从其所代理的保险业务中进行提成。

（本案例选自我要正义网 http：//51zy.cn/501930024.html）

思考：本案的空白支票是否有效？法院应如何判决？

附录：

中华人民共和国票据法

（1995年5月10日第八届全国人民代表大会常务委员会第十三次会议通过，根据2004年8月28日第十届全国人民代表大会常务委员会第十一次会议《关于修改〈中华人民共和国票据法〉的决定》修正）

目　录

第一章　总　则

第一条　为了规范票据行为，保障票据活动中当事人的合法权益，维护社会经济秩序，促进社会主义市场经济的发展，制定本法。

第二条　在中华人民共和国境内的票据活动，适用本法。

本法所称票据，是指汇票、本票和支票。

第三条　票据活动应当遵守法律、行政法规，不得损害社会公共利益。

第四条　票据出票人制作票据，应当按照法定条件在票据上签章，并按照所记载的事项承担票据责任。

持票人行使票据权利，应当按照法定程序在票据上签章，并出示票据。

其他票据债务人在票据上签章的，按照票据所记载的事项承担票据责任。

本法所称票据权利，是指持票人向票据债务人请求支付票据金额的权利，包括付款请求权和追索权。

本法所称票据责任，是指票据债务人向持票人支付票据金额的义务。

第五条　票据当事人可以委托其代理人在票据上签章，并应当在票据上表明其代理关系。

没有代理权而以代理人名义在票据上签章的，应当由签章人承担票据责任；代理人超越代理权限的，应当就其超越权限的部分承担票据责任。

第六条　无民事行为能力人或者限制民事行为能力人在票据上签章的，其签章无效，但是不影响其他签章的效力。

第七条　票据上的签章，为签名、盖章或者签名加盖章。

法人和其他使用票据的单位在票据上的签章，为该法人或者该单位的盖章加其法定代表人或者其授权的代理人的签章。

在票据上的签名，应当为该当事人的本名。

第八条　票据金额以中文大写和数码同时记载，二者必须一致，二者不一致的，票据无效。

第九条　票据上的记载事项必须符合本法的规定。

票据金额、日期、收款人名称不得更改，更改的票据无效。

对票据上的其他记载事项，原记载人可以更改，更改时应当由原记载人签章证明。

第十条　票据的签发、取得和转让，应当遵循诚实信用的原则，具有真实的交易关系和债权债务关系。

票据的取得，必须给付对价，即应当给付票据双方当事人认可的相对应的代价。

第十一条　因税收、继承、赠与可以依法无偿取得票据的，不受给付对价的限制。但是，所享有的票据权利不得优于其前手的权利。

前手是指在票据签章人或者持票人之前签章的其他票据债务人。

第十二条　以欺诈、偷盗或者胁迫等手段取得票据的，或者明知有前列情形，出于恶意取得票据的，不得享有票据权利。

持票人因重大过失取得不符合本法规定的票据的，也不得享有票据权利。

第十三条 票据债务人不得以自己与出票人或者与持票人的前手之间的抗辩事由，对抗持票人。但是，持票人明知存在抗辩事由而取得票据的除外。

票据债务人可以对不履行约定义务的与自己有直接债权债务关系的持票人，进行抗辩。

本法所称抗辩，是指票据债务人根据本法规定对票据债权人拒绝履行义务的行为。

第十四条 票据上的记载事项应当真实，不得伪造、变造。伪造、变造票据上的签章和其他记载事项的，应当承担法律责任。

票据上有伪造、变造的签章的，不影响票据上其他真实签章的效力。

票据上其他记载事项被变造的，在变造之前签章的人，对原记载事项负责；在变造之后签章的人，对变造之后的记载事项负责；不能辨别是在票据被变造之前或者之后签章的，视同在变造之前签章。

第十五条 票据丧失，失票人可以及时通知票据的付款人挂失止付，但是，未记载付款人或者无法确定付款人及其代理付款人的票据除外。

收到挂失止付通知的付款人，应当暂停支付。

失票人应当在通知挂失止付后三日内，也可以在票据丧失后，依法向人民法院申请公示催告，或者向人民法院提起诉讼。

第十六条 持票人对票据债务人行使票据权利，或者保全票据权利，应当在票据当事人的营业场所和营业时间内进行，票据当事人无营业场所的，应当在其住所进行。

第十七条 票据权利在下列期限内不行使而消灭：

（一）持票人对票据的出票人和承兑人的权利，自票据到期日起二年。见票即付的汇票、本票，自出票日起二年；

（二）持票人对支票出票人的权利，自出票日起六个月；

（三）持票人对前手的追索权，自被拒绝承兑或者被拒绝付款之日起六个月；

（四）持票人对前手的再追索权，自清偿日或者被提起诉讼之日起三个月。

票据的出票日、到期日由票据当事人依法确定。

第十八条 持票人因超过票据权利时效或者因票据记载事项欠缺而丧失票据权利的，仍享有民事权利，可以请求出票人或者承兑人返还其与未支付的票据金额相当的利益。

第二章　汇　票

第一节　出　票

第十九条　汇票是出票人签发的，委托付款人在见票时或者在指定日期无条件支付确定的金额给收款人或者持票人的票据。

汇票分为银行汇票和商业汇票。

第二十条　出票是指出票人签发票据并将其交付给收款人的票据行为。

第二十一条　汇票的出票人必须与付款人具有真实的委托付款关系，并且具有支付汇票金额的可靠资金来源。

不得签发无对价的汇票用以骗取银行或者其他票据当事人的资金。

第二十二条　汇票必须记载下列事项：

（一）表明“汇票”的字样；

（二）无条件支付的委托；

（三）确定的金额；

（四）付款人名称；

（五）收款人名称；

（六）出票日期；

（七）出票人签章。

汇票上未记载前款规定事项之一的，汇票无效。

第二十三条　汇票上记载付款日期、付款地、出票地等事项的，应当清楚、明确。

汇票上未记载付款日期的，为见票即付。

汇票上未记载付款地的，付款人的营业场所、住所或者经常居住地为付款地。

汇票上未记载出票地的，出票人的营业场所、住所或者经常居住地为出票地。

第二十四条　汇票上可以记载本法规定事项以外的其他出票事项，但是该记载事项不具有汇票上的效力。

第二十五条　付款日期可以按照下列形式之一记载：

（一）见票即付；

（二）定日付款；

（三）出票后定期付款；

（四）见票后定期付款。

前款规定的付款日期为汇票到期日。

第二十六条 出票人签发汇票后，即承担保证该汇票承兑和付款的责任。出票人在汇票得不到承兑或者付款时，应当向持票人清偿本法第七十条、第七十一条规定的金额和费用。

第二节 背 书

第二十七条 持票人可以将汇票权利转让给他人或者将一定的汇票权利授予他人行使。

出票人在汇票上记载“不得转让”字样的，汇票不得转让。

持票人行使第一款规定的权利时，应当背书并交付汇票。

背书是指在票据背面或者粘单上记载有关事项并签章的票据行为。

第二十八条 票据凭证不能满足背书人记载事项的需要，可以加附粘单，粘附于票据凭证上。

粘单上的第一记载人，应当在汇票和粘单的粘接处签章。

第二十九条 背书由背书人签章并记载背书日期。

背书未记载日期的，视为在汇票到期日前背书。

第三十条 汇票以背书转让或者以背书将一定的汇票权利授予他人行使时，必须记载被背书人名称。

第三十一条 以背书转让的汇票，背书应当连续。持票人以背书的连续，证明其汇票权利；非经背书转让，而以其他合法方式取得汇票的，依法举证，证明其汇票权利。

前款所称背书连续，是指在票据转让中，转让汇票的背书人与受让汇票的被背书人在汇票上的签章依次前后衔接。

第三十二条 以背书转让的汇票，后手应当对其直接前手背书的真实性负责。

后手是指在票据签章人之后签章的其他票据债务人。

第三十三条 背书不得附有条件。背书时附有条件的，所附条件不具有汇票上的效力。

将汇票金额的一部分转让的背书或者将汇票金额分别转让给二人以上的背书无效。

第三十四条 背书人在汇票上记载“不得转让”字样，其后手再背书转让的，原背书人对后手的被背书人不承担保证责任。

第三十五条 背书记载“委托收款”字样的，被背书人有权代背书人行使被委托的汇票权利。但是，被背书人不得再以背书转让汇票权利。

汇票可以设定质押；质押时应当以背书记载“质押”字样。被背书人依法实现其质权时，可以行使汇票权利。

第三十六条　汇票被拒绝承兑、被拒绝付款或者超过付款提示期限的，不得背书转让；背书转让的，背书人应当承担汇票责任。

第三十七条　背书人以背书转让汇票后，即承担保证其后手所持汇票承兑和付款的责任。背书人在汇票得不到承兑或者付款时，应当向持票人清偿本法第七十条、第七十一条规定的金额和费用。

第三节　承　　兑

第三十八条　承兑是指汇票付款人承诺在汇票到期日支付汇票金额的票据行为。

第三十九条　定日付款或者出票后定期付款的汇票，持票人应当在汇票到期日前向付款人提示承兑。

提示承兑是指持票人向付款人出示汇票，并要求付款人承诺付款的行为。

第四十条　见票后定期付款的汇票，持票人应当自出票日起一个月内向付款人提示承兑。

汇票未按照规定期限提示承兑的，持票人丧失对其前手的追索权。

见票即付的汇票无需提示承兑。

第四十一条　付款人对向其提示承兑的汇票，应当自收到提示承兑的汇票之日起三日内承兑或者拒绝承兑。

付款人收到持票人提示承兑的汇票时，应当向持票人签发收到汇票的回单。回单上应当记明汇票提示承兑日期并签章。

第四十二条　付款人承兑汇票的，应当在汇票正面记载“承兑”字样和承兑日期并签章；见票后定期付款的汇票，应当在承兑时记载付款日期。

汇票上未记载承兑日期的，以前条第一款规定期限的最后一日为承兑日期。

第四十三条　付款人承兑汇票，不得附有条件；承兑附有条件的，视为拒绝承兑。

第四十四条　付款人承兑汇票后，应当承担到期付款的责任。

第四节　保　　证

第四十五条　汇票的债务可以由保证人承担保证责任。

保证人由汇票债务人以外的他人担当。

第四十六条　保证人必须在汇票或者粘单上记载下列事项：

（一）表明“保证”的字样；

(二) 保证人名称和住所;

(三) 被保证人的名称;

(四) 保证日期;

(五) 保证人签章。

第四十七条 保证人在汇票或者粘单上未记载前条第(三)项的,已承兑的汇票,承兑人为被保证人;未承兑的汇票,出票人为被保证人。

保证人在汇票或者粘单上未记载前条第(四)项的,出票日期为保证日期。

第四十八条 保证不得附有条件;附有条件的,不影响对汇票的保证责任。

第四十九条 保证人对合法取得汇票的持票人所享有的汇票权利,承担保证责任。但是,被保证人的债务因汇票记载事项欠缺而无效的除外。

第五十条 被保证的汇票,保证人应当与被保证人对持票人承担连带责任。汇票到期后得不到付款的,持票人有权向保证人请求付款,保证人应当足额付款。

第五十一条 保证人为二人以上的,保证人之间承担连带责任。

第五十二条 保证人清偿汇票债务后,可以行使持票人对被保证人及其前手的追索权。

第五节 付 款

第五十三条 持票人应当按照下列期限提示付款:

(一) 见票即付的汇票,自出票日起一个月内向付款人提示付款;

(二) 定日付款、出票后定期付款或者见票后定期付款的汇票,自到期日起十日内向承兑人提示付款。

持票人未按照前款规定期限提示付款的,在作出说明后,承兑人或者付款人仍应当继续对持票人承担付款责任。

通过委托收款银行或者通过票据交换系统向付款人提示付款的,视同持票人提示付款。

第五十四条 持票人依照前条规定提示付款的,付款人必须在当日足额付款。

第五十五条 持票人获得付款的,应当在汇票上签收,并将汇票交给付款人。持票人委托银行收款的,受委托的银行将代收的汇票金额转账收入持票人账户,视同签收。

第五十六条 持票人委托的收款银行的责任,限于按照汇票上记载事项将汇票金额转入持票人账户。

付款人委托的付款银行的责任，限于按照汇票上记载事项从付款人账户支付汇票金额。

第五十七条　付款人及其代理付款人付款时，应当审查汇票背书的连续，并审查提示付款人的合法身份证明或者有效证件。

付款人及其代理付款人以恶意或者有重大过失付款的，应当自行承担责任。

第五十八条　对定日付款、出票后定期付款或者见票后定期付款的汇票，付款人在到期日前付款的，由付款人自行承担所产生的责任。

第五十九条　汇票金额为外币的，按照付款日的市场汇价，以人民币支付。

汇票当事人对汇票支付的货币种类另有约定的，从其约定。

第六十条　付款人依法足额付款后，全体汇票债务人的责任解除。

第六节　追　索　权

第六十一条　汇票到期被拒绝付款的，持票人可以对背书人、出票人以及汇票的其他债务人行使追索权。

汇票到期日前，有下列情形之一的，持票人也可以行使追索权：

（一）汇票被拒绝承兑的；

（二）承兑人或者付款人死亡、逃匿的；

（三）承兑人或者付款人被依法宣告破产的或者因违法被责令终止业务活动的。

第六十二条　持票人行使追索权时，应当提供被拒绝承兑或者被拒绝付款的有关证明。

持票人提示承兑或者提示付款被拒绝的，承兑人或者付款人必须出具拒绝证明，或者出具退票理由书。未出具拒绝证明或者退票理由书的，应当承担由此产生的民事责任。

第六十三条　持票人因承兑人或者付款人死亡、逃匿或者其他原因，不能取得拒绝证明的，可以依法取得其他有关证明。

第六十四条　承兑人或者付款人被人民法院依法宣告破产的，人民法院的有关司法文书具有拒绝证明的效力。

承兑人或者付款人因违法被责令终止业务活动的，有关行政主管部门的处罚决定具有拒绝证明的效力。

第六十五条　持票人不能出示拒绝证明、退票理由书或者未按照规定期限提供其他合法证明的，丧失对其前手的追索权。但是，承兑人或者付款人仍应当对持票人承担责任。

第六十六条 持票人应当自收到被拒绝承兑或者被拒绝付款的有关证明之日起三日内，将被拒绝事由书面通知其前手；其前手应当自收到通知之日起三日内书面通知其再前手。持票人也可以同时向各汇票债务人发出书面通知。

未按照前款规定期限通知的，持票人仍可以行使追索权。因延期通知给其前手或者出票人造成损失的，由没有按照规定期限通知的汇票当事人，承担对该损失的赔偿责任，但是所赔偿的金额以汇票金额为限。

在规定期限内将通知按照法定地址或者约定的地址邮寄的，视为已经发出通知。

第六十七条 依照前条第一款所作的书面通知，应当记明汇票的主要记载事项，并说明该汇票已被退票。

第六十八条 汇票的出票人、背书人、承兑人和保证人对持票人承担连带责任。

持票人可以不按照汇票债务人的先后顺序，对其中任何一人、数人或者全体行使追索权。

持票人对汇票债务人中的一人或者数人已经进行追索的，对其他汇票债务人仍可以行使追索权。被追索人清偿债务后，与持票人享有同一权利。

第六十九条 持票人为出票人的，对其前手无追索权。持票人为背书人的，对其后手无追索权。

第七十条 持票人行使追索权，可以请求被追索人支付下列金额和费用：

（一）被拒绝付款的汇票金额；

（二）汇票金额自到期日或者提示付款日起至清偿日止，按照中国人民银行规定的利率计算的利息；

（三）取得有关拒绝证明和发出通知书的费用。

被追索人清偿债务时，持票人应当交出汇票和有关拒绝证明，并出具所收到利息和费用的收据。

第七十一条 被追索人依照前条规定清偿后，可以向其他汇票债务人行使再追索权，请求其他汇票债务人支付下列金额和费用：

（一）已清偿的全部金额；

（二）前项金额自清偿日起至再追索清偿日止，按照中国人民银行规定的利率计算的利息；

（三）发出通知书的费用。

行使再追索权的被追索人获得清偿时，应当交出汇票和有关拒绝证明，并出具所收到利息和费用的收据。

第七十二条　被追索人依照前二条规定清偿债务后，其责任解除。

第三章　本　　票

第七十三条　本票是出票人签发的，承诺自己在见票时无条件支付确定的金额给收款人或者持票人的票据。

本法所称本票，是指银行本票。

第七十四条　本票的出票人必须具有支付本票金额的可靠资金来源，并保证支付。

第七十五条　本票必须记载下列事项：

（一）表明“本票”的字样；

（二）无条件支付的承诺；

（三）确定的金额；

（四）收款人名称；

（五）出票日期；

（六）出票人签章。

本票上未记载前款规定事项之一的，本票无效。

第七十六条　本票上记载付款地、出票地等事项的，应当清楚、明确。

本票上未记载付款地的，出票人的营业场所为付款地。

本票上未记载出票地的，出票人的营业场所为出票地。

第七十七条　本票的出票人在持票人提示见票时，必须承担付款的责任。

第七十八条　本票自出票日起，付款期限最长不得超过二个月。

第七十九条　本票的持票人未按照规定期限提示见票的，丧失对出票人以外的前手的追索权。

第八十条　本票的背书、保证、付款行为和追索权的行使，除本章规定外，适用本法第二章有关汇票的规定。

本票的出票行为，除本章规定外，适用本法第二十四条关于汇票的规定。

第四章　支　　票

第八十一条　支票是出票人签发的，委托办理支票存款业务的银行或者其他金融机构在见票时无条件支付确定的金额给收款人或者持票人的票据。

第八十二条　开立支票存款账户，申请人必须使用其本名，并提交证明其身份的合法证件。

开立支票存款账户和领用支票，应当有可靠的资信，并存入一定的资金。

开立支票存款账户，申请人应当预留其本名的签名式样和印鉴。

第八十三条 支票可以支取现金，也可以转账，用于转账时，应当在支票正面注明。

支票中专门用于支取现金的，可以另行制作现金支票，现金支票只能用于支取现金。

支票中专门用于转账的，可以另行制作转账支票，转账支票只能用于转账，不得支取现金。

第八十四条 支票必须记载下列事项：

（一）表明“支票”的字样；

（二）无条件支付的委托；

（三）确定的金额；

（四）付款人名称；

（五）出票日期；

（六）出票人签章。

支票上未记载前款规定事项之一的，支票无效。

第八十五条 支票上的金额可以由出票人授权补记，未补记前的支票，不得使用。

第八十六条 支票上未记载收款人名称的，经出票人授权，可以补记。

支票上未记载付款地的，付款人的营业场所为付款地。

支票上未记载出票地的，出票人的营业场所、住所或者经常居住地为出票地。

出票人可以在支票上记载自己为收款人。

第八十七条 支票的出票人所签发的支票金额不得超过其付款时在付款人处实有的存款金额。

出票人签发的支票金额超过其付款时在付款人处实有的存款金额的，为空头支票。禁止签发空头支票。

第八十八条 支票的出票人不得签发与其预留本名的签名式样或者印鉴不符的支票。

第八十九条 出票人必须按照签发的支票金额承担保证向该持票人付款的责任。

出票人在付款人处的存款足以支付支票金额时，付款人应当在当日足额付款。

第九十条 支票限于见票即付，不得另行记载付款日期。另行记载付款日期的，该记载无效。

第九十一条 支票的持票人应当自出票日起十日内提示付款；异地使用的支票，其提示付款的期限由中国人民银行另行规定。

超过提示付款期限的，付款人可以不予付款；付款人不予付款的，出票人仍应当对持票人承担票据责任。

第九十二条 付款人依法支付支票金额的，对出票人不再承担受委托付款的责任，对持票人不再承担付款的责任。但是，付款人以恶意或者有重大过失付款的除外。

第九十三条 支票的背书、付款行为和追索权的行使，除本章规定外，适用本法第二章有关汇票的规定。

支票的出票行为，除本章规定外，适用本法第二十四条、第二十六条关于汇票的规定。

第五章 涉外票据的法律适用

第九十四条 涉外票据的法律适用，依照本章的规定确定。

前款所称涉外票据，是指出票、背书、承兑、保证、付款等行为中，既有发生在中华人民共和国境内又有发生在中华人民共和国境外的票据。

第九十五条 中华人民共和国缔结或者参加的国际条约同本法有不同规定的，适用国际条约的规定。但是，中华人民共和国声明保留的条款除外。

本法和中华人民共和国缔结或者参加的国际条约没有规定的，可以适用国际惯例。

第九十六条 票据债务人的民事行为能力，适用其本国法律。

票据债务人的民事行为能力，依照其本国法律为无民事行为能力或者为限制民事行为能力而依照行为地法律为完全民事行为能力的，适用行为地法律。

第九十七条 汇票、本票出票时的记载事项，适用出票地法律。

支票出票时的记载事项，适用出票地法律，经当事人协议，也可以适用付款地法律。

第九十八条 票据的背书、承兑、付款和保证行为，适用行为地法律。

第九十九条 票据追索权的行使期限，适用出票地法律。

第一百条 票据的提示期限、有关拒绝证明的方式、出具拒绝证明的期限，适用付款地法律。

第一百零一条　票据丧失时，失票人请求保全票据权利的程序，适用付款地法律。

第六章　法律责任

第一百零二条　有下列票据欺诈行为之一的，依法追究刑事责任：

（一）伪造、变造票据的；

（二）故意使用伪造、变造的票据的；

（三）签发空头支票或者故意签发与其预留的本名签名式样或者印鉴不符的支票，骗取财物的；

（四）签发无可靠资金来源的汇票、本票，骗取资金的；

（五）汇票、本票的出票人在出票时作虚假记载，骗取财物的；

（六）冒用他人的票据，或者故意使用过期或者作废的票据，骗取财物的；

（七）付款人同出票人、持票人恶意串通，实施前六项所列行为之一的。

第一百零三条　有前条所列行为之一，情节轻微，不构成犯罪的，依照国家有关规定给予行政处罚。

第一百零四条　金融机构工作人员在票据业务中玩忽职守，对违反本法规定的票据予以承兑、付款或者保证的，给予处分；造成重大损失，构成犯罪的，依法追究刑事责任。

由于金融机构工作人员因前款行为给当事人造成损失的，由该金融机构和直接责任人员依法承担赔偿责任。

第一百零五条　票据的付款人对见票即付或者到期的票据，故意压票，拖延支付的，由金融行政管理部门处以罚款，对直接责任人员给予处分。

票据的付款人故意压票，拖延支付，给持票人造成损失的，依法承担赔偿责任。

第一百零六条　依照本法规定承担赔偿责任以外的其他违反本法规定的行为，给他人造成损失的，应当依法承担民事责任。

第七章　附　　则

第一百零七条　本法规定的各项期限的计算，适用民法通则关于计算期间的规定。

按月计算期限的，按到期月的对日计算；无对日的，月末日为到期日。

第一百零八条　汇票、本票、支票的格式应当统一。

票据凭证的格式和印制管理办法，由中国人民银行规定。

第一百零九条 票据管理的具体实施办法，由中国人民银行依照本法制定，报国务院批准后施行。

第一百一十条 本法自1996年1月1日起施行。

中国人民银行关于印发《支付结算办法》的通知

（银发［1997］393号）

中国人民银行各省、自治区、直辖市分行，深圳经济特区分行；各政策性银行，国有商业银行，交通银行，中信实业银行，中国光大银行，华夏银行，中国民生银行：

为了贯彻实施《中华人民共和国票据法》和国务院批准的《票据管理实施办法》，维护支付结算秩序，促进社会主义市场经济的发展，现将《支付结算办法》印发你们执行，并通知如下：

一、《支付结算办法》自1997年12月1日起施行，同时废止1988年12月19日印发的《银行结算办法》。

二、自1997年12月1日起取消国有商业银行签发50万元大额银行汇票通过人民银行清算资金的规定；各商业银行跨系统汇划款项和系统内50万元（含）以上大额汇划款项仍通过人民银行清算资金和转汇。

三、华东三省一市银行汇票结算办法及其会计核算手续将另文下发，新办法下发之前，仍按现行办法执行。

四、各家银行要加强领导，做好宣传、培训和组织执行等各项准备工作，确保《支付结算办法》的顺利实行。

对《支付结算办法》施行中的情况和问题，请及时报告中国人民银行总行。

中国人民银行

一九九七年九月十九日

支付结算办法

第一章 总 则

第一条 为了规范支付结算行为，保障支付结算活动中当事人的合法权益，加速资金周转和商品流通，促进社会主义市场经济的发展，依据《中华人民共和国票据法》（以下简称《票据法》）和《票据管理实施办法》以及有关法律、行政法规，制定本办法。

第二条 中华人民共和国境内人民币的支付结算适用本办法，但中国人民银行另有规定的除外。

第三条 本办法所称支付结算是指单位、个人在社会经济活动中使用票据、信用卡和汇兑、托收承付、委托收款等结算方式进行货币给付及其资金清算的行为。

第四条 支付结算工作的任务，是根据经济往来组织支付结算，准确、及时、安全办理支付结算，按照有关法律、行政法规和本办法的规定管理支付结算，保障支付结算活动的正常进行。

第五条 银行、城市信用合作社、农村信用合作社（以下简称银行）以及单位和个人（含个体工商户），办理支付结算必须遵守国家的法律、行政法规和本办法的各项规定，不得损害社会公共利益。

第六条 银行是支付结算和资金清算的中介机构。未经中国人民银行批准的非银行金融机构和其他单位不得作为中介机构经营支付结算业务。但法律、行政法规另有规定的除外。

第七条 单位、个人和银行应当按照《银行账户管理办法》的规定开立、使用账户。

第八条 在银行开立存款账户的单位和个人办理支付结算，账户内须有足够的资金保证支付，本办法另有规定的除外。没有开立存款账户的个人向银行交付款项后，也可以通过银行办理支付结算。

第九条 票据和结算凭证是办理支付结算的工具。单位、个人和银行办理支付结算，必须使用按中国人民银行统一规定印制的票据凭证和统一规定的结算凭证。

未使用按中国人民银行统一规定印制的票据，票据无效；未使用中国人民银行统一规定格式的结算凭证，银行不予受理。

第十条 单位、个人和银行签发票据、填写结算凭证，应按照本办法和附一《正确填写票据和结算凭证的基本规定》记载，单位和银行的名称应当记载全称或者规范化简称。

第十一条 票据和结算凭证上的签章，为签名、盖章或者签名加盖章。

单位、银行在票据上的签章和单位在结算凭证上的签章，为该单位、银行的盖章加其法定代表人或其授权的代理人的签名或盖章。

个人在票据和结算凭证上的签章，应为该个人本名的签名或盖章。

第十二条 票据和结算凭证的金额、出票或签发日期、收款人名称不得更改，更改的票据无效；更改的结算凭证，银行不予受理。

对票据和结算凭证上的其他记载事项，原记载人可以更改，更改时应当由原记载人在更改处签章证明。

第十三条 票据和结算凭证金额以中文大写和阿拉伯数字同时记载，二者必须一致，二者不一致的票据无效；二者不一致的结算凭证，银行不予受理。

少数民族地区和外国驻华使领馆根据实际需要，金额大写可以使用少数民族文字或者外国文字记载。

第十四条 票据和结算凭证上的签章和其他记载事项应当真实，不得伪造、变造。

票据上有伪造、变造的签章的，不影响票据上其他当事人真实签章的效力。

本条所称的伪造是指无权限人假冒他人或虚构他人名义签章的行为。签章的变造属于伪造。

本条所称的变造是指无权更改票据内容的人，对票据上签章以外的记载事项加以改变的行为。

第十五条 办理支付结算需要交验的个人有效身份证件是指居民身份证、军官证、警官证、文职干部证、士兵证、户口簿、护照、港澳台同胞回乡证等符合法律、行政法规以及国家有关规定的身份证件。

第十六条 单位、个人和银行办理支付结算必须遵守下列原则：

一、恪守信用，履约付款；

二、谁的钱进谁的账，由谁支配；

三、银行不垫款。

第十七条　银行以善意且符合规定和正常操作程序审查，对伪造、变造的票据和结算凭证上的签章以及需要交验的个人有效身份证件，未发现异常而支付金额的，对出票人或付款人不再承担受委托付款的责任，对持票人或收款人不再承担付款的责任。

第十八条　依法背书转让的票据，任何单位和个人不得冻结票据款项。但是法律另有规定的除外。

第十九条　银行依法为单位、个人在银行开立的基本存款账户、一般存款账户、专用存款账户和临时存款账户的存款保密，维护其资金的自主支配权。对单位、个人在银行开立上述存款账户的存款，除国家法律、行政法规另有规定外，银行不得为任何单位或者个人查询；除国家法律另有规定外，银行不代任何单位或者个人冻结、扣款，不得停止单位、个人存款的正常支付。

第二十条　支付结算实行集中统一和分级管理相结合的管理体制。

中国人民银行总行负责制定统一的支付结算制度，组织、协调、管理、监督全国的支付结算工作，调解、处理银行之间的支付结算纠纷。

中国人民银行省、自治区、直辖市分行根据统一的支付结算制度制定实施细则，报总行备案；根据需要可以制定单项支付结算办法，报经中国人民银行总行批准后执行。中国人民银行分、支行负责组织、协调、管理、监督本辖区的支付结算工作，调解、处理本辖区银行之间的支付结算纠纷。

政策性银行、商业银行总行可以根据统一的支付结算制度，结合本行情况，制定具体管理实施办法，报经中国人民银行总行批准后执行。政策性银行、商业银行负责组织、管理、协调本行内的支付结算工作，调解、处理本行内分支机构之间的支付结算纠纷。

第二章　票　据

第一节　基本规定

第二十一条　本办法所称票据，是指银行汇票、商业汇票、银行本票和支票。

第二十二条　票据的签发、取得和转让，必须具有真实的交易关系和债权债务关系。

票据的取得，必须给付对价。但因税收、继承、赠与可以依法无偿取得票据的，不受给付对价的限制。

第二十三条　银行汇票的出票人在票据上的签章，应为经中国人民银行批准使用的该银行汇票专用章加其法定代表人或其授权经办人的签名或者盖章。银行承兑商业汇票、办理商业汇票转贴现、再贴现时的签章，应为经中国人民银行批准使用的该银行汇票专用章加其法定代表人或其授权经办人的签名或者盖章。银行本票的出票人在票据上的签章，应为经中国人民银行批准使用的该银行本票专用章加其法定代表人或其授权经办人的签名或者盖章。

单位在票据上的签章，应为该单位的财务专用章或者公章加其法定代表人或其授权的代理人的签名或者盖章。个人在票据上的签章，应为该个人的签名或者盖章。

支票的出票人和商业承兑汇票的承兑人在票据上的签章，应为其预留银行的签章。

第二十四条 出票人在票据上的签章不符合《票据法》、《票据管理实施办法》和本办法规定的，票据无效；承兑人、保证人在票据上的签章不符合《票据法》、《票据管理实施办法》和本办法规定的，其签章无效，但不影响其他符合规定签章的效力；背书人在票据上的签章不符合《票据法》、《票据管理实施办法》和本办法规定的，其签章无效，但不影响其前手符合规定签章的效力。

第二十五条 出票人在票据上的记载事项必须符合《票据法》、《票据管理实施办法》和本办法的规定。票据上可以记载《票据法》和本办法规定事项以外的其他出票事项，但是该记载事项不具有票据上的效力，银行不负审查责任。

第二十六条 区域性银行汇票仅限于出票人向本区域内的收款人出票，银行本票和支票仅限于出票人向其票据交换区域内的收款人出票。

第二十七条 票据可以背书转让，但填明“现金”字样的银行汇票、银行本票和用于支取现金的支票不得背书转让。

区域性银行汇票仅限于在本区域内背书转让。银行本票、支票仅限于在其票据交换区域内背书转让。

第二十八条 区域性银行汇票和银行本票、支票出票人向规定区域以外的收款人出票的，背书人向规定区域以外的被背书人转让票据的，区域外的银行不予受理，但出票人、背书人仍应承担票据责任。

第二十九条 票据背书转让时，由背书人在票据背面签章、记载被背书人名称和背书日期。背书未记载日期的，视为在票据到期日前背书。

持票人委托银行收款或以票据质押的，除按上款规定记载背书外，还应在背书人栏记载“委托收款”或“质押”字样。

第三十条　票据出票人在票据正面记载“不得转让”字样的，票据不得转让；其直接后手再背书转让的，出票人对其直接后手的被背书人不承担保证责任，对被背书人提示付款或委托收款的票据，银行不予受理。

票据背书人在票据背面背书人栏记载“不得转让”字样的，其后手再背书转让的，记载“不得转让”字样的背书人对其后手的被背书人不承担保证责任。

第三十一条　票据被拒绝承兑、拒绝付款或者超过付款提示期限的，不得背书转让。背书转让的，背书人应当承担票据责任。

第三十二条　背书不得附有条件。背书附有条件的，所附条件不具有票据上的效力。

第三十三条　以背书转让的票据，背书应当连续。持票人以背书的连续，证明其票据权利。非经背书转让，而以其他合法方式取得票据的，依法举证，证明其票据权利。

背书连续，是指票据第一次背书转让的背书人是票据上记载的收款人，前次背书转让的被背书人是后一次背书转让的背书人，依次前后衔接，最后一次背书转让的被背书人是票据的最后持票人。

第三十四条　票据的背书人应当在票据背面的背书栏依次背书。背书栏不敷背书的，可以使用统一格式的粘单，粘附于票据凭证上规定的粘接处。粘单上的第一记载人，应当在票据和粘单的粘接处签章。

第三十五条　银行汇票、商业汇票和银行本票的债务可以依法由保证人承担保证责任。

保证人必须按照《票据法》的规定在票据上记载保证事项。保证人为出票人、承兑人保证的，应将保证事项记载在票据的正面；保证人为背书人保证的，应将保证事项记载在票据的背面或粘单上。

第三十六条　商业汇票的持票人超过规定期限提示付款的，丧失对其前手的追索权，持票人在作出说明后，仍可以向承兑人请求付款。

银行汇票、银行本票的持票人超过规定期限提示付款的，丧失对出票人以外的前手的追索权，持票人在作出说明后，仍可以向出票人请求付款。

支票的持票人超过规定的期限提示付款的，丧失对出票人以外的前手的追索权。

第三十七条　通过委托收款银行或者通过票据交换系统向付款人或代理付款人提示付款的，视同持票人提示付款；其提示付款日期以持票人向开户银行提交票据日为准。

付款人或代理付款人应于见票当日足额付款。

本条所称"代理付款人"是指根据付款人的委托，代理其支付票据金额的银行。

第三十八条 票据债务人对下列情况的持票人可以拒绝付款：

（一）对不履行约定义务的与自己有直接债权债务关系的持票人；

（二）以欺诈、偷盗或者胁迫等手段取得票据的持票人；

（三）对明知有欺诈、偷盗或者胁迫等情形，出于恶意取得票据的持票人；

（四）明知债务人与出票人或者持票人的前手之间存在抗辩事由而取得票据的持票人；

（五）因重大过失取得不符合《票据法》规定的票据的持票人；

（六）对取得背书不连续票据的持票人；

（七）符合《票据法》规定的其他抗辩事由。

第三十九条 票据债务人对下列情况不得拒绝付款：

（一）与出票人之间有抗辩事由；

（二）与持票人的前手之间有抗辩事由。

第四十条 票据到期被拒绝付款或者在到期前被拒绝承兑，承兑人或付款人死亡、逃匿的，承兑人或付款人被依法宣告破产的或者因违法被责令终止业务活动的，持票人可以对背书人、出票人以及票据的其他债务人行使追索权。

持票人行使追索权，应当提供被拒绝承兑或者被拒绝付款的拒绝证明或者退票理由书以及其他有关证明。

第四十一条 本办法所称"拒绝证明"应当包括下列事项：

（一）被拒绝承兑、付款的票据种类及其主要记载事项；

（二）拒绝承兑、付款的事实依据和法律依据；

（三）拒绝承兑、付款的时间；

（四）拒绝承兑人、拒绝付款人的签章。

第四十二条 本办法所称退票理由书应当包括下列事项：

（一）所退票据的种类；

（二）退票的事实依据和法律依据；

（三）退票时间；

（四）退票人签章。

第四十三条 本办法所称的其他证明是指：

（一）医院或者有关单位出具的承兑人、付款人死亡证明；

（二）司法机关出具的承兑人、付款人逃匿的证明；

（三）公证机关出具的具有拒绝证明效力的文书。

第四十四条 持票人应当自收到被拒绝承兑或者被拒绝付款的有关证明之日起3日内，将被拒绝事由书面通知其前手；其前手应当自收到通知之日起3日内书面通知其再前手。持票人也可以同时向各票据债务人发出书面通知。

未按照前款规定期限通知的，持票人仍可以行使追索权。

第四十五条 持票人可以不按照票据债务人的先后顺序，对其中任何一人、数人或者全体行使追索权。

持票人对票据债务人中的一人或者数人已经进行追索的，对其他票据债务人仍可以行使追索权。被追索人清偿债务后，与持票人享有同一权利。

第四十六条 持票人行使追索权，可以请求被追索人支付下列金额和费用：

（一）被拒绝付款的票据金额；

（二）票据金额自到期日或者提示付款日起至清偿日止按照中国人民银行规定的同档次流动资金贷款利率计算的利息。

（三）取得有关拒绝证明和发出通知书的费用。

被追索人清偿债务时，持票人应当交出票据和有关拒绝证明，并出具所收到利息和费用的收据。

第四十七条 被追索人依照前条规定清偿后，可以向其他票据债务人行使再追索权，请求其他票据债务人支付下列金额和费用：

（一）已清偿的全部金额；

（二）前项金额自清偿日起至再追索清偿日止，按照中国人民银行规定的同档次流动资金贷款利率计算的利息；

（三）发出通知书的费用。

行使再追索权的被追索人获得清偿时，应当交出票据和有关拒绝证明，并出具所收到利息和费用的收据。

第四十八条 已承兑的商业汇票、支票、填明“现金”字样和代理付款人的银行汇票以及填明“现金”字样的银行本票丧失，可以由失票人通知付款人或者代理付款人挂失止付。

未填明“现金”字样和代理付款人的银行汇票以及未填明“现金”字样的银行本票丧失，不得挂失止付。

第四十九条 允许挂失止付的票据丧失，失票人需要挂失止付的，应填写挂失止付通知书并签章。挂失止付通知书应当记载下列事项：

（一）票据丧失的时间、地点、原因；

（二）票据的种类、号码、金额、出票日期、付款日期、付款人名称、收款人名称；

（三）挂失止付人的姓名、营业场所或者住所以及联系方法。

欠缺上述记载事项之一的，银行不予受理。

第五十条 付款人或者代理付款人收到挂失止付通知书后，查明挂失票据确未付款时，应立即暂停支付。付款人或者代理付款人自收到挂失止付通知书之日起12日内没有收到人民法院的止付通知书的，自第13日起，持票人提示付款并依法向持票人付款的，不再承担责任。

第五十一条 付款人或者代理付款人在收到挂失止付通知书之前，已经向持票人付款的，不再承担责任。但是，付款人或者代理付款人以恶意或者重大过失付款的除外。

第五十二条 银行汇票的付款地为代理付款人或出票人所在地，银行本票的付款地为出票人所在地，商业汇票的付款地为承兑人所在地，支票的付款地为付款人所在地。

第二节 银行汇票

第五十三条 银行汇票是出票银行签发的，由其在见票时按照实际结算金额无条件支付给收款人或者持票人的票据。

银行汇票的出票银行为银行汇票的付款人。

第五十四条 单位和个人各种款项结算，均可使用银行汇票。

银行汇票可以用于转账，填明“现金”字样的银行汇票也可以用于支取现金。

第五十五条 银行汇票的出票和付款，全国范围限于中国人民银行和各商业银行参加“全国联行往来”的银行机构办理。跨系统银行签发的转账银行汇票的付款，应通过同城票据交换将银行汇票和解讫通知提交给同城的有关银行审核支付后抵用。代理付款人不得受理未在本行开立存款账户的持票人为单位直接提交的银行汇票。省、自治区、直辖市内和跨省、市的经济区域内银行汇票的出票和付款，按照有关规定办理。

银行汇票的代理付款人是代理本系统出票银行或跨系统签约银行审核支付汇票款项的银行。

第五十六条 签发银行汇票必须记载下列事项：

（一）表明“银行汇票”的字样；

（二）无条件支付的承诺；

（三）出票金额；

（四）付款人名称；

（五）收款人名称；

（六）出票日期；

（七）出票人签章。

欠缺记载上列事项之一的，银行汇票无效。

第五十七条 银行汇票的提示付款期限自出票日起1个月。

持票人超过付款期限提示付款的，代理付款人不予受理。

第五十八条 申请人使用银行汇票，应向出票银行填写“银行汇票申请书”，填明收款人名称、汇票金额、申请人名称、申请日期等事项并签章，签章为其预留银行的签章。

申请人和收款人均为个人，需要使用银行汇票向代理付款人支取现金的，申请人须在“银行汇票申请书”上填明代理付款人名称，在“汇票金额”栏先填写“现金”字样，后填写汇票金额。

申请人或者收款人为单位的，不得在“银行汇票申请书”上填明“现金”字样。

第五十九条 出票银行受理银行汇票申请书，收妥款项后签发银行汇票，并用压数机压印出票金额，将银行汇票和解讫通知一并交给申请人。

签发转账银行汇票，不得填写代理付款人名称，但由人民银行代理兑付银行汇票的商业银行，向设有分支机构地区签发转账银行汇票的除外。

签发现金银行汇票，申请人和收款人必须均为个人，收妥申请人交存的现金后，在银行汇票“出票金额”栏先填写“现金”字样，后填写出票金额，并填写代理付款人名称。申请人或者收款人为单位的，银行不得为其签发现金银行汇票。

第六十条 申请人应将银行汇票和解讫通知一并交付给汇票上记明的收款人。

收款人受理银行汇票时，应审查下列事项：

（一）银行汇票和解讫通知是否齐全、汇票号码和记载的内容是否一致；

（二）收款人是否确为本单位或本人；

（三）银行汇票是否在提示付款期限内；

（四）必须记载的事项是否齐全；

（五）出票人签章是否符合规定，是否有压数机压印的出票金额，并与大写出票金额一致；

（六）出票金额、出票日期、收款人名称是否更改，更改的其他记载事项是否由原记载人签章证明。

第六十一条 收款人受理申请人交付的银行汇票时，应在出票金额以内，根据实际需要的款项办理结算，并将实际结算金额和多余金额准确、清晰地填入银行汇票和解讫通知的有关栏内。未填明实际结算金额和多余金额或实际结算金额超过出票金额的，银行不予受理。

第六十二条 银行汇票的实际结算金额不得更改，更改实际结算金额的银行汇票无效。

第六十三条 收款人可以将银行汇票背书转让给被背书人。

银行汇票的背书转让以不超过出票金额的实际结算金额为准。未填写实际结算金额或实际结算金额超过出票金额的银行汇票不得背书转让。

第六十四条 被背书人受理银行汇票时，除按照第六十条的规定审查外，还应审查下列事项：

（一）银行汇票是否记载实际结算金额，有无更改，其金额是否超过出票金额；

（二）背书是否连续，背书人签章是否符合规定，背书使用粘单的是否按规定签章；

（三）背书人为个人的身份证件。

第六十五条 持票人向银行提示付款时，必须同时提交银行汇票和解讫通知，缺少任何一联，银行不予受理。

第六十六条 在银行开立存款账户的持票人向开户银行提示付款时，应在汇票背面“持票人向银行提示付款签章”处签章，签章须与预留银行签章相同，并将银行汇票和解讫通知、进账单送交开户银行。银行审查无误后办理转账。

第六十七条 未在银行开立存款账户的个人持票人，可以向选择的任何一家银行机构提示付款。提示付款时，应在汇票背面“持票人向银行提示付款签章”处签章，并填明本人身份证件名称、号码及发证机关，由其本人向银行提交身份证件及其复印件。银行审核无误后，将其身份证件复印件留存备查，并以持票人的姓名开立汇款及临时存款账户，该账户只付不收，付完清户，不计付利息。

转账支付的，应由原持票人向银行填制支款凭证，并由本人交验其身份证件办理支付款项。该账户的款项只能转入单位或个体工商户的存款账户，严禁转入储蓄和信用卡账户。

支取现金的，银行汇票上必须有出票银行按规定填明的“现金”字样，才能办理。未填明“现金”字样，需要支取现金的，由银行按照国家现金管理规定审查支付。

持票人对填明“现金”字样的银行汇票，需要委托他人向银行提示付款的，应在银行汇票背面背书栏签章，记载“委托收款”字样、被委托人姓名和背书日期以及委托人身份证件名称、号码、发证机关。被委托人向银行提示付款时，也应在银行汇票背面“持票人向银行提示付款签章”处签章，记载证件名称、号码及发证机关，并同时向银行交验委托人和被委托人的身份证件及其复印件。

第六十八条　银行汇票的实际结算金额低于出票金额的，其多余金额由出票银行退交申请人。

第六十九条　持票人超过期限向代理付款银行提示付款不获付款的，须在票据权利时效内向出票银行作出说明，并提供本人身份证件或单位证明，持银行汇票和解讫通知向出票银行请求付款。

第七十条　申请人因银行汇票超过付款提示期限或其他原因要求退款时，应将银行汇票和解讫通知同时提交出票银行。申请人为单位的，应出具该单位的证明；申请人为个人的，应出具该本人的身份证件。对于代理付款银行查询的该张银行汇票，应在汇票提示付款期满后方能办理退款。出票银行对于转账银行汇票的退款，只能转入原申请人账户；对于符合规定填明“现金”字样银行汇票的退款，才能退付现金。

申请人缺少解讫通知要求退款的，出票银行应于银行汇票提示付款期满一个月后办理。

第七十一条　银行汇票丧失，失票人可以凭人民法院出具的其享有票据权利的证明，向出票银行请求付款或退款。

第三节　商 业 汇 票

第七十二条　商业汇票是出票人签发的，委托付款人在指定日期无条件支付确定的金额给收款人或者持票人的票据。

第七十三条　商业汇票分为商业承兑汇票和银行承兑汇票。

商业承兑汇票由银行以外的付款人承兑。

银行承兑汇票由银行承兑。

商业汇票的付款人为承兑人。

第七十四条　在银行开立存款账户的法人以及其他组织之间，必须具有真实的交易关系或债权债务关系，才能使用商业汇票。

第七十五条 商业承兑汇票的出票人，为在银行开立存款账户的法人以及其他组织，与付款人具有真实的委托付款关系，具有支付汇票金额的可靠资金来源。

第七十六条 银行承兑汇票的出票人必须具备下列条件：

（一）在承兑银行开立存款账户的法人以及其他组织；

（二）与承兑银行具有真实的委托付款关系；

（三）资信状况良好，具有支付汇票金额的可靠资金来源。

第七十七条 出票人不得签发无对价的商业汇票用以骗取银行或者其他票据当事人的资金。

第七十八条 签发商业汇票必须记载下列事项：

（一）表明“商业承兑汇票”或“银行承兑汇票”的字样；

（二）无条件支付的委托；

（三）确定的金额；

（四）付款人名称；

（五）收款人名称；

（六）出票日期；

（七）出票人签章。

欠缺记载上列事项之一的，商业汇票无效。

第七十九条 商业承兑汇票可以由付款人签发并承兑，也可以由收款人签发交由付款人承兑。

银行承兑汇票应由在承兑银行开立存款账户的存款人签发。

第八十条 商业汇票可以在出票时向付款人提示承兑后使用，也可以在出票后先使用再向付款人提示承兑。

定日付款或者出票后定期付款的商业汇票，持票人应当在汇票到期日前向付款人提示承兑。见票后定期付款的汇票，持票人应当自出票日起1个月内向付款人提示承兑。

汇票未按照规定期限提示承兑的，持票人丧失对其前手的追索权。

第八十一条 商业汇票的付款人接到出票人或持票人向其提示承兑的汇票时，应当向出票人或持票人签发收到汇票的回单，记明汇票提示承兑日期并签章。付款人应当在自收到提示承兑的汇票之日起3日内承兑或者拒绝承兑。

付款人拒绝承兑的，必须出具拒绝承兑的证明。

第八十二条 商业汇票的承兑银行，必须具备下列条件：

（一）与出票人具有真实的委托付款关系；

（二）具有支付汇票金额的可靠资金；

（三）内部管理完善，经其法人授权的银行审定。

第八十三条　银行承兑汇票的出票人或持票人向银行提示承兑时，银行的信贷部门负责按照有关规定和审批程序，对出票人的资格、资信、购销合同和汇票记载的内容进行认真审查，必要时可由出票人提供担保。符合规定和承兑条件的，与出票人签订承兑协议。

第八十四条　付款人承兑商业汇票，应当在汇票正面记载“承兑”字样和承兑日期并签章。

第八十五条　付款人承兑商业汇票，不得附有条件；承兑附有条件的，视为拒绝承兑。

第八十六条　银行承兑汇票的承兑银行，应按票面金额向出票人收取万分之五的手续费。

第八十七条　商业汇票的付款期限，最长不得超过6个月。

定日付款的汇票付款期限自出票日起计算，并在汇票上记载具体的到期日。

出票后定期付款的汇票付款期限自出票日起按月计算，并在汇票上记载。

见票后定期付款的汇票付款期限自承兑或拒绝承兑日起按月计算，并在汇票上记载。

第八十八条　商业汇票的提示付款期限，自汇票到期日起10日。

持票人应在提示付款期限内通过开户银行委托收款或直接向付款人提示付款。对异地委托收款的，持票人可匡算邮程，提前通过开户银行委托收款。持票人超过提示付款期限提示付款的，持票人开户银行不予受理。

第八十九条　商业承兑汇票的付款人开户银行收到通过委托收款寄来的商业承兑汇票，将商业承兑汇票留存，并及时通知付款人。

（一）付款人收到开户银行的付款通知，应在当日通知银行付款。付款人在接到通知日的次日起3日内（遇法定休假日顺延，下同）未通知银行付款的，视同付款人承诺付款，银行应于付款人接到通知日的次日起第4日（法定休假日顺延，下同）上午开始营业时，将票款划给持票人。

付款人提前收到由其承兑的商业汇票，应通知银行于汇票到期日付款。付款人在接到通知日的次日起3日内未通知银行付款，付款人接到通知日的次日起第4日在汇票到期日之前的，银行应于汇票到期日将票款划给持票人。

（二）银行在办理划款时，付款人存款账户不足支付的，应填制付款人未付票款通知书，连同商业承兑汇票邮寄持票人开户银行转交持票人。

（三）付款人存在合法抗辩事由拒绝支付的，应自接到通知日的次日起3日内，作成拒绝付款证明送交开户银行，银行将拒绝付款证明和商业承兑汇票邮寄持票人开户银行转交持票人。

第九十条 银行承兑汇票的出票人应于汇票到期前将票款足额交存其开户银行。承兑银行应在汇票到期日或到期日后的见票当日支付票款。

承兑银行存在合法抗辩事由拒绝支付的，应自接到商业汇票的次日起3日内，作成拒绝付款证明，连同商业银行承兑汇票邮寄持票人开户银行转交持票人。

第九十一条 银行承兑汇票的出票人于汇票到期日未能足额交存票款时，承兑银行除凭票向持票人无条件付款外，对出票人尚未支付的汇票金额按照每天万分之五计收利息。

第九十二条 商业汇票的持票人向银行办理贴现必须具备下列条件：

（一）在银行开立存款账户的企业法人以及其他组织；

（二）与出票人或者直接前手之间具有真实的商品交易关系；

（三）提供与其直接前手之间的增值税发票和商品发运单据复印件。

第九十三条 符合条件的商业汇票的持票人可持未到期的商业汇票连同贴现凭证向银行申请贴现。贴现银行可持未到期的商业汇票向其他银行转贴现，也可向中国人民银行申请再贴现。贴现、转贴现、再贴现时，应作成转让背书，并提供贴现申请人与其直接前手之间的增值税发票和商品发运单据复印件。

第九十四条 贴现、转贴现和再贴现的期限从其贴现之日起至汇票到期日止。实付贴现金额按票面金额扣除贴现日至汇票到期前1日的利息计算。

承兑人在异地的，贴现、转贴现和再贴现的期限以及贴现利息的计算应另加3天的划款日期。

第九十五条 贴现、转贴现、再贴现到期，贴现、转贴现、再贴现银行应向付款人收取票款。不获付款的，贴现、转贴现、再贴现银行应向其前手追索票款。贴现、再贴现银行追索票款时可从申请人的存款账户收取票款。

第九十六条 存款人领购商业汇票，必须填写“票据和结算凭证领用单”并签章，签章应与预留银行的签章相符。存款账户结清时，必须将全部剩余空白商业汇票交回银行注销。

第四节 银行本票

第九十七条 银行本票是银行签发的，承诺自己在见票时无条件支付确定的金额给收款人或者持票人的票据。

第九十八条　单位和个人在同一票据交换区域需要支付各种款项，均可以使用银行本票。

银行本票可以用于转账，注明“现金”字样的银行本票可以用于支取现金。

第九十九条　银行本票分为不定额本票和定额本票两种。

第一百条　银行本票的出票人，为经中国人民银行当地分支行批准办理银行本票业务的银行机构。

第一百零一条　签发银行本票必须记载下列事项：

（一）表明“银行本票”的字样；

（二）无条件支付的承诺；

（三）确定的金额；

（四）收款人名称；

（五）出票日期；

（六）出票人签章。

欠缺记载上列事项之一的，银行本票无效。

第一百零二条　定额银行本票面额为1千元、5千元、1万元和5万元。

第一百零三条　银行本票的提示付款期限自出票日起最长不得超过2个月。

持票人超过付款期限提示付款的，代理付款人不予受理。

银行本票的代理付款人是代理出票银行审核支付银行本票款项的银行。

第一百零四条　申请人使用银行本票，应向银行填写“银行本票申请书”，填明收款人名称、申请人名称、支付金额、申请日期等事项并签章。申请人和收款人均为个人需要支取现金的，应在“支付金额”栏先填写“现金”字样，后填写支付金额。

申请人或收款人为单位的，不得申请签发现金银行本票。

第一百零五条　出票银行受理银行本票申请书，收妥款项签发银行本票。用于转账的，在银行本票上划去“现金”字样；申请人和收款人均为个人需要支取现金的，在银行本票上划去“转账”字样。不定额银行本票用压数机压印出票金额。出票银行在银行本票上签章后交给申请人。

申请人或收款人为单位的，银行不得为其签发现金银行本票。

第一百零六条　申请人应将银行本票交付给本票上记明的收款人。

收款人受理银行本票时，应审查下列事项：

（一）收款人是否确为本单位或本人；

（二）银行本票是否在提示付款期限内；

（三）必须记载的事项是否齐全；

（四）出票人签章是否符合规定，不定额银行本票是否有压数机压印的出票金额，并与大写出票金额一致；

（五）出票金额、出票日期、收款人名称是否更改，更改的其他记载事项是否由原记载人签章证明。

第一百零七条 收款人可以将银行本票背书转让给被背书人。

被背书人受理银行本票时，除按照第一百零六条的规定审查外，还应审查下列事项：

（一）背书是否连续，背书人签章是否符合规定，背书使用粘单的是否按规定签章；

（二）背书人为个人的身份证件。

第一百零八条 银行本票见票即付。跨系统银行本票的兑付，持票人开户银行可根据中国人民银行规定的金融机构同业往来利率向出票银行收取利息。

第一百零九条 在银行开立存款账户的持票人向开户银行提示付款时，应在银行本票背面"持票人向银行提示付款签章"处签章，签章须与预留银行签章相同，并将银行本票、进账单送交开户银行。银行审查无误后办理转账。

第一百一十条 未在银行开立存款账户的个人持票人，凭注明"现金"字样的银行本票向出票银行支取现金的，应在银行本票背面签章，记载本人身份证件名称、号码及发证机关，并交验本人身份证件及其复印件。

持票人对注明"现金"字样的银行本票需要委托他人向出票银行提示付款的，应在银行本票背面"持票人向银行提示付款签章"处签章，记载"委托收款"字样、被委托人姓名和背书日期以及委托人身份证件名称、号码、发证机关。被委托人向出票银行提示付款时，也应在银行本票背面"持票人向银行提示付款签章"处签章，记载证件名称、号码及发证机关，并同时交验委托人和被委托人的身份证件及其复印件。

第一百一十一条 持票人超过提示付款期限不获付款的，在票据权利时效内向出票银行作出说明，并提供本人身份证件或单位证明，可持银行本票向出票银行请求付款。

第一百一十二条 申请人因银行本票超过提示付款期限或其他原因要求退款时，应将银行本票提交到出票银行，申请人为单位的，应出具该单位的证明；申请人为个人的，应出具该本人的身份证件。出票银行对于在本行开立存款账户的申请人，只能将款项转入原申请人账户；对于现金银行本票和未在本行开立存款账户的申请人，才能退付现金。

第一百一十三条　银行本票丧失，失票人可以凭人民法院出具的其享有票据权利的证明，向出票银行请求付款或退款。

第五节　支　票

第一百一十四条　支票是出票人签发的，委托办理支票存款业务的银行在见票时无条件支付确定的金额给收款人或者持票人的票据。

第一百一十五条　支票上印有“现金”字样的为现金支票，现金支票只能用于支取现金。

支票上印有“转账”字样的为转账支票，转账支票只能用于转账。

支票上未印有“现金”或“转账”字样的为普通支票，普通支票可以用于支取现金，也可以用于转账。在普通支票左上角划两条平行线的，为划线支票，划线支票只能用于转账，不得支取现金。

第一百一十六条　单位和个人在同一票据交换区域的各种款项结算，均可以使用支票。

第一百一十七条　支票的出票人，为在经中国人民银行当地分支行批准办理支票业务的银行机构开立可以使用支票的存款账户的单位和个人。

第一百一十八条　签发支票必须记载下列事项：

（一）表明“支票”的字样；

（二）无条件支付的委托；

（三）确定的金额；

（四）付款人名称；

（五）出票日期；

（六）出票人签章；

欠缺记载上列事项之一的，支票无效。

支票的付款人为支票上记载的出票人开户银行。

第一百一十九条　支票的金额、收款人名称，可以由出票人授权补记。未补记前不得背书转让和提示付款。

第一百二十条　签发支票应使用炭素墨水或墨汁填写，中国人民银行另有规定的除外。

第一百二十一条　签发现金支票和用于支取现金的普通支票，必须符合国家现金管理的规定。

第一百二十二条　支票的出票人签发支票的金额不得超过付款时在付款人处实有的存款金额。禁止签发空头支票。

第一百二十三条 支票的出票人预留银行签章是银行审核支票付款的依据。银行也可以与出票人约定使用支付密码，作为银行审核支付支票金额的条件。

第一百二十四条 出票人不得签发与其预留银行签章不符的支票；使用支付密码的，出票人不得签发支付密码错误的支票。

第一百二十五条 出票人签发空头支票，签章与预留银行签章不符的支票，使用支付密码地区、支付密码错误的支票，银行应予以退票，并按票面金额处以百分之五但不低于1千元的罚款；持票人有权要求出票人赔偿支票金额2%的赔偿金。对屡次签发的，银行应停止其签发支票。

第一百二十六条 支票的提示付款期限自出票日起10日，但中国人民银行另有规定的除外。超过提示付款期限提示付款的，持票人开户银行不予受理，付款人不予付款。

第一百二十七条 持票人可以委托开户银行收款或直接向付款人提示付款。用于支取现金的支票仅限于收款人向付款人提示付款。

持票人委托开户银行收款的支票，银行应通过票据交换系统收妥后入账。

持票人委托开户银行收款时，应作委托收款背书，在支票背面背书人签章栏签章、记载“委托收款”字样、背书日期，在被背书人栏记载开户银行名称，并将支票和填制的进账单送交开户银行。持票人持用于转账的支票向付款人提示付款时，应在支票背面背书人签章栏签章，并将支票和填制的进账单交送出票人开户银行。收款人持用于支取现金的支票向付款人提示付款时，应在支票背面“收款人签章”处签章，持票人为个人的，还需交验本人身份证件，并在支票背面注明证件名称、号码及发证机关。

第一百二十八条 出票人在付款人处的存款足以支付支票金额时，付款人应当在见票当日足额付款。

第一百二十九条 存款人领购支票，必须填写“票据和结算凭证领用单”并签章，签章应与预留银行的签章相符。存款账户结清时，必须将全部剩余空白支票交回银行注销。

第三章 信 用 卡

第一百三十条 信用卡是指商业银行向个人和单位发行的，凭以向特约单位购物、消费和向银行存取现金，且具有消费信用的特制载体卡片。

第一百三十一条 信用卡按使用对象分为单位卡和个人卡；按信誉等级分为金卡和普通卡。

第一百三十二条　商业银行（包括外资银行、合资银行）、非银行金融机构未经中国人民银行批准不得发行信用卡。

非金融机构、境外金融机构的驻华代表机构不得发行信用卡和代理收单结算业务。

第一百三十三条　申请发行信用卡的银行、非银行金融机构，必须具备下列条件：

（一）符合中国人民银行颁布的商业银行资产负债比例监控指标；

（二）相应的管理机构；

（三）合格的管理人员和技术人员；

（四）健全的管理制度和安全制度；

（五）必要的电信设备和营业场所；

（六）中国人民银行规定的其他条件。

第一百三十四条　商业银行、非银行金融机构开办信用卡业务须报经中国人民银行总行批准；其所属分、支机构开办信用卡业务，须报经辖区内中国人民银行分、支行备案。

第一百三十五条　凡在中国境内金融机构开立基本存款账户的单位可申领单位卡。单位卡可申领若干张，持卡人资格由申领单位法定代表人或其委托的代理人书面指定和注销。

凡具有完全民事行为能力的公民可申领个人卡。个人卡的主卡持卡人可为其配偶及年满18周岁的亲属申领附属卡，申领的附属卡最多不得超过两张，也有权要求注销其附属卡。

第一百三十六条　单位或个人申领信用卡，应按规定填制申请表，连同有关资料一并送交发卡银行。符合条件并按银行要求交存一定金额的备用金后，银行为申领人开立信用卡存款账户，并发给信用卡。

第一百三十七条　单位卡账户的资金一律从其基本存款账户转账存入，不得交存现金，不得将销货收入的款项存入其账户。

个人卡账户的资金以其持有的现金存入或以其工资性款项及属于个人的劳务报酬收入转账存入。严禁将单位的款项存入个人卡账户。

第一百三十八条　发卡银行可根据申请人的资信程度，要求其提供担保。担保的方式可采用保证、抵押或质押。

第一百三十九条　信用卡备用金存款利息，按照中国人民银行规定的活期存款利率及计息办法计算。

第一百四十条　信用卡仅限于合法持卡人本人使用，持卡人不得出租或转借信用卡。

第一百四十一条 发卡银行应建立授权审批制度；信用卡结算超过规定限额的必须取得发卡银行的授权。

第一百四十二条 持卡人可持信用卡在特约单位购物、消费。单位卡不得用于10万元以上的商品交易、劳务供应款项的结算。

第一百四十三条 持卡人凭卡购物、消费时，需将信用卡和身份证件一并交特约单位。智能卡（下称IC卡）、照片卡可免验身份证件。

特约单位不得拒绝受理持卡人合法持有的、签约银行发行的有效信用卡，不得因持卡人使用信用卡而向其收取附加费用。

第一百四十四条 特约单位受理信用卡时，应审查下列事项：

（一）确为本单位可受理的信用卡；

（二）信用卡在有效期内，未列入“止付名单”；

（三）签名条上没有“样卡”或“专用卡”等非正常签名的字样；

（四）信用卡无打孔、剪角、毁坏或涂改的痕迹；

（五）持卡人身份证件或卡片上的照片与持卡人相符，但使用IC卡、照片卡或持卡人凭密码在销售点终端上消费、购物，可免验身份证件（下同）；

（六）卡片正面的拼音姓名与卡片背面的签名和身份证件上的姓名一致。

第一百四十五条 特约单位受理信用卡审查无误的，在签购单上压卡，填写实际结算金额、用途、持卡人身份证件号码、特约单位名称和编号。如超过支付限额的，应向发卡银行索权并填写授权号码，交持卡人签名确认，同时核对其签名与卡片背面签名是否一致。无误后，对同意按经办人填写的金额和用途付款的，由持卡人在签购单上签名确认，并将信用卡、身份证件和第一联签购单交还给持卡人。

审查发现问题的，应及时与签约银行联系，征求处理意见。对止付的信用卡，应收回并交还发卡银行。

第一百四十六条 特约单位不得通过压卡、签单和退货等方式支付持卡人现金。

第一百四十七条 特约单位在每日营业终了，应将当日受理的信用卡签购单汇总，计算手续费和净计金额，并填写汇（总）计单和进账单，连同签购单一并送交收单银行办理进账。

第一百四十八条 收单银行接到特约单位送交的各种单据，经审查无误后，为特约单位办理进账。

第一百四十九条 持卡人要求退货的，特约单位应使用退货单办理压

（刷）卡，并将退货单金额从当日签购单累计金额中抵减，退货单随签购单一并送交收单银行。

第一百五十条　单位卡一律不得支取现金。

第一百五十一条　个人卡持卡人在银行支取现金时，应将信用卡和身份证件一并交发卡银行或代理银行。IC 卡、照片卡以及凭密码在 POS 上支取现金的可免验身份证件。

发卡银行或代理银行压（刷）卡后，填写取现单，经审查无误，交持卡人签名确认。超过支付限额的，代理银行应向发卡银行索权，并在取现单上填写授权号码。办理付款手续后，将现金、信用卡、身份证件和取现单回单联交给持卡人。

第一百五十二条　发卡银行收到代理银行通过同城票据交换或本系统联行划转的各种单据审核无误后办理付款。

第一百五十三条　信用卡透支额，金卡最高不得超过 1 万元，普通卡最高不得超过 5 千元。

信用卡透支期限最长为 60 天。

第一百五十四条　信用卡透支利息，自签单日或银行记账日起 15 日内按日息万分之五计算，超过 15 日按日息万分之十计算，超过 30 日或透支金额超过规定限额的，按日息万分之十五计算。透支计息不分段，按最后期限或者最高透支额的最高利率档次计息。

第一百五十五条　持卡人使用信用卡不得发生恶意透支。

恶意透支是指持卡人超过规定限额或规定期限，并且经发卡银行催收无效的透支行为。

第一百五十六条　单位卡在使用过程中，需要向其账户续存资金的，一律从其基本存款账户转账存入。

个人卡在使用过程中，需要向其账户续存资金的，只限于其持有的现金存入和工资性款项以及属于个人的劳务报酬收入转账存入。

第一百五十七条　个人卡持卡人或其代理人交存现金，应在发卡银行或其代理银行办理。

持卡人凭信用卡在发卡银行或代理银行交存现金的，银行经审查并收妥现金后，在存款单上压卡，将存款单回单联及信用卡交给持卡人。

持卡人委托他人在不压卡的情况下代为办理交存现金的，代理人应在信用卡存款单上填写持卡人的卡号、姓名、存款金额等内容，并将现金送交银行办理交存手续。

第一百五十八条　发卡银行收到代理银行通过同城票据交换或本系统联行划转的各种单据审核无误后，为持卡人办理收款。

第一百五十九条　持卡人不需要继续使用信用卡的，应持信用卡主动到发卡银行办理销户。

销户时，单位卡账户余额转入其基本存款账户，不得提取现金；个人卡账户可以转账结清，也可以提取现金。

第一百六十条　持卡人还清透支本息后，属于下列情况之一的，可以办理销户：

（一）信用卡有效期满45天后，持卡人不更换新卡的；

（二）信用卡挂失满45天后，没有附属卡又不更换新卡的；

（三）信用卡被列入止付名单，发卡银行已收回其信用卡45天的；

（四）持卡人死亡，发卡银行已收回其信用卡45天的；

（五）持卡人要求销户或担保人撤销担保，并已交回全部信用卡45天的；

（六）信用卡账户两年（含）以上未发生交易的；

（七）持卡人违反其他规定，发卡银行认为应该取消资格的。

发卡银行办理销户，应当收回信用卡。有效信用卡无法收回的，应当将其止付。

第一百六十一条　信用卡丧失，持卡人应立即持本人身份证件或其他有效证明，并按规定提供有关情况，向发卡银行或代办银行申请挂失。发卡银行或代办银行审核后办理挂失手续。

第四章　结算方式

第一节　基本规定

第一百六十二条　本办法所称结算方式，是指汇兑、托收承付和委托收款。

第一百六十三条　单位在结算凭证上的签章，应为该单位的财务专用章或者公章加其法定代表人或者其授权的代理人的签名或者盖章。

第一百六十四条　银行办理结算，给单位或个人的收、付款通知和汇兑回单，应加盖该银行的转讫章；银行给单位或个人的托收承付、委托收款的回单和向付款人发出的承付通知，应加盖该银行的业务公章。

第一百六十五条　结算凭证上的记载事项，必须符合本办法的规定。结算凭证上可以记载本办法规定以外的其他记载事项，除国家和中国人民银行另有规定外，该记载事项不具有支付结算的效力。

第一百六十六条　按照本办法的规定必须在结算凭证上记载汇款人、付款人和收款人账号的，账号与户名必须一致。

第一百六十七条　银行办理结算向外发出的结算凭证，必须于当日至迟次日寄发；收到的结算凭证，必须及时将款项支付给结算凭证上记载的收款人。

第二节　汇　兑

第一百六十八条　汇兑是汇款人委托银行将其款项支付给收款人的结算方式。

第一百六十九条　单位和个人的各种款项的结算，均可使用汇兑结算方式。

第一百七十条　汇兑分为信汇、电汇两种，由汇款人选择使用。

第一百七十一条　签发汇兑凭证必须记载下列事项：

（一）表明“信汇”或“电汇”的字样；

（二）无条件支付的委托；

（三）确定的金额；

（四）收款人名称；

（五）汇款人名称；

（六）汇入地点、汇入行名称；

（七）汇出地点、汇出行名称；

（八）委托日期；

（九）汇款人签章。

汇兑凭证上欠缺上列记载事项之一的，银行不予受理。

汇兑凭证记载的汇款人名称、收款人名称，其在银行开立存款账户的，必须记载其账号。欠缺记载的，银行不予受理。

委托日期是指汇款人向汇出银行提交汇兑凭证的当日。

第一百七十二条　汇兑凭证上记载收款人为个人的，收款人需要到汇入银行领取汇款，汇款人应在汇兑凭证上注明“留行待取”字样；留行待取的汇款，需要指定单位的收款人领取汇款的，应注明收款人的单位名称；信汇凭收款人签章支取的，应在信汇凭证上预留其签章。

汇款人确定不得转汇的，应在汇兑凭证备注栏注明“不得转汇”字样。

第一百七十三条　汇款人和收款人均为个人，需要在汇入银行支取现金的，应在信、电汇凭证的“汇款金额”大写栏，先填写“现金”字样，后填写汇款金额。

第一百七十四条　汇出银行受理汇款人签发的汇兑凭证，经审查无误后，应及时向汇入银行办理汇款，并向汇款人签发汇款回单。

汇款回单只能作为汇出银行受理汇款的依据，不能作为该笔汇款已转入收款人账户的证明。

第一百七十五条 汇入银行对开立存款账户的收款人，应将汇给其的款项直接转入收款人账户，并向其发出收账通知。

收账通知是银行将款项确已收入收款人账户的凭据。

第一百七十六条 未在银行开立存款账户的收款人，凭信、电汇的取款通知或“留行待取”的，向汇入银行支取款项，必须交验本人的身份证件，在信、电汇凭证上注明证件名称、号码及发证机关，并在“收款人签盖章”处签章；信汇凭签章支取的，收款人的签章必须与预留信汇凭证上的签章相符。银行审查无误后，以收款人的姓名开立应解汇款及临时存款账户，该账户只付不收，付完清户，不计付利息。

支取现金的，信、电汇凭证上必须有按规定填明的“现金”字样，才能办理。未填明“现金”字样，需要支取现金的，由汇入银行按照国家现金管理规定审查支付。

收款人需要委托他人向汇入银行支取款项的，应在取款通知上签章，注明本人身份证件名称、号码、发证机关和“代理”字样以及代理人姓名。代理人代理取款时，也应在取款通知上签章，注明其身份证件名称、号码及发证机关，并同时交验代理人和被代理人的身份证件。

转账支付的，应由原收款人向银行填制支款凭证，并由本人交验其身份证件办理支付款项。该账户的款项只能转入单位或个体工商户的存款账户，严禁转入储蓄和信用卡账户。

转汇的，应由原收款人向银行填制信、电汇凭证，并由本人交验其身份证件。转汇的收款人必须是原收款人。原汇入银行必须在信、电汇凭证上加盖“转汇”戳记。

第一百七十七条 汇款人对汇出银行尚未汇出的款项可以申请撤销。申请撤销时，应出具正式函件或本人身份证件及原信、电汇回单。汇出银行查明确未汇出款项的，收回原信、电汇回单，方可办理撤销。

第一百七十八条 汇款人对汇出银行已经汇出的款项可以申请退汇。对在汇入银行开立存款账户的收款人，由汇款人与收款人自行联系退汇；对未在汇入银行开立存款账户的收款人，汇款人应出具正式函件或本人身份证件以及原信、电汇回单，由汇出银行通知汇入银行，经汇入银行核实汇款确未支付，并将款项汇回汇出银行，方可办理退汇。

第一百七十九条　转汇银行不得受理汇款人或汇出银行对汇款的撤销或退汇。

第一百八十条　汇入银行对于收款人拒绝接受的汇款，应即办理退汇。汇入银行对于向收款人发出取款通知，经过2个月无法交付的汇款，应主动办理退汇。

第三节　托收承付

第一百八十一条　托收承付是根据购销合同由收款人发货后委托银行向异地付款人收取款项，由付款人向银行承认付款的结算方式。

第一百八十二条　使用托收承付结算方式的收款单位和付款单位，必须是国有企业、供销合作社以及经营管理较好，并经开户银行审查同意的城乡集体所有制工业企业。

第一百八十三条　办理托收承付结算的款项，必须是商品交易，以及因商品交易而产生的劳务供应的款项。代销、寄销、赊销商品的款项，不得办理托收承付结算。

第一百八十四条　收付双方使用托收承付结算必须签有符合《经济合同法》的购销合同，并在合同上订明使用托收承付结算方式。

第一百八十五条　收付双方办理托收承付结算，必须重合同、守信用。收款人对同一付款人发货托收累计3次收不回货款的，收款人开户银行应暂停收款人向该付款人办理托收；付款人累计3次提出无理拒付的，付款人开户银行应暂停其向外办理托收。

第一百八十六条　收款人办理托收，必须具有商品确已发运的证件（包括铁路、航运、公路等运输部门签发的运单、运单副本和邮局包裹回执）。

没有发运证件，属于下列情况的，可凭其他有关证件办理托收：

（一）内贸、外贸部门系统内商品调拨，自备运输工具发送或自提的；易燃、易爆、剧毒、腐蚀性强的商品，以及电、石油、天然气等必须使用专用工具或线路、管道运输的，可凭付款人确已收到商品的证明（粮食部门凭提货单及发货明细表）。

（二）铁道部门的材料厂向铁道系统供应专用器材，可凭其签发注明车辆号码和发运日期的证明。

（三）军队使用军列整车装运物资，可凭注明车辆号码、发运日期的单据；军用仓库对军内发货，可凭总后勤部签发的提货单副本，各大军区、省军区也可比照办理。

（四）收款人承造或大修理船舶、锅炉和大型机器等，生产周期长，合同规定按工程进度分次结算的，可凭工程进度完工证明书。

（五）付款人购进的商品，在收款人所在地转厂加工、配套的，可凭付款人和承担加工、配套单位的书面证明。

（六）合同规定商品由收款人暂时代为保管的，可凭寄存证及付款人委托保管商品的证明。

（七）使用“铁路集装箱”或将零担凑整车发运商品的，由于铁路只签发一张运单，可凭持有发运证件单位出具的证明。

（八）外贸部门进口商品，可凭国外发来的账单、进口公司开出的结算账单。

第一百八十七条 托收承付结算每笔的金额起点为1万元。新华书店系统每笔的金额起点为1千元。

第一百八十八条 托收承付结算款项的划回方法，分邮寄和电报两种，由收款人选用。

第一百八十九条 签发托收承付凭证必须记载下列事项：

（一）表明“托收承付”的字样；

（二）确定的金额；

（三）付款人名称及账号；

（四）收款人名称及账号；

（五）付款人开户银行名称；

（六）收款人开户银行名称；

（七）托收附寄单证张数或册数；

（八）合同名称、号码；

（九）委托日期；

（十）收款人签章。

托收承付凭证上欠缺记载上列事项之一的，银行不予受理。

第一百九十条 托收。收款人按照签订的购销合同发货后，委托银行办理托收。

（一）收款人应将托收凭证并附发运证件或其他符合托收承付结算的有关证明和交易单证送交银行。收款人如需取回发运证件，银行应在托收凭证上加盖“已验发运证件”戳记。

对于军品托收，有驻厂军代表检验产品或有指定专人负责财务监督的，收款人还应当填制盖有驻厂军代表或指定人员印章（要在银行预留印模）的结算通知单，将交易单证和发运证件装入密封袋，并在密封袋上填明托收号码；

同时，在托收凭证上填明结算通知单和密封袋的号码。然后，将托收凭证和结算通知单送交银行办理托收。

没有驻厂军代表使用代号明件办理托收的，不填结算通知单，但应在交易单证上填写保密代号，按照正常托收办法处理。

（二）收款人开户银行接到托收凭证及其附件后，应当按照托收的范围、条件和托收凭证记载的要求认真进行审查，必要时，还应查验收付款人签订的购销合同。凡不符合要求或违反购销合同发货的，不能办理。审查时间最长不得超过次日。

第一百九十一条　承付。付款人开户银行收到托收凭证及其附件后，应当及时通知付款人。通知的方法，可以根据具体情况与付款人签订协议，采取付款人来行自取、派人送达、对距离较远的付款人邮寄等。付款人应在承付期内审查核对，安排资金。

承付货款分为验单付款和验货付款两种，由收付双方商量选用，并在合同中明确规定。

（一）验单付款。验单付款的承付期为3天，从付款人开户银行发出承付通知的次日算起（承付期内遇法定休假日顺延）。

付款人在承付期内，未向银行表示拒绝付款，银行即视作承付，并在承付期满的次日（法定休假日顺延）上午银行开始营业时，将款项主动从付款人的账户内付出，按照收款人指定的划款方式，划给收款人。

（二）验货付款。验货付款的承付期为10天，从运输部门向付款人发出提货通知的次日算起。对收付双方在合同中明确规定，并在托收凭证上注明验货付款期限的，银行从其规定。

付款人收到提货通知后，应即向银行交验提货通知。付款人在银行发出承付通知的次日起10天内，未收到提货通知的，应在第10天将货物尚未到达的情况通知银行。在第10天付款人没有通知银行的，银行即视作已经验货，于10天期满的次日上午银行开始营业时，将款项划给收款人；在第10天付款人通知银行货物未到，而以后收到提货通知没有及时送交银行，银行仍按10天期满的次日作为划款日期，并按超过的天数，计扣逾期付款赔偿金。

采用验货付款的，收款人必须在托收凭证上加盖明显的“验货付款”字样戳记。托收凭证未注明验货付款，经付款人提出合同证明是验货付款的，银行可按验货付款处理。

（三）不论验单付款还是验货付款，付款人都可以在承付期内提前向银行表示承付，并通知银行提前付款，银行应立即办理划款；因商品的价格、数量或金额变动，付款人应多承付款项的，须在承付期内向银行提出书面通知，银行据以随同当次托收款项划给收款人。

付款人不得在承付货款中，扣抵其他款项或以前托收的货款。

第一百九十二条 逾期付款。付款人在承付期满日银行营业终了时，如无足够资金支付，其不足部分，即为逾期未付款项，按逾期付款处理。

（一）付款人开户银行对付款人逾期支付的款项，应当根据逾期付款金额和逾期天数，按每天万分之五计算逾期付款赔偿金。

逾期付款天数从承付期满日算起。承付期满日银行营业终了时，付款人如无足够资金支付，其不足部分，应当算作逾期1天，计算1天的赔偿金。在承付期满的次日（遇法定休假日，逾期付款赔偿金的天数计算相应顺延，但在以后遇法定休假日应当照算逾期天数）银行营业终了时，仍无足够资金支付，其不足部分，应当算作逾期2天，计算2天的赔偿金。余类推。

银行审查拒绝付款期间，不能算作付款人逾期付款，但对无理的拒绝付款，而增加银行审查时间的，应从承付期满日起计算逾期付款赔偿金。

（二）赔偿金实行定期扣付，每月计算一次，于次月3日内单独划给收款人。在月内有部分付款的，其赔偿金随同部分支付的款项划给收款人，对尚未支付的款项，月终再计算赔偿金，于次月3日内划给收款人；次月又有部分付款时，从当月1日起计算赔偿金，随同部分支付的款项划给收款人，对尚未支付的款项，从当月1日起至月终再计算赔偿金，于第3月3日内划给收款人。第3月仍有部分付款的，按照上述方法计扣赔偿金。

赔偿金的扣付列为企业销货收入扣款顺序的首位。付款人账户余额不足全额支付时，应排列在工资之前，并对该账户采取"只收不付"的控制办法，待一次足额扣付赔偿金后，才准予办理其他款项的支付。因此而产生的经济后果，由付款人自行负责。

（三）付款人开户银行对付款人逾期未能付款的情况，应当及时通知收款人开户银行，由其转告收款人。

（四）付款人开户银行要随时掌握付款人账户逾期未付的资金情况，俟账户有款时，必须将逾期未付款项和应付的赔偿金及时扣划给收款人，不得拖延扣划。在各单位的流动资金账户内扣付货款，要严格按照国务院关于国营企业销货收入扣款顺序的规定（即从企业销货收入中预留工资后，按照应缴纳税款、到期贷款、应偿付货款、应上缴利润的顺序）扣款；同类性质的款项按照应付时间的先后顺序扣款。

（五）付款人开户银行对不执行合同规定、三次拖欠货款的付款人，应当通知收款人开户银行转告收款人，停止对该付款人办理托收。收款人不听劝告，继续对该付款人办理托收，付款人开户银行对发出通知的次日起1个月之后收到的托收凭证，可以拒绝受理，注明理由，原件退回。

（六）付款人开户银行对逾期未付的托收凭证，负责进行扣款的期限为3个月（从承付期满日算起）。在此期限内，银行必须按照扣款顺序陆续扣款。期满时，付款人仍无足够资金支付该笔尚未付清的欠款，银行应于次日通知付款人将有关交易单证（单证已作账务处理或已部分支付的，可以填制应付款项证明单）在2日内退回银行。银行将有关结算凭证连同交易单证或应付款项证明单退回收款人开户银行转交收款人，并将应付的赔偿金划给收款人。

对付款人逾期不退回单证的，开户银行应当自发出通知的第3天起，按照该笔尚未付清欠款的金额，每天处以万分之五但不低于50元的罚款，并暂停付款人向外办理结算业务，直到退回单证时止。

第一百九十三条　拒绝付款。对下列情况，付款人在承付期内，可向银行提出全部或部分拒绝付款：

（一）没有签订购销合同或购销合同未订明托收承付结算方式的款项。

（二）未经双方事先达成协议，收款人提前交货或因逾期交货付款人不再需要该项货物的款项。

（三）未按合同规定的到货地址发货的款项。

（四）代销、寄销、赊销商品的款项。

（五）验单付款，发现所列货物的品种、规格、数量、价格与合同规定不符，或货物已到，经查验货物与合同规定或发货清单不符的款项。

（六）验货付款，经查验货物与合同规定或与发货清单不符的款项。

（七）货款已经支付或计算有错误的款项。

不属于上述情况的，付款人不得向银行提出拒绝付款。

外贸部门托收进口商品的款项，在承付期内，订货部门除因商品的质量问题不能提出拒绝付款，应当另行向外贸部门提出索赔外，属于上述其他情况，可以向银行提出全部或部分拒绝付款。

付款人对以上情况提出拒绝付款时，必须填写“拒绝付款理由书”并签章，注明拒绝付款理由，涉及合同的应引证合同上的有关条款。属于商品质量问题，需要提出商品检验部门的检验证明；属于商品数量问题，需要提出数量问题的证明及其有关数量的记录；属于外贸部门进口商品，应当提出国家商品检验或运输等部门出具的证明。

开户银行必须认真审查拒绝付款理由，查验合同。对于付款人提出拒绝付款的手续不全、依据不足、理由不符合规定和不属于本条七种拒绝付款情况的，以及超过承付期拒付和应当部分拒付提为全部拒付的，银行均不得受理，应实行强制扣款。

对于军品的拒绝付款，银行不审查拒绝付款理由。

银行同意部分或全部拒绝付款的，应在拒绝付款理由书上签注意见。部分拒绝付款，除办理部分付款外，应将拒绝付款理由书连同拒付证明和拒付商品清单邮寄收款人开户银行转交收款人。全部拒绝付款，应将拒绝付款理由书连同拒付证明和有关单证邮寄收款人开户银行转交收款人。

第一百九十四条 重办托收。收款人对被无理拒绝付款的托收款项，在收到退回的结算凭证及其所附单证后，需要委托银行重办托收，应当填写四联“重办托收理由书”，将其中三联连同购销合同、有关证据和退回的原托收凭证及交易单证，一并送交银行。经开户银行审查，确属无理拒绝付款，可以重办托收。

第一百九十五条 收款人开户银行对逾期尚未划回，又未收到付款人开户银行寄来逾期付款通知或拒绝付款理由书的托收款项，应当及时发出查询。付款人开户银行要积极查明，及时答复。

第一百九十六条 付款人提出的拒绝付款，银行按照本办法规定审查无法判明是非的，应由收付双方自行协商处理，或向仲裁机关，人民法院申请调解或裁决。

第一百九十七条 未经开户银行批准使用托收承付结算方式的城乡集体所有制工业企业，收款人开户银行不得受理其办理托收；付款人开户银行对其承付的款项应按规定支付款项外，还要对该付款人按结算金额处以百分之五罚款。

第四节 委托收款

第一百九十八条 委托收款是收款人委托银行向付款人收取款项的结算方式。

第一百九十九条 单位和个人凭已承兑商业汇票、债券、存单等付款人债务证明办理款项的结算，均可以使用委托收款结算方式。

第二百条 委托收款在同城、异地均可以使用。

第二百零一条 委托收款结算款项的划回方式，分邮寄和电报两种，由收款人选用。

第二百零二条 签发委托收款凭证必须记载下列事项：

(一) 表明“委托收款”的字样；

（二）确定的金额；

（三）付款人名称；

（四）收款人名称；

（五）委托收款凭据名称及附寄单证张数；

（六）委托日期；

（七）收款人签章。

欠缺记载上列事项之一的，银行不予受理。

委托收款以银行以外的单位为付款人的，委托收款凭证必须记载付款人开户银行名称；以银行以外的单位或在银行开立存款账户的个人为收款人的，委托收款凭证必须记载收款人开户银行名称；未在银行开立存款账户的个人为收款人的，委托收款凭证必须记载被委托银行名称。欠缺记载的，银行不予受理。

第二百零三条 委托。收款人办理委托收款应向银行提交委托收款凭证和有关的债务证明。

第二百零四条 付款。银行接到寄来的委托收款凭证及债务证明，审查无误办理付款。

（一）以银行为付款人的，银行应在当日将款项主动支付给收款人。

（二）以单位为付款人的，银行应及时通知付款人，按照有关办法规定，需要将有关债务证明交给付款人的应交给付款人，并签收。

付款人应于接到通知的当日书面通知银行付款。

按照有关办法规定，付款人未在接到通知日的次日起 3 日内通知银行付款的，视同付款人同意付款，银行应于付款人接到通知日的次日起第 4 日上午开始营业时，将款项划给收款人。

付款人提前收到由其付款的债务证明，应通知银行于债务证明的到期日付款。付款人未于接到通知日的次日起 3 日内通知银行付款，付款人接到通知日的次日起第 4 日在债务证明到期日之前的，银行应于债务证明到期日将款项划给收款人。

银行在办理划款时，付款人存款账户不足支付的，应通过被委托银行向收款人发出未付款项通知书。按照有关办法规定，债务证明留存付款人开户银行的，应将其债务证明连同未付款项通知书邮寄被委托银行转交收款人。

第二百零五条 拒绝付款。付款人审查有关债务证明后，对收款人委托收取的款项需要拒绝付款的，可以办理拒绝付款。

（一）以银行为付款人的，应自收到委托收款及债务证明的次日起 3 日内出具拒绝证明连同有关债务证明、凭证寄给被委托银行，转交收款人。

（二）以单位为付款人的，应在付款人接到通知日的次日起3日内出具拒绝证明，持有债务证明的，应将其送交开户银行。银行将拒绝证明、债务证明和有关凭证一并寄给被委托银行，转交收款人。

第二百零六条 在同城范围内，收款人收取公用事业费或根据国务院的规定，可以使用同城特约委托收款。

收取公用事业费，必须具有收付双方事先签订的经济合同，由付款人向开户银行授权，并经开户银行同意，报经中国人民银行当地分支行批准。

第五章 结算纪律与责任

第二百零七条 单位和个人办理支付结算，不准签发没有资金保证的票据或远期支票，套取银行信用；不准签发、取得和转让没有真实交易和债权债务的票据，套取银行和他人资金；不准无理拒绝付款，任意占用他人资金；不准违反规定开立和使用账户。

第二百零八条 银行办理支付结算，不准以任何理由压票、任意退票、截留挪用客户和他行资金；不准无理拒绝支付应由银行支付的票据款项；不准受理无理拒付、不扣少扣滞纳金；不准违章签发、承兑、贴现票据，套取银行资金；不准签发空头银行汇票、银行本票和办理空头汇款；不准在支付结算制度之外规定附加条件，影响汇路畅通；不准违反规定为单位和个人开立账户；不准拒绝受理、代理他行正常结算业务；不准放弃对企事业单位和个人违反结算纪律的制裁；不准逃避向人民银行转汇大额汇划款项。

第二百零九条 单位、个人和银行按照法定条件在票据上签章的，必须按照所记载的事项承担票据责任。

第二百一十条 单位签发商业汇票后，必须承担保证该汇票承兑和付款的责任。

单位和个人签发支票后，必须承担保证该支票付款的责任。

银行签发银行汇票、银行本票后，即承担该票据付款的责任。

第二百一十一条 商业汇票的背书人背书转让票据后，即承担保证其后手所持票据承兑和付款责任。

银行汇票、银行本票或支票的背书人背书转让票据后，即承担保证其后手所持票据付款的责任。

单位或银行承兑商业汇票后，必须承担该票据付款的责任。

第二百一十二条 票据的保证人应当与被保证人对持票人承担连带责任。

第二百一十三条　变造票据除签章以外的记载事项的，在变造之前签章的人，对原记载事项负责、在变造之后签章的人，对变造之后的记载事项负责；不能辨别在票据被变造之前或者之后签章的，视同在变造之前签章。

第二百一十四条　持票人超过规定期限提示付款的，银行汇票、银行本票的出票人、商业汇票的承兑人，在持票人作出说明后，仍应当继续对持票人承担付款责任；支票的出票人对持票人的追索，仍应当承担清偿责任。

第二百一十五条　付款人及其代理付款人以恶意或者重大过失付款的，应当自行承担责任。

第二百一十六条　商业汇票的付款人在到期前付款的，由付款人自行承担所产生的责任。

第二百一十七条　承兑人或者付款人拒绝承兑或拒绝付款，未按规定出具拒绝证明、或者出具退票理由书的，应当承担由此产生的民事责任。

第二百一十八条　持票人不能出示拒绝证明、退票理由书或者未按规定期限提供其他合法证明丧失对其前手追索权的，承兑人或者付款人应对持票人承担责任。

第二百一十九条　持票人因不获承兑或不获付款，对其前手行使追索权时，票据的出票人、背书人和保证人对持票人承担连带责任。

第二百二十条　持票人行使追索权时，持票人及其前手未按《票据法》规定期限将被拒绝事由书面通知其前手的，因延期通知给其前手或者出票人造成损失的，由没有按照规定期限通知的票据当事人，在票据金额内承担对该损失的赔偿责任。

第二百二十一条　票据债务人在持票人不获付款或不获承兑时，应向持票人清偿《票据法》规定的金额和费用。

第二百二十二条　单位和个人签发空头支票、签章与预留银行签章不符或者支付密码错误的支票，应按照《票据管理实施办法》和本办法的规定承担行政责任。

第二百二十三条　单位为票据的付款人，对见票即付或者到期的票据，故意压票、拖延支付的，应按照《票据管理实施办法》的规定承担行政责任。

第二百二十四条　持卡人必须妥善保管和正确使用其信用卡，否则，应按规定承担因此造成的资金损失。

第二百二十五条　持卡人使用单位卡发生透支的，由其单位承担透支金额的偿还和支付透支利息的责任。持卡人使用个人卡附属卡发生透支的，由其主卡持卡人承担透支金额的偿还和支付透支利息的责任；主卡持卡人丧失偿还能力的，由其附属卡持卡人承担透支金额的偿还和支付透支利息的责任。

第二百二十六条 持卡人办理挂失后，被冒用造成的损失，有关责任人按照信用卡章程的规定承担责任。

第二百二十七条 持卡人违反本办法规定使用信用卡进行商品交易、套取现金以及出租或转借信用卡的，应按规定承担行政责任。

第二百二十八条 单位卡持卡人违反本办法规定，将基本存款账户以外的存款和销货款收入的款项转入其信用卡账户的；个人卡持卡人违反本办法规定，将单位的款项转入其信用卡账户的，应按规定承担行政责任。

第二百二十九条 特约单位受理信用卡时，应当按照规定的操作程序办理，否则，由其承担因此造成的资金损失。

第二百三十条 发卡银行未按规定时间将止付名单发至特约单位的，应由其承担因此造成的资金损失。

第二百三十一条 银行违反本办法规定，未经批准发行信用卡的；帮助持卡人将其基本存款账户以外的存款或其他款项转入单位卡账户，将单位的款项转入个人卡账户的；违反规定帮助持卡人提取现金的，应按规定承担行政责任。

第二百三十二条 非金融机构、非银行金融机构、境外金融机构驻华代表机构违反规定，经营信用卡业务的，应按规定承担行政责任。

第二百三十三条 付款单位对收款单位托收的款项逾期付款，应按照规定承担赔偿责任；付款单位变更开户银行、账户名称和账号，未能及时通知收款单位，影响收取款项的，应由付款单位承担逾期付款赔偿责任；付款单位提出的无理拒绝付款，对收款单位重办的托收，应承担自第一次托收承付期满日起逾期付款赔偿责任。

第二百三十四条 单位和个人办理支付结算，未按照本办法的规定填写票据或结算凭证或者填写有误，影响资金使用或造成资金损失；票据或印章丢失，造成资金损失的，由其自行负责。

第二百三十五条 单位和个人违反本办法的规定，银行停止其使用有关支付结算工具，因此造成的后果，由单位和个人自行负责。

第二百三十六条 付款单位到期无款支付，逾期不退回托收承付有关单证的，应按规定承担行政责任。

第二百三十七条 城乡集体所有制工业企业未经银行批准，擅自办理托收承付结算的，应按规定承担行政责任。

第二百三十八条 单位和个人违反《银行账户管理办法》开立和使用账

户的，应按规定承担行政责任。

第二百三十九条　对单位和个人承担行政责任的处罚，由中国人民银行委托商业银行执行。

第二百四十条　收款人或持票人委托的收款银行的责任，限于收到付款人支付的款项后按照票据和结算凭证上记载的事项将票据或结算凭证记载的金额转入收款人或持票人账户。

付款人委托的付款银行的责任，限于按照票据和结算凭证上记载事项从付款人账户支付金额。但托收承付结算中的付款人开户银行，应按照托收承付结算方式有关规定承担责任。

第二百四十一条　银行办理支付结算，因工作差错发生延误，影响客户和他行资金使用的，按中国人民银行规定的同档次流动资金贷款利率计付赔偿金。

第二百四十二条　银行违反规定故意压票、退票、拖延支付，受理无理拒付、擅自拒付退票、有款不扣以及不扣、少扣赔偿金，截留挪用结算资金，影响客户和他行资金使用的，要按规定承担赔偿责任。因重大过失错付或被冒领的，要负责资金赔偿。

第二百四十三条　银行违反本办法规定将支付结算的款项转入储蓄和信用卡账户的，应按规定承担行政责任。

第二百四十四条　银行违反规定签发空头银行汇票、银行本票和办理空头汇款的，应按照规定承担行政责任。

第二百四十五条　银行违反规定故意压票、退票、拖延支付，受理无理拒付、擅自拒付退票、有款不扣以及不扣、少扣赔偿金，截留、挪用结算资金的，应按规定承担行政责任。

第二百四十六条　银行未按规定通过人民银行办理大额转汇的，应按规定承担行政责任。

第二百四十七条　银行在结算制度之外规定附加条件，影响汇路畅通的，应按规定承担行政责任。

第二百四十八条　银行违反《银行账户管理办法》开立和管理账户的，应按规定承担行政责任。

第二百四十九条　违反国家法律、法规和未经中国人民银行批准，作为中介机构经营结算业务的；未经中国人民银行批准，开办银行汇票、银行本票、支票、信用卡业务的，应按规定承担行政责任。

第二百五十条　金融机构的工作人员在票据业务中玩忽职守，对违反规定的票据予以承兑、付款、保证或者贴现的，应按照《票据管理实施办法》的规定承担行政责任或刑事责任。

第二百五十一条 违反本办法规定擅自印制票据的，应按照《票据管理实施办法》的规定承担行政责任。

第二百五十二条 邮电部门在传递票据、结算凭证和拍发电报中，因工作差错而发生积压、丢失、错投、错拍、漏拍、重拍等，造成结算延误，影响单位、个人和银行资金使用或造成资金损失的，由邮电部门负责。

第二百五十三条 伪造、变造票据和结算凭证上的签章或其他记载事项的，应当承担民事责任或刑事责任。

第二百五十四条 有利用票据、信用卡、结算凭证欺诈的行为，构成犯罪的，应依法承担刑事责任。情节轻微，不构成犯罪的，应按照规定承担行政责任。

第六章 附 则

第二百五十五条 本办法规定的各项期限的计算，适用民法通则关于计算期间的规定。期限最后一日是法定休假日的，以休假日的次日为最后一日。

按月计算期限的，按到期月的对日计算；无对日的，月末日为到期日。

本办法所规定的各项期限，可以因不可抗力的原因而中止。不可抗力的原因消失时，期限可以顺延。

第二百五十六条 银行汇票、商业汇票由中国人民银行总行统一格式、联次、颜色、规格，并在中国人民银行总行批准的印制厂印制。由各家银行总行组织定货和管理。

银行本票、支票由中国人民银行总行统一格式、联次、颜色、规格，并在中国人民银行总行批准的印制厂印制，由中国人民银行各省、自治区、直辖市、计划单列市分行负责组织各商业银行定货和管理。

信用卡按中国人民银行的有关规定印制，信用卡结算凭证的格式、联次、颜色、规格由中国人民银行总行统一规定，各发卡银行总行负责印制。

汇兑凭证、托收承付凭证、委托收款凭证由中国人民银行总行统一格式、联次、颜色、规格，由各行负责印制和管理。

第二百五十七条 银行办理各项支付结算业务，根据承担的责任和业务成本以及应付给有关部门的费用，分别收取邮费、电报费、手续费、凭证工本费（信用卡卡片费）、挂失手续费，以及信用卡年费、特约手续费、异地存取款手续费。收费范围，除财政金库全部免收、存款不计息账户免收邮费、手续费外，对其他单位和个人都要按照规定收取费用。

邮费，单程的每笔按邮局挂号信每件收费标准收费；双程的每笔按邮局挂号信二件收费标准收费；客户要求使用特快专递的，按邮局规定的收费标准收取；超重部分按邮局规定的标准加收。

电报费，每笔按四十五个字照电报费标准收取，超过的字数按每字收费的标准加收。急电均加倍收取电报费。

手续费，按银行规定的标准收取。

银行办理支付结算业务按照附二《支付结算业务收费表》收取手续费和邮电费。

信用卡统一的收费标准，中国人民银行将另行规定。

支票的手续费由经办银行向购买人收取，其他结算的手续费、邮电费一律由经办银行向委托人收取。

凭证工本费，按照不同凭证的成本价格，向领用人收取。

第二百五十八条 各部门、各单位制定的有关规定，涉及支付结算而与本办法有抵触的，一律按照本办法的规定执行。

中国人民银行过去有关支付结算的规定与本办法有抵触的，以本办法为准。

第二百五十九条 本办法由中国人民银行总行负责解释、修改。

第二百六十条 本办法自1997年12月1日起施行。

最高人民法院
关于审理票据纠纷案件若干问题的规定

（2000年2月24日最高人民法院审判委员会第1102次会议通过，自2000年11月21日起施行。）

法释〔2000〕32号

为了正确适用《中华人民共和国票据法》（以下简称票据法），公正、及时审理票据纠纷案件，保护票据当事人的合法权益，维护金融秩序和金融安全，根据票据法及其他有关法律的规定，结合审判实践，现对人民法院审理票据纠纷案件的若干问题规定如下：

一、受理和管辖

第一条 因行使票据权利或者票据法上的非票据权利而引起的纠纷，人民法院应当依法受理。

第二条 依照票据法第十条的规定，票据债务人（即出票人）以在票据未转让时的基础关系违法、双方不具有真实的交易关系和债权债务关系、持票人应付对价而未付对价为由，要求返还票据而提起诉讼的，人民法院应当依法受理。

第三条 依照票据法第三十六条的规定，票据被拒绝承兑、被拒绝付款或者汇票、支票超过提示付款期限后，票据持有人背书转让的，被背书人以背书人为被告行使追索权而提起诉讼的，人民法院应当依法受理。

第四条 持票人不先行使付款请求权而先行使追索权遭拒绝提起诉讼的，人民法院不予受理。除有票据法第六十一条第二款和本规定第三条所列情形外，持票人只能在首先向付款人行使付款请求权而得不到付款时，才可以行使追索权。

第五条 付款请求权是持票人享有的第一顺序权利，追索权是持票人享有的第二顺序权利，即汇票到期被拒绝付款或者具有票据法第六十一条第二款所列情形的，持票人请求背书人、出票人以及汇票的其他债务人支付票据法第七十条第一款所列金额和费用的权利。

第六条 因票据权利纠纷提起的诉讼，依法由票据支付地或者被告住所地人民法院管辖。

票据支付地是指票据上载明的付款地，票据上未载明付款地的，汇票付款人或者代理付款人的营业场所、住所或者经常居住地，本票出票人的营业场所，支票付款人或者代理付款人的营业场所所在地为票据付款地。代理付款人即付款人的委托代理人，是指根据付款人的委托代为支付票据金额的银行、信用合作社等金融机构。

第七条 因非票据权利纠纷提起的诉讼，依法由被告住所地人民法院管辖。

二、票据保全

第八条 人民法院在审理、执行票据纠纷案件时，对具有下列情形之一的票据，经当事人申请并提供担保，可以依法采取保全措施或者执行措施：

（一）不履行约定义务，与票据债务人有直接债权债务关系的票据当事人所持有的票据；

（二）持票人恶意取得的票据；

（三）应付对价而未付对价的持票人持有的票据；

（四）记载有“不得转让”字样而用于贴现的票据；

（五）记载有“不得转让”字样而用于质押的票据；

（六）法律或者司法解释规定有其他情形的票据。

三、举证责任

第九条 票据诉讼的举证责任由提出主张的一方当事人承担。

依照票据法第四条第二款、第十条、第十二条、第二十一条的规定，向人民法院提起诉讼的持票人有责任提供诉争票据。该票据的出票、承兑、交付、背书转让涉嫌欺诈、偷盗、胁迫、恐吓、暴力等非法行为的，持票人对持票的合法性应当负责举证。

第十条 票据债务人依照票据法第十三条的规定，对与其有直接债权债务关系的持票人提出抗辩，人民法院合并审理票据关系和基础关系的，持票人应当提供相应的证据证明已经履行了约定义务。

第十一条 付款人或者承兑人被人民法院依法宣告破产的，持票人因行使追索权而向人民法院提起诉讼时，应当向受理法院提供人民法院依法作出的宣告破产裁定书或者能够证明付款人或者承兑人破产的其他证据。

第十二条 在票据诉讼中，负有举证责任的票据当事人应当在一审人民法院法庭辩论结束以前提供证据。因客观原因不能在上述举证期限以内提供的，应当在举证期限届满以前向人民法院申请延期。延长的期限由人民法院根据案件的具体情况决定。

票据当事人在一审人民法院审理期间隐匿票据、故意有证不举，应当承担相应的诉讼后果。

四、票据权利及抗辩

第十三条 票据法第十七条第一款第（一）、（二）项规定的持票人对票据的出票人和承兑人的权利，包括付款请求权和追索权。

第十四条 票据债务人以票据法第十条、第二十一条的规定为由，对业经背书转让票据的持票人进行抗辩的，人民法院不予支持。

第十五条 票据债务人依照票据法第十二条、第十三条的规定，对持票人提出下列抗辩的，人民法院应予支持：

（一）与票据债务人有直接债权债务关系并且不履行约定义务的；

（二）以欺诈、偷盗或者胁迫等非法手段取得票据，或者明知有前列情形，出于恶意取得票据的；

（三）明知票据债务人与出票人或者与持票人的前手之间存在抗辩事由而取得票据的；

（四）因重大过失取得票据的；

（五）其他依法不得享有票据权利的。

第十六条 票据债务人依照票据法第九条、第十七条、第十八条、第二十二条和第三十一条的规定，对持票人提出下列抗辩的，人民法院应予支持：

（一）欠缺法定必要记载事项或者不符合法定格式的；

（二）超过票据权利时效的；

（三）人民法院作出的除权判决已经发生法律效力的；

（四）以背书方式取得但背书不连续的；

（五）其他依法不得享有票据权利的。

第十七条 票据出票人或者背书人被宣告破产的，而付款人或者承兑人不知其实而付款或者承兑，因此所产生的追索权可以登记为破产债权，付款人或者承兑人为债权人。

第十八条 票据法第十七条第一款第（三）、（四）项规定的持票人对前手的追索权，不包括对票据出票人的追索权。

第十九条 票据法第四十条第二款和第六十五条规定的持票人丧失对其前手的追索权，不包括对票据出票人的追索权。

第二十条 票据法第十七条规定的票据权利时效发生中断的，只对发生时效中断事由的当事人有效。

第二十一条 票据法第六十六条第一款规定的书面通知是否逾期，以持票人或者其前手发出书面通知之日为准；以信函通知的，以信函投寄邮戳记载之日为准。

第二十二条 票据法第七十条、第七十一条所称中国人民银行规定的利率，是指中国人民银行规定的企业同期流动资金贷款利率。

第二十三条 代理付款人在人民法院公示催告公告发布以前按照规定程序善意付款后，承兑人或者付款人以已经公示催告为由拒付代理付款人已经垫付的款项的，人民法院不予支持。

五、失票救济

第二十四条 票据丧失后，失票人直接向人民法院申请公示催告或者提起诉讼的，人民法院应当依法受理。

第二十五条 出票人已经签章的授权补记的支票丧失后，失票人依法向人民法院申请公示催告的，人民法院应当依法受理。

第二十六条 票据法第十五条第三款规定的可以申请公示催告的失票人，是指按照规定可以背书转让的票据在丧失票据占有以前的最后合法持票人。

第二十七条 出票人已经签章但未记载代理付款人的银行汇票丧失后，失票人依法向付款人即出票银行所在地人民法院申请公示催告的，人民法院应当依法受理。

第二十八条 超过付款提示期限的票据丧失以后，失票人申请公示催告的，人民法院应当依法受理。

第二十九条 失票人通知票据付款人挂失止付后三日内向人民法院申请公示催告的，公示催告申请书应当载明下列内容：

（一）票面金额；

（二）出票人、持票人、背书人；

（三）申请的理由、事实；

（四）通知票据付款人或者代理付款人挂失止付的时间；

（五）付款人或者代理付款人的名称、通信地址、电话号码等。

第三十条 人民法院决定受理公示催告申请，应当同时通知付款人及代理付款人停止支付，并自立案之日起三日内发出公告。

第三十一条 付款人或者代理付款人收到人民法院发出的止付通知，应当立即停止支付，直至公示催告程序终结。非经发出止付通知的人民法院许可擅自解付的，不得免除票据责任。

第三十二条 人民法院决定受理公示催告申请后发布的公告应当在全国性的报刊上登载。

第三十三条 依照《中华人民共和国民事诉讼法》（以下简称民事诉讼法）第一百九十四条的规定，公示催告的期间，国内票据自公告发布之日起六十日，涉外票据可根据具体情况适当延长，但最长不得超过九十日。

第三十四条 依照民事诉讼法第一百九十五条第二款的规定，在公示催告期间，以公示催告的票据质押、贴现，因质押、贴现而接受该票据的持票人主张票据权利的，人民法院不予支持，但公示催告期间届满以后人民法院作出除权判决以前取得该票据的除外。

第三十五条 票据丧失后，失票人在票据权利时效届满以前请求出票人补发票据，或者请求债务人付款，在提供相应担保的情况下因债务人拒绝付款或者出票人拒绝补发票据提起诉讼的，由被告住所地或者票据支付地人民法院管辖。

第三十六条 失票人因请求出票人补发票据或者请求债务人付款遭到拒绝而向人民法院提起诉讼的，被告为与失票人具有票据债权债务关系的出票人、拒绝付款的票据付款人或者承兑人。

第三十七条 失票人为行使票据所有权，向非法持有票据人请求返还票据的，人民法院应当依法受理。

第三十八条 失票人向人民法院提起诉讼的，除向人民法院说明曾经持有票据及丧失票据的情形外，还应当提供担保。担保的数额相当于票据载明的金额。

第三十九条 对于伪报票据丧失的当事人，人民法院在查明事实，裁定终结公示催告或者诉讼程序后，可以参照民事诉讼法第一百零二条的规定，追究伪报人的法律责任。

六、票据效力

第四十条 依照票据法第一百零九条以及经国务院批准的《票据管理实

施办法》的规定，票据当事人使用的不是中国人民银行规定的统一格式票据的，按照《票据管理实施办法》的规定认定，但在中国境外签发的票据除外。

第四十一条 票据出票人在票据上的签章上不符合票据法以及下述规定的，该签章不具有票据法上的效力：

（一）商业汇票上的出票人的签章，为该法人或者该单位的财务专用章或者公章加其法定代表人、单位负责人或者其授权的代理人的签名或者盖章；

（二）银行汇票上的出票人的签章和银行承兑汇票的承兑人的签章，为该银行汇票专用章加其法定代表人或者其授权的代理人的签名或者盖章；

（三）银行本票上的出票人的签章，为该银行的本票专用章加其法定代表人或者其授权的代理人的签名或者盖章；

（四）支票上的出票人的签章，出票人为单位的，为与该单位在银行预留签章一致的财务专用章或者公章加其法定代表人或者其授权的代理人的签名或者盖章；出票人为个人的，为与该个人在银行预留签章一致的签名或者盖章。

第四十二条 银行汇票、银行本票的出票人以及银行承兑汇票的承兑人在票据上未加盖规定的专用章而加盖该银行的公章，支票的出票人在票据上未加盖与该单位在银行预留签章一致的财务专用章而加盖该出票人公章的，签章人应当承担票据责任。

第四十三条 依照票据法第九条以及《票据管理实施办法》的规定，票据金额的中文大写与数码不一致，或者票据载明的金额、出票日期或者签发日期、收款人名称更改，或者违反规定加盖银行部门印章代替专用章，付款人或者代理付款人对此类票据付款的，应当承担责任。

第四十四条 因更改银行汇票的实际结算金额引起纠纷而提起诉讼，当事人请求认定汇票效力的，人民法院应当认定该银行汇票无效。

第四十五条 空白授权票据的持票人行使票据权利时未对票据必须记载事项补充完全，因付款人或者代理付款人拒绝接收该票据而提起诉讼的，人民法院不予支持。

第四十六条 票据的背书人、承兑人、保证人在票据上的签章不符合票据法以及《票据管理实施办法》规定的，或者无民事行为能力人、限制民事行为能力人在票据上签章的，其签章无效，但不影响人民法院对票据上其他签章效力的认定。

七、票据背书

第四十七条 因票据质权人以质押票据再行背书质押或者背书转让引起纠

纷而提起诉讼的，人民法院应当认定背书行为无效。

第四十八条 依照票据法第二十七条的规定，票据的出票人在票据上记载"不得转让"字样，票据持有人背书转让的，背书行为无效。背书转让后的受让人不得享有票据权利，票据的出票人、承兑人对受让人不承担票据责任。

第四十九条 依照票据法第二十七条和第三十条，背书人未记载被背书人名称即将票据交付他人的，持票人在票据被背书人栏内记载自己的名称与背书人记载具有同等法律效力。

第五十条 依照票据法第三十一条的规定，连续背书的第一背书人应当是在票据上记载的收款人，最后的票据持有人应当是最后一次背书的被背书人。

第五十一条 依照票据法第三十四条和第三十五条的规定，背书人在票据上记载"不得转让"、"委托收款"、"质押"字样，其后手再背书转让、委托收款或者质押的，原背书人对后手的被背书人不承担票据责任，但不影响出票人、承兑人以及原背书人之前手的票据责任。

第五十二条 依照票据法第五十七条第二款的规定，贷款人恶意或者有重大过失从事票据质押贷款的，人民法院应当认定质押行为无效。

第五十三条 依照票据法第二十七条的规定，出票人在票据上记载"不得转让"字样，其后手以此票据进行贴现、质押的，通过贴现、质押取得票据的持票人主张票据权利的，人民法院不予支持。

第五十四条 依照票据法第三十四条和第三十五条的规定，背书人在票据上记载"不得转让"字样，其后手以此票据进行贴现、质押的，原背书人对后手的被背书人不承担票据责任。

第五十五条 依照票据法第三十五条第二款的规定，以汇票设定质押时，出质人在汇票上只记载了"质押"字样未在票据上签章的，或者出质人未在汇票、粘单上记载"质押"字样而另行签订质押合同、质押条款的，不构成票据质押。

第五十六条 商业汇票的持票人向其非开户银行申请贴现，与向自己开立存款账户的银行申请贴现具有同等法律效力。但是，持票人有恶意或者与贴现银行恶意串通的除外。

第五十七条 违反规定区域出票，背书转让银行汇票，或者违反票据管理规定跨越票据交换区域出票、背书转让银行本票、支票的，不影响出票人、背书人依法应当承担的票据责任。

第五十八条 依照票据法第三十六条的规定，票据被拒绝承兑、被拒绝付款或者超过提示付款期限，票据持有人背书转让的，背书人应当承担票据责任。

第五十九条 承兑人或者付款人依照票据法第五十三条第二款的规定对逾期提示付款的持票人付款与按照规定的期限付款具有同等法律效力。

八、票据保证

第六十条 国家机关、以公益为目的的事业单位、社会团体、企业法人的分支机构和职能部门作为票据保证人的，票据保证无效，但经国务院批准为使用外国政府或者国际经济组织贷款进行转贷，国家机关提供票据保证的，以及企业法人的分支机构在法人书面授权范围内提供票据保证的除外。

第六十一条 票据保证无效的，票据的保证人应当承担与其过错相应的民事责任。

第六十二条 保证人未在票据或者粘单上记载“保证”字样而另行签订保证合同或者保证条款的，不属于票据保证，人民法院应当适用《中华人民共和国担保法》的有关规定。

九、法律适用

第六十三条 人民法院审理票据纠纷案件，适用票据法的规定；票据法没有规定的，适用《中华人民共和国民法通则》、《中华人民共和国合同法》、《中华人民共和国担保法》等民商事法律以及国务院制定的行政法规。

中国人民银行制定并公布施行的有关行政规章与法律、行政法规不抵触的，可以参照适用。

第六十四条 票据当事人因对金融行政管理部门的具体行政行为不服提起诉讼的，适用《中华人民共和国行政处罚法》、票据法以及《票据管理实施办法》等有关票据管理的规定。

中国人民银行制定并公布施行的有关行政规章与法律、行政法规不抵触的，可以参照适用。

第六十五条 人民法院对票据法施行以前已经作出终审裁决的票据纠纷案件进行再审，不适用票据法。

十、法律责任

第六十六条 具有下列情形之一的票据，未经背书转让的，票据债务人不承担票据责任；已经背书转让的，票据无效不影响其他真实签章的效力：

（一）出票人签章不真实的；

（二）出票人为无民事行为能力人的；

（三）出票人为限制民事行为能力人的。

第六十七条 依照票据法第十四条、第一百零三条、第一百零四条的规定，伪造、变造票据者除应当依法承担刑事、行政责任外，给他人造成损失的，还应当承担民事赔偿责任。被伪造签章者不承担票据责任。

第六十八条 对票据未记载事项或者未完全记载事项作补充记载，补充事项超出授权范围的，出票人对补充后的票据应当承担票据责任。给他人造成损失的，出票人还应当承担相应的民事责任。

第六十九条 付款人或者代理付款人未能识别出伪造、变造的票据或者身份证件而错误付款，属于票据法第五十七条规定的"重大过失"，给持票人造成损失的，应当依法承担民事责任。付款人或者代理付款人承担责任后有权向伪造者、变造者依法追偿。

持票人有过错的，也应当承担相应的民事责任。

第七十条 付款人及其代理付款人有下列情形之一的，应当自行承担责任：

（一）未依照票据法第五十七条的规定对提示付款人的合法身份证明或者有效证件以及汇票背书的连续性履行审查义务而错误付款的；

（二）公示催告期间对公示催告的票据付款的；

（三）收到人民法院的止付通知后付款的；

（四）其他以恶意或者重大过失付款的。

第七十一条 票据法第六十三条所称"其他有关证明"是指：

（一）人民法院出具的宣告承兑人、付款人失踪或者死亡的证明、法律文书；

（二）公安机关出具的承兑人、付款人逃匿或者下落不明的证明；

（三）医院或者有关单位出具的承兑人、付款人死亡的证明；

（四）公证机构出具的具有拒绝证明效力的文书。

第七十二条 当事人因申请票据保全错误而给他人造成损失的，应当依法承担民事责任。

第七十三条 因出票人签发空头支票、与其预留本名的签名式样或者印鉴不符的支票给他人造成损失的，支票的出票人和背书人应当依法承担民事责任。

第七十四条 人民法院在审理票据纠纷案件时，发现与本案有牵连但不属同一法律关系的票据欺诈犯罪嫌疑线索的，应当及时将犯罪嫌疑线索提供给有关公安机关，但票据纠纷案件不应因此而中止审理。

第七十五条 依照票据法第一百零五条的规定，由于金融机构工作人员在票据业务中玩忽职守，对违反票据法规定的票据予以承兑、付款、贴现或者保证，给当事人造成损失的，由该金融机构与直接责任人员依法承担连带责任。

第七十六条 依照票据法第一百零七条的规定，由于出票人制作票据，或者其他票据债务人未按照法定条件在票据上签章，给他人造成损失的，除应当按照所记载事项承担票据责任外，还应当承担相应的民事责任。

持票人明知或者应当知道前款情形而接受的，可以适当减轻出票人或者票据债务人的责任。

调整前后的票据、结算凭证种类对比表

调整前的票据与结算凭证种类	调整后的票据与结算凭证种类
1. 银行汇票申请书； 2. 银行汇票； 3. 粘单； 4. 挂失止付通知书； 5. 银行汇票挂失电报格式； 6. 商业承兑汇票； 7. 银行承兑汇票； 8. 银行承兑协议； 9. 贴现凭证； 10. 不定额本票； 11. 定额本票； 12. 转账支票； 13. 进账单（二联式）； 14. 进账单（三联式）； 15. 现金支票； 16. 支票（普通支票）； 17. ××卡汇计单； 18. ××卡签购单； 19. ××卡取现单； 20. ××卡存款单； 21. ××卡转账单； 22. 信汇凭证； 23. 电汇凭证； 24. 支付结算通知查询查复书； 25. 银行承兑汇票查询（复）书； 26. 托收承付凭证（邮划）； 27. 托收承付凭证（电划）； 28. 应付款项证明单； 29. 拒绝付款理由书； 30. 委托收款凭证（委邮）； 31. 委托收款凭证（委电）。	1. 银行汇票； 2. 粘单； 3. 商业承兑汇票； 4. 银行承兑汇票； 5. 本票（不定额）； 6. 转账支票； 7. 现金支票； 8. 支票（普通支票）； 9. 进账单； 10. 信汇凭证； 11. 电汇凭证； 12. 支付结算通知查询查复书； 13. 银行承兑汇票查询（复）书； 14. 托收凭证； 15. 拒绝付款理由书。

附件2

调整后的票据、结算凭证附式及说明

(附式一)银行汇票

××银行

银行汇票（卡 片） 1

汇票号码

付款期限 壹个月

出票日期（大写） 年 月 日	代理付款行：	行号：
收款人：	账号：	
出票金额 人民币（大写）		

实际结算金额 人民币（大写）	千	百	十	万	千	百	十	元	角	分

申请人：________ 账号：________

出票行：________ 行号：________

备 注：________

复核 经办

复核 记账

此联出票行结清汇票时作汇出汇款借方凭证

10×17.5cm（白纸黑油墨）

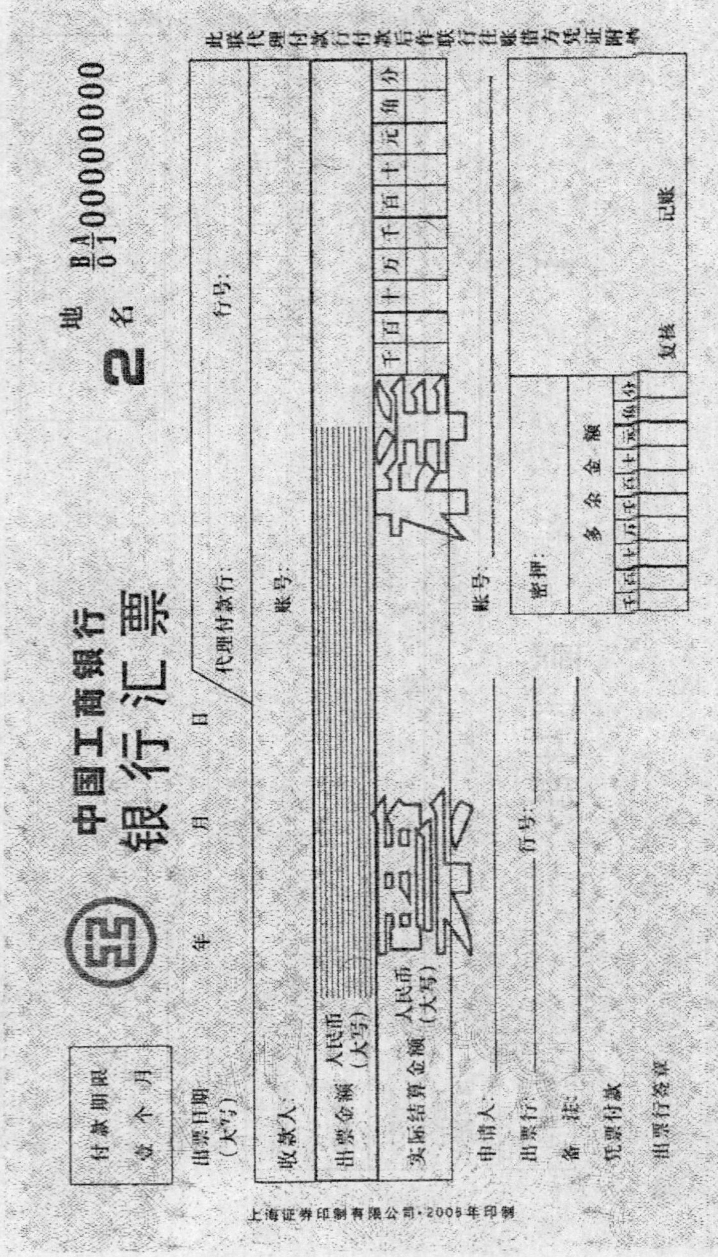
付款期限
壹个月

中国工商银行
银行汇票 2 地名 $\frac{BA}{01}$00000000

出票日期（大写） 年 月 日 代理付款行： 行号：

收款人： 账号：

出票金额 人民币（大写）

实际结算金额 人民币（大写） 千 百 十 万 千 百 十 元 角 分

申请人： 账号：

出票行： 行号：

备注：

凭票付款

出票行签章

密押：

多余金额 千 百 十 万 千 百 十 元 角 分

复核 记账

此联代理付款行付款后作联行往账借方凭证附件

上海证券印制有限公司·2005年印制

10×17.5cm（专用水印纸蓝油墨，出票金额栏加红水纹）

银行汇票第二联背面：

被背书人	被背书人
背书人签章 年　月　日	背书人签章 年　月　日

（贴粘单处）

持票人向银行
提示付款签章：

身份证件名称　　　　发证机关：

号码：

××银行

银行汇票 (解讫通知) 3

付款期限 壹个月

汇票号码

出票日期（大写） 年 月 日	代理付款行： 行号：										
收款人：	账号：										
出票金额 人民币（大写）											
实际结算金额 人民币（大写）		千	百	十	万	千	百	十	元	角	分

申请人：______ 账号：______

出票行：______ 行号：______

备　注：______

代理付款行签章

复核　　经办

密押：									
多余金额									
千	百	十	万	千	百	十	元	角	分

复核　　记账

此联代理付款行兑付后随报单寄出票行，由出票行作多余款贷方凭证

10×17.5cm (白纸红油墨，实际结算金额栏加红水纹)

××银行

付款期限
壹 个 月

银行汇票（多余款收账通知） 4

汇票号码

出票日期（大写） 年 月 日	代理付款行： 行号：										
收款人	账号										
出票金额 人民币（大写）											
实际结算金额 人民币（大写）		千	百	十	万	千	百	十	元	角	分

此联出票行结清多余款后交申请人

申请人：________ 账号：________

出票行：________ 行号：________

备　注：________

出票行签章

年 月 日

密押：										左列退回多余金额已收入你账户内
多余金额										
千	百	十	万	千	百	十	元	角	分	

10×17.5cm（白纸紫油墨）

说明：(1)取消所有联次右上角“第　号”字样；(2)取消第一、二联右下角会计分录、日期栏，取消第四联右下角“财务主管”；(3)申请人“账号或住址”栏改为“账号”；(4)第二、三、四联正面多余金额栏上方增加“密押”栏；(5)第二联背面背书栏由三栏调整为两栏，增加被背书人栏高度，调整“发证机关”栏位置，“证件号码”栏增加方格；(6)将第三、四联“代理付款行盖章”、“出票行盖章”改为“代理付款行签章”、“出票行签章”；(7)商业银行可根据需要在汇票号码前冠省名。

(附式二) 粘单

粘　单

被背书人	被背书人
背书人签章 年　月　日	背书人签章 年　月　日

8×15cm (白纸黑油墨)

说明：背书栏由三栏调整为两栏，增加被背书人栏高度。

（附式三）商业承兑汇票

商业承兑汇票（卡 片） 1

出票日期（大写） 年 月 日 汇票号码

<table>
<tr><td rowspan="3">付款人</td><td>全 称</td><td></td><td rowspan="3">收款人</td><td>全 称</td><td colspan="12"></td></tr>
<tr><td>账 号</td><td></td><td>账 号</td><td colspan="12"></td></tr>
<tr><td>开户银行</td><td></td><td>开户银行</td><td colspan="12"></td></tr>
<tr><td colspan="2" rowspan="2">出 票 金 额</td><td colspan="3" rowspan="2">人民币
（大写）</td><td>亿</td><td>千</td><td>百</td><td>十</td><td>万</td><td>千</td><td>百</td><td>十</td><td>元</td><td>角</td><td>分</td></tr>
<tr><td></td><td></td><td></td><td></td><td></td><td></td><td></td><td></td><td></td><td></td><td></td></tr>
<tr><td colspan="2">汇票到期日
（大写）</td><td></td><td rowspan="2">付款人
开户行</td><td>行号</td><td colspan="12"></td></tr>
<tr><td colspan="2">交易合同号码</td><td></td><td>地址</td><td colspan="12"></td></tr>
<tr><td colspan="3">出票人签章</td><td colspan="14">备注：</td></tr>
</table>

此联承兑人留存

10×17.5cm（白纸黑油墨）

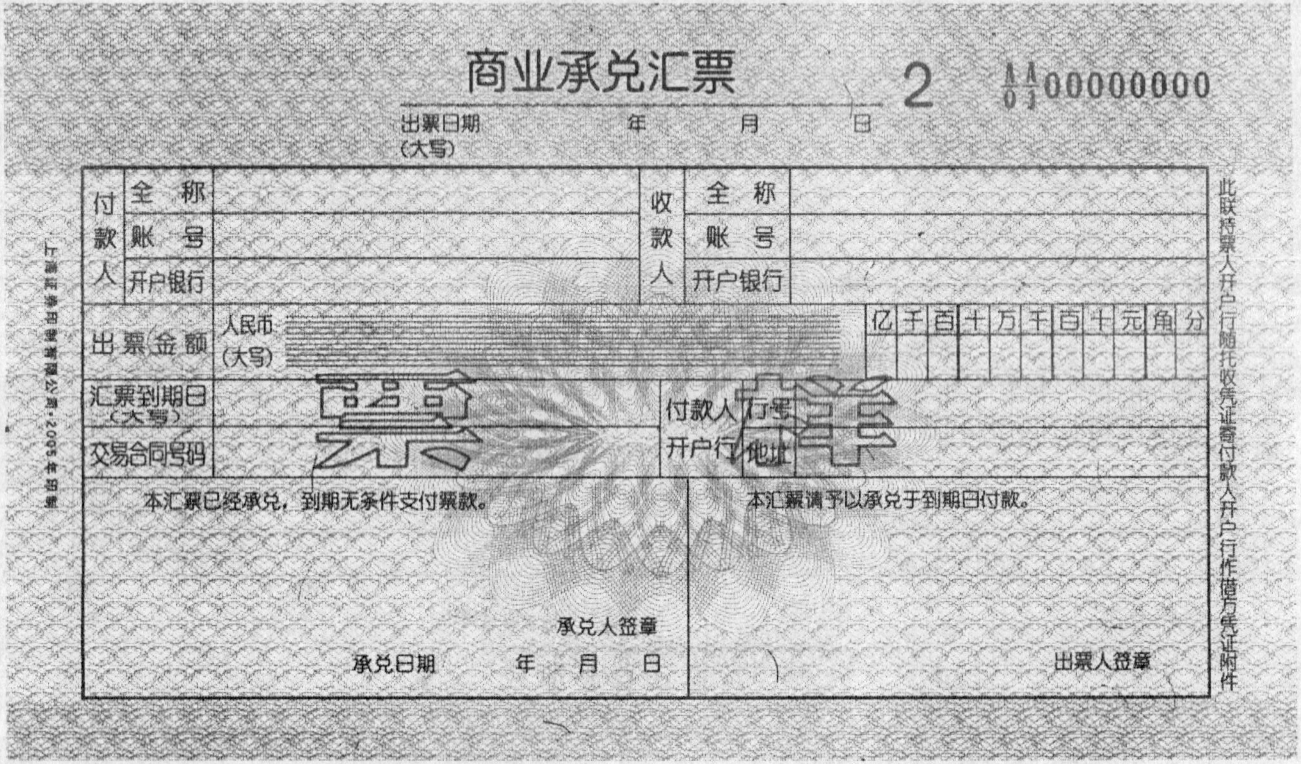

商业承兑汇票　2　$\frac{AA}{0\,1}$00000000

出票日期（大写）　年　月　日

付款人	全称		收款人	全称	
	账号			账号	
	开户银行			开户银行	
出票金额	人民币（大写）		亿 千 百 十 万 千 百 十 元 角 分		
汇票到期日（大写）			付款人开户行	行号	
交易合同号码				地址	

本汇票已经承兑，到期无条件支付票款。

承兑人签章

承兑日期　年　月　日

本汇票请予以承兑于到期日付款。

出票人签章

此联持票人开户行随托收凭证寄付款人开户行作借方凭证附件

上海证券印制有限公司·2005年印制

10×17.5cm（专用水印纸蓝油墨，出票金额栏加红水纹）

商业承兑汇票第二联背面：

被背书人	被背书人	（贴粘单处）
背书人签章 年 月 日	背书人签章 年 月 日	

商业承兑汇票（存　根）　3

出票日期（大写）　　年　　月　　日　　　　汇票号码

付款人	全　称		收款人	全　称	
	账　号			账　号	
	开户银行			开户银行	
出票金额	人民币（大写）				亿 千 百 十 万 千 百 十 元 角 分
汇票到期日（大写）			付款人开户行	行号	
交易合同号码				地址	
备注：					

此联由出票人存查

10×17.5cm（白纸黑油墨）

说明：(1)取消所有联次右上角“第　号”字样；(2)取消收款人开户银行的行号；(3)将“付款人开户银行行号”栏移至“小写金额”栏下方，并相应修改为“付款人开户行：行号及地址”；(4)将“交易合同号码”栏移至“汇票到期日”栏的下方；(5)小写金额栏增加亿元位；(6)“汇票到期日”下方增加“大写”字样；(7)第二联背面背书栏由三栏缩减为两栏，增加被背书人栏高度；(8)将第二联右侧的旁注改为“此联持票人开户行随托收凭证寄付款人开户行作借方凭证附件”。

(附式四) 银行承兑汇票

银行承兑汇票（卡片） 1

出票日期（大写）　　年　　月　　日　　　　汇票号码

<table>
<tr><td>出票人全称</td><td></td><td rowspan="3">收款人</td><td>全　称</td><td colspan="11"></td></tr>
<tr><td>出票人账号</td><td></td><td>账　号</td><td colspan="11"></td></tr>
<tr><td>付款行全称</td><td></td><td>开户银行</td><td colspan="11"></td></tr>
<tr><td rowspan="2">出票金额</td><td colspan="3" rowspan="2">人民币
(大写)</td><td>亿</td><td>千</td><td>百</td><td>十</td><td>万</td><td>千</td><td>百</td><td>十</td><td>元</td><td>角</td><td>分</td></tr>
<tr><td></td><td></td><td></td><td></td><td></td><td></td><td></td><td></td><td></td><td></td><td></td></tr>
<tr><td>汇票到期日
(大写)</td><td></td><td rowspan="2">付款行</td><td>行号</td><td colspan="11"></td></tr>
<tr><td>承兑协议编号</td><td></td><td>地址</td><td colspan="11"></td></tr>
<tr><td colspan="2">本汇票请你行承兑，此项汇票款我单位按承兑协议于到期日前足额交存你行，到期请予以支付。

出票人签章</td><td colspan="2">备注：</td><td colspan="11">复核　　记账</td></tr>
</table>

此联承兑行留存备查，到期支付票款时作借方凭证附件

10×17.5cm (白纸黑油墨)

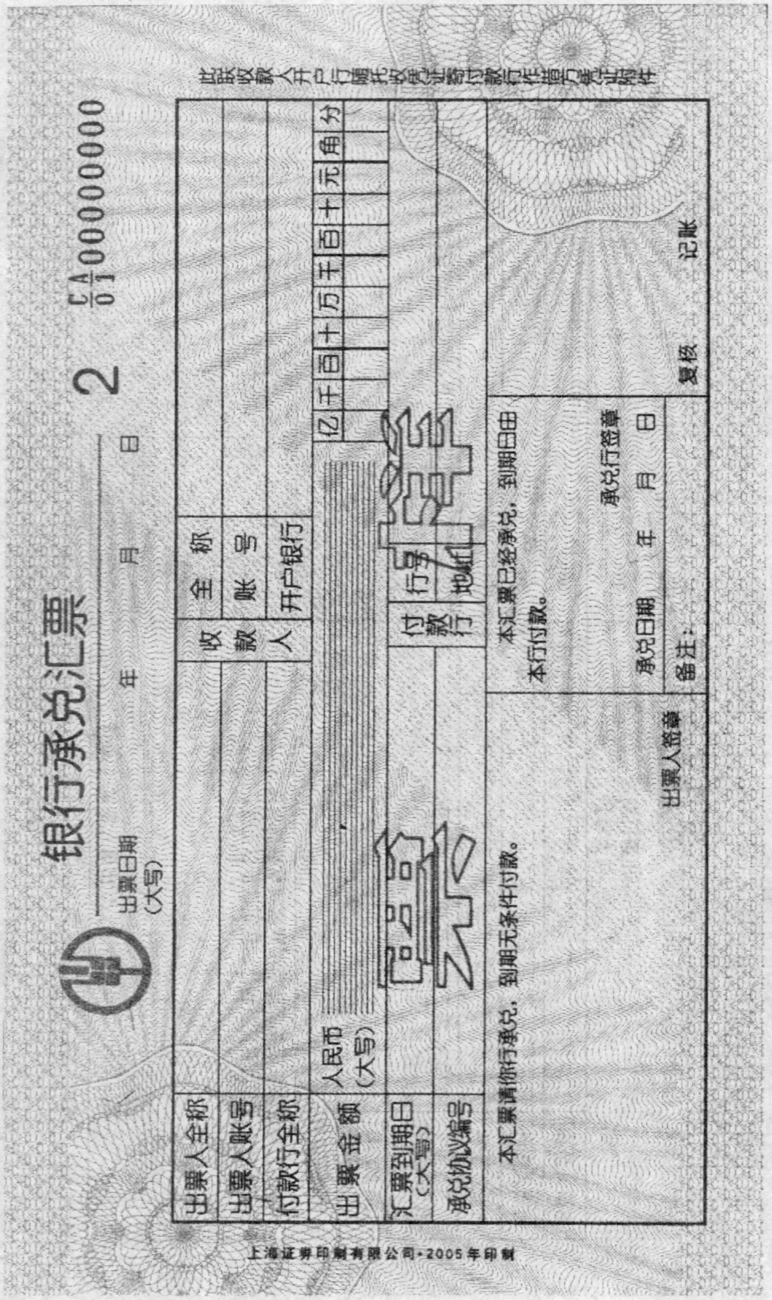

银行承兑汇票 2 $\frac{CA}{01}$ 00000000

出票日期（大写） 年 月 日

出票人全称		收款人	全称	
出票人账号			账号	
付款行全称			开户银行	
出票金额	人民币（大写）			亿 千 百 十 万 千 百 十 元 角 分
汇票到期日（大写）		付款行	行号	
承兑协议编号			地址	
本汇票请你行承兑，到期无条件付款。 出票人签章		本汇票已经承兑，到期日由本行付款。 承兑行签章 承兑日期 年 月 日 备注：		复核 记账

此联收款人开户行随托收凭证寄付款行作借方凭证附件

上海证券印制有限公司·2005年印制

10×17.5cm（专用水印纸蓝油墨，出票金额栏加红水纹）

银行承兑汇票第二联背面：

被背书人	被背书人
背书人签章 年 月 日	背书人签章 年 月 日

（贴粘单处）

银行承兑汇票（存　根）　3

出票日期（大写）　　年　　月　　日　　　　汇票号码

出票人全称		收款人	全　称	
出票人账号			账　号	
付款行全称			开户银行	
出 票 金 额	人民币（大写）			亿 千 百 十 万 千 百 十 元 角 分
汇票到期日（大写）		付款行	行号	
承兑协议编号			地址	
	备注：			

此联由出票人存查

10×17.5cm（白纸黑油墨）

说明：(1)取消所有联次右上角“第　号”字样；(2) 取消第一、二联右下角会计分录、转账日期；(3)取消第一、二联“出票人签章”下方的“年　月　日”字样；(4)取消“收款人开户银行行号”栏，将付款行行号移至“小写金额”栏下方，并相应修改为“付款行：行号及地址”；(5)将“承兑协议编号”栏移至“汇票到期日”栏下方；(6)小写金额栏增加亿元位；(7)“汇票到期日”下方增加“(大写)”字样；(8)将所有联次“收款人：开户行”修改为“收款人：开户银行”；(9)第二联背面背书栏由三栏调整为两栏，增加被背书人栏高度；(10)将第二联右侧旁注修改为“此联收款人开户行随托收凭证寄付款行作借方凭证附件”。

(附式五)本票(不定额)

付款期限 × 个 月	××银行 **本　票**（卡片）　1 出票日期（大写）　年　月　日	地名　本票号码

收款人：	申请人：
凭票即付　人民币（大写）	

转 账	现 金		
备注：			出纳　复核　经办

此联出票行留存，结清本票时作借方凭证附件

8×17cm (白纸红油墨)

付款期限
贰个月

中国建设银行
本票 2
地名 EB/03 00000000

出票日期（大写） 年 月 日

收款人：

申请人：

凭票即付 人民币（大写）

转账 现金

备注：

出票行签章

出纳 复核 经办

此联出票行结清本票时作借方凭证

西安西钞证券印制有限责任公司・2005年印制

8×17cm（专用水印纸蓝油墨）

本票第二联背面：

被背书人	被背书人
背书人签章 年　月　日	背书人签章 年　月　日
持票人向银行 提示付款签章：	身份证件名称：　　发证机关： 号码

（贴粘单处）

说明：(1)取消所有联次右上角“第　号”字样；(2)取消第二联右下角会计分录、付款日期；(3)在“收款人”栏右侧增加本票申请人名称；(4)第二联背面背书栏由三栏调整为两栏，调整“发证机关”栏位置，“证件号码”栏后增加方格，增加被背书人栏高度。

（附式六）转账支票

转账支票正面

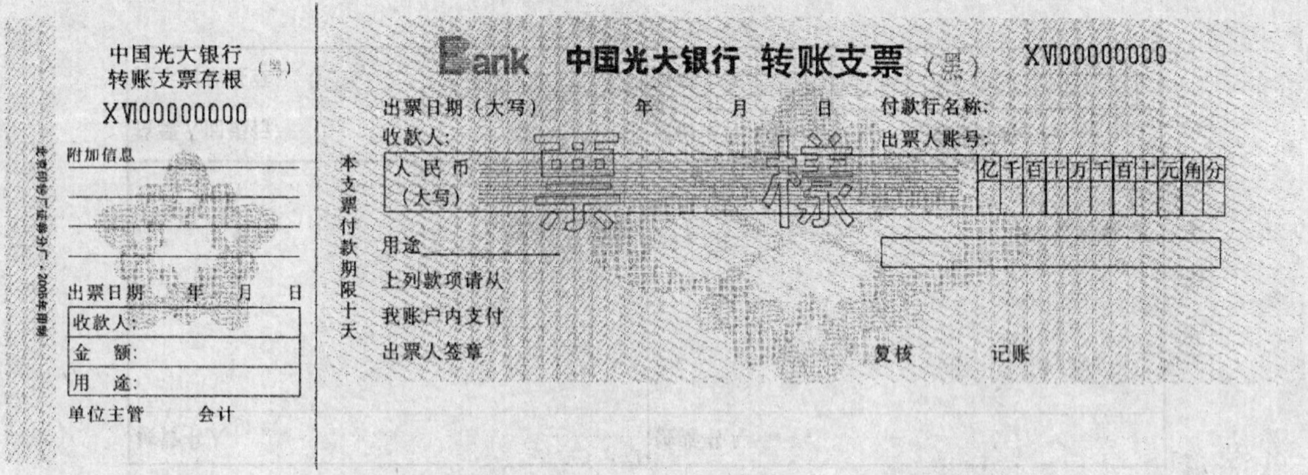

中国光大银行
转账支票存根（黑）
XⅥ00000000
附加信息
出票日期　年　月　日
收款人：
金　额：
用　途：
单位主管　会计

北京印钞厂证券分厂·2005年印制

Bank　中国光大银行　转账支票（黑）　XⅥ00000000

本支票付款期限十天

出票日期（大写）　年　月　日　付款行名称：
收款人：　出票人账号：

人民币（大写）	亿	千	百	十	万	千	百	十	元	角	分

用途
上列款项请从
我账户内支付
出票人签章　复核　记账

8×22.5cm 正联共17cm（底纹按行别分色，大写金额栏加红水纹）

转账支票背面(正联部分)

<table>
<tr><td rowspan="2">附加信息：</td><td>被背书人</td><td rowspan="2">（贴粘单处）</td></tr>
<tr><td>背书人签章
年　月　日</td></tr>
</table>

北京印钞厂证券分厂 · 2005年印制

说明：(1)取消支票正面右下角会计分录、转账日期内容；(2)小写金额栏下方增加空格栏，采用支付密码的，可在此记载支付密码；(3)取消支票存根会计分录内容，空白处增加“附加信息”；(4)支票背面背书栏由两栏调整为一栏，左方设置“附加信息”栏，增加被背书人栏高度。

（附式七）现金支票

现金支票正面

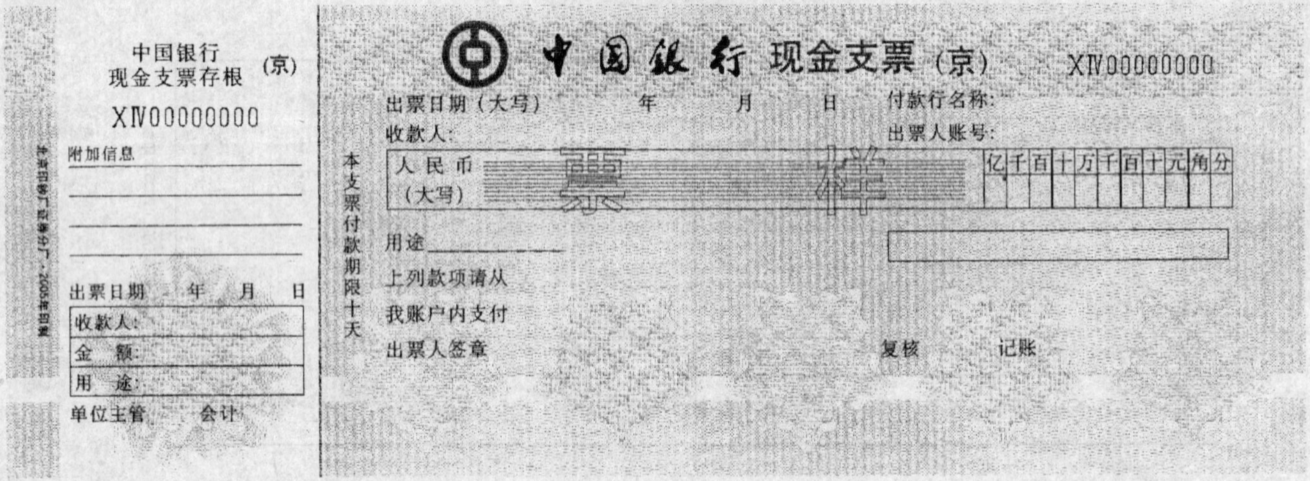

中国银行
现金支票存根 (京)
XⅣ00000000
附加信息
出票日期 年 月 日
收款人:
金 额:
用 途:
单位主管 会计
中国银行 现金支票（京） XⅣ00000000
出票日期（大写） 年 月 日
付款行名称:
收款人:
出票人账号:
本支票付款期限十天
人民币（大写）
亿 千 百 十 万 千 百 十 元 角 分
票样
用途
上列款项请从
我账户内支付
出票人签章
复核
记账

8×22.5cm 正联共17cm（底纹按行别分色，大写金额栏加红水纹）

现金支票背面（正联部分）

附加信息：	收款人签章 年　月　日
	身份证件名称：　　　发证机关：
	号码

（贴粘单处）

北京印钞厂证券分厂·2005年印制

说明：(1)取消支票正面右下角会计分录、付讫日期内容；(2)小写金额栏下方增加空格栏，采用支付密码的，可在此记载支付密码；(3)取消支票存根会计分录内容，空白处增加“附加信息”；(4)取消支票正面右下角“贴对号单处”及“出纳、对号单”栏；(5)支票背面取消付款券别登记栏，左方设置“附加信息”栏，右方调整“收款人签章”位置，并增加“年　月　日”内容，增加“身份证件名称、号码、发证机关”内容。

(附式八）支票（普通支票）

支票正面

农村信用合作社支票存根（粤）

GC 02 00000000

附加信息

出票日期　年　月　日

收款人：

金　额：

用　途：

单位主管　会计

深圳光华印制有限公司·2005年印制

农村信用合作社 支票 （粤） GC 02 00000000

出票日期(大写)　年　月　日　付款行名称：

收款人：　出票人账号：

本支票付款期限十天

人民币（大写）

亿	千	百	十	万	千	百	十	元	角	分

用途

上列款项请从

我账户内支付

出票人签章

票样

复核　记账

8×22.5cm 止联共17cm（底纹按行别分色，大写金额栏加红水纹）

支票背面（正联部分）

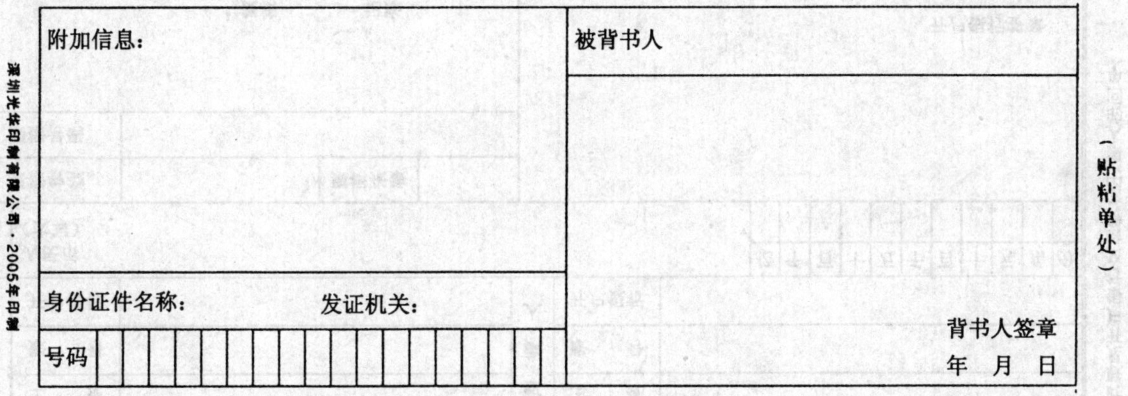

说明：(1)取消支票正面右下角会计分录、转账日期内容；(2)小写金额栏下方增加空格栏，采用支付密码的，可在此记载支付密码；(3)取消支票存根会计分录内容，空白处增加“附加信息”；(4)支票背面背书栏由两栏调整为一栏，左方设置“附加信息”栏，增加被背书人栏高度，增加“身份证件名称、号码、发证机关”内容。

(附式九)进账单

××银行 进账单 (回 单) 1

年 月 日

<table>
<tr><td rowspan="3">出票人</td><td>全　称</td><td></td><td rowspan="3">收款人</td><td>全　称</td><td colspan="11"></td></tr>
<tr><td>账　号</td><td></td><td>账　号</td><td colspan="11"></td></tr>
<tr><td>开户银行</td><td></td><td>开户银行</td><td colspan="11"></td></tr>
<tr><td rowspan="2">金额</td><td colspan="4" rowspan="2">人民币
(大写)</td><td>亿</td><td>千</td><td>百</td><td>十</td><td>万</td><td>千</td><td>百</td><td>十</td><td>元</td><td>角</td><td>分</td></tr>
<tr><td></td><td></td><td></td><td></td><td></td><td></td><td></td><td></td><td></td><td></td><td></td></tr>
<tr><td>票据种类</td><td></td><td>票据张数</td><td></td><td colspan="12" rowspan="3">开户银行签章</td></tr>
<tr><td>票据号码</td><td colspan="3"></td></tr>
<tr><td colspan="4">复核　　记账</td></tr>
</table>

此联是开户银行交给持(出)票人的回单

8.5×17.5cm(白纸黑油墨)

××银行 进账单 （贷方凭证） 2

年　　月　　日

<table>
<tr><td rowspan="3">出票人</td><td>全　称</td><td colspan="2"></td><td rowspan="3">收款人</td><td>全　称</td><td colspan="11"></td></tr>
<tr><td>账　号</td><td colspan="2"></td><td>账　号</td><td colspan="11"></td></tr>
<tr><td>开户银行</td><td colspan="2"></td><td>开户银行</td><td colspan="11"></td></tr>
<tr><td rowspan="2">金额</td><td rowspan="2">人民币
大写</td><td rowspan="2" colspan="4"></td><td>亿</td><td>千</td><td>百</td><td>十</td><td>万</td><td>千</td><td>百</td><td>十</td><td>元</td><td>角</td><td>分</td></tr>
<tr><td></td><td></td><td></td><td></td><td></td><td></td><td></td><td></td><td></td><td></td><td></td></tr>
<tr><td colspan="2">票据种类</td><td></td><td>票据张数</td><td colspan="13" rowspan="3">

复核　　　　记账</td></tr>
<tr><td colspan="2">票据号码</td><td colspan="2"></td></tr>
<tr><td colspan="4">备注：</td></tr>
</table>

此联由收款人开户银行作贷方凭证

8.5×17.5cm (白纸红油墨)

××银行 进账单 （收账通知） 3

年 月 日

出票人	全 称		收款人	全 称	
	账 号			账 号	
	开户银行			开户银行	
金额	人民币（大写）				亿 千 百 十 万 千 百 十 元 角 分
票据种类		票据张数			
票据号码					
复核 记账				收款人开户银行签章	

此联是收款人开户银行交给收款人的收账通知

8.5×17.5cm（白纸黑油墨）

说明：(1)取消所有联次右上角“第 号”字样；(2)取消第一、三联左下角“单位主管、会计”内容；(3)小写金额栏增加亿元位；(4)所有联次“人民币(大写)”栏左侧增加‘金额’字样；(5)将所有联次“票据张数”栏调整到“票据种类”栏右方，并在下方增加“票据号码”栏；(6)第一联右下角修改为“开户银行签章”，第三联右下角修改为“收款人开户银行签章”。

（附式十）信汇凭证

××银行　　信汇凭证（回　单）　　1

委托日期　　年　　月　　日

汇款人	全　称		收款人	全　称	
	账　号			账　号	
	汇出地点	省　　市/县		汇入地点	省　　市/县
汇出行名称			汇入行名称		
金额	人民币（大写）				亿 千 百 十 万 千 百 十 元 角 分
			支付密码		
			附加信息及用途：		
汇出行签章			复核　　记账		

此联汇出行给汇款人的回单

8.5×17.5cm（白纸黑油墨）

××银行　　信汇凭证（借方凭证）　　2

委托日期　　年　　月　　日

<table>
<tr><td rowspan="3">汇款人</td><td>全　称</td><td colspan="2"></td><td rowspan="3">收款人</td><td>全　称</td><td colspan="2"></td></tr>
<tr><td>账　号</td><td colspan="2"></td><td>账　号</td><td colspan="2"></td></tr>
<tr><td>汇出地点</td><td>省</td><td>市／县</td><td>汇入地点</td><td>省</td><td>市／县</td></tr>
<tr><td colspan="2">汇出行名称</td><td colspan="2"></td><td colspan="2">汇入行名称</td><td colspan="2"></td></tr>
<tr><td>金额</td><td>人民币
（大写）</td><td colspan="4"></td><td colspan="2">亿 千 百 十 万 千 百 十 元 角 分</td></tr>
<tr><td colspan="4" rowspan="2">此汇款支付给收款人。

汇款人签章</td><td>支付密码</td><td colspan="3"></td></tr>
<tr><td colspan="4">附加信息及用途：

复核　　记账</td></tr>
</table>

此联汇出行作借方凭证

8.5×17.5cm (白纸蓝油墨)

××银行　　信汇凭证（贷方凭证）　　3

委托日期　　年　　月　　日

<table>
<tr><td rowspan="3">汇款人</td><td>全　称</td><td colspan="2"></td><td rowspan="3">收款人</td><td>全　称</td><td colspan="11"></td></tr>
<tr><td>账　号</td><td colspan="2"></td><td>账　号</td><td colspan="11"></td></tr>
<tr><td>汇出地点</td><td colspan="2">省　　市／县</td><td>汇入地点</td><td colspan="11">省　　市／县</td></tr>
<tr><td colspan="2">汇出行名称</td><td colspan="2"></td><td colspan="2">汇入行名称</td><td colspan="11"></td></tr>
<tr><td rowspan="2">金额</td><td rowspan="2" colspan="5">人民币
（大写）</td><td>亿</td><td>千</td><td>百</td><td>十</td><td>万</td><td>千</td><td>百</td><td>十</td><td>元</td><td>角</td><td>分</td></tr>
<tr><td></td><td></td><td></td><td></td><td></td><td></td><td></td><td></td><td></td><td></td><td></td></tr>
<tr><td colspan="3" rowspan="2"></td><td colspan="2">支付密码</td><td colspan="12"></td></tr>
<tr><td colspan="14">附加信息及用途：

复核　　记账</td></tr>
</table>

此联汇入行作贷方凭证

8.5×17.5cm（白纸红油墨）

××银行　　信汇凭证（收账通知）　　4

委托日期　　年　　月　　日

汇款人	全　称		收款人	全　称	
	账　号			账　号	
	汇出地点	省　　市／县		汇入地点	省　　市／县
汇出行名称			汇入行名称		
金额	人民币（大写）				亿 千 百 十 万 千 百 十 元 角 分
款项已收入收款人账户。 汇入行签章			支付密码		
			附加信息及用途： 复核　　记账		

此联给收款人的收账通知

8.5×17.5cm（白纸紫油墨）

说明：(1)取消所有联次右上角“第　号”字样；(2)小写金额栏增加亿元位；(3)小写金额栏下方增加“支付密码”栏；(4)“汇出行名称”与“汇入行名称”栏另起一行；(5)调整第一联“汇出行盖章”栏的位置，并修改为“汇出行签章”；(6)所有联次不设会计分录，凭证右下方空白处作为“附加信息及用途”填写栏；(7)取消第一联“单位主管　会计”内容，“复核　记账”移至凭证右下角；(8)将第四联“汇入行盖章”字样修改为“汇入行签章”，取消“汇入行签章”下方的“年　月　日”字样；(9)取消第三、四联“应解汇款编号”；(10)取消第四联“收款人盖章”栏及“留行待取预留收款人印鉴”。

(附式十一）电汇凭证

××银行　　电汇凭证（回　单）　　1

□普通　□加急　　　委托日期　　年　　月　　日

汇款人	全　称		收款人	全　称	
	账　号			账　号	
	汇出地点	省　　市／县		汇入地点	省　　市／县
汇出行名称			汇入行名称		
金额	人民币（大写）				亿 千 百 十 万 千 百 十 元 角 分
			支付密码		
			附加信息及用途：		
		汇出行签章	复核　　记账		

此联汇出行给汇款人的回单

8.5×17.5cm（白纸黑油墨）

××银行　　电汇凭证（借方凭证）　　2

□普通　□加急　　　　委托日期　　年　　月　　日

汇款人	全称		收款人	全称		
	账号			账号		
	汇出地点	省　　市／县		汇入地点	省　　市／县	
汇出行名称			汇入行名称			
金额	人民币（大写）				亿 千 百 十 万 千 百 十 元 角 分	
此汇款支付给收款人。 汇款人签章			支付密码			
			附加信息及用途： 复核　　记账			

此联汇出行作借方凭证

8.5×17.5cm（白纸蓝油墨）

××银行　　电汇凭证　（汇款依据）　　3

□普通　□加急　　　　委托日期　　年　　月　　日

汇款人	全　称		收款人	全　称		
	账　号			账　号		
	汇出地点	省　　市／县		汇入地点	省　　市／县	
汇出行名称			汇入行名称			
金额	人民币（大写）				亿 千 百 十 万 千 百 十 元 角 分	
			支付密码			
			附加信息及用途：			
					复核　　记账	

此联汇出行凭以汇出汇款

8.5×17.5cm（白纸紫油墨）

说明：(1)取消所有联次右上角“第　号”字样；(2)小写金额栏增加亿元位；(3)小写金额栏下方增设“支付密码”栏；(4)凭证左上方增设“普通”与“加急”选项；(5)“汇出行名称”、“汇入行名称”栏另起一行；(6)调整第一联“汇出行盖章”栏的位置，并修改为“汇出行签章”；(7)所有联次不设会计分录，凭证右下方空白处作为“附加信息及用途”填写栏；(8)取消第一联“单位主管　会计”内容，“复核　记账”移至凭证右下角；(9)第三联“发电依据”修改为“汇款依据”，右侧旁注修改为“此联汇出行凭以汇出汇款”。

（附式十二）支付结算通知查询查复书

支付结算通知/查询查复书（第　联）

主送：

抄送　　　　填发日期　　年　　月　　日

结算种类		凭证号码	
凭证日期		凭证金额	
付款人名称		收款人名称	
付款人账号		收款人账号	
通知（或查询查复）事由： 填发银行签章 复核　　经办			

说明：本联作支付结算通知书时，将“查询查复”字样划去；作查询书时，将“通知”、“查复”字样划去；作查复书时，将“通知”、“查询”字样划去。

8.5×17.5cm（白纸黑油墨）

说明：(1)取消凭证右下角会计分录、转账日期内容，凭证下方全部作为“通知(或查询查复)事由”栏；(2)增加付款人账号，收款人账号。

（附式十三）银行承兑汇票查询（复）书

银行承兑汇票查询（复）书（第　联）

行：

你行　　年　　月　　日承兑的号码为　　　　的银行承兑汇票，票面主要记载事项为：

出票日期		汇票到期日	
出票人全称		收款人全称	
付款行全称		汇票金额	
以上记载事项是否真实，请见此查询后，速查复。 查询行签章 经办人签章 查询日期　　年　　月　　日		1. 查询汇票记载事项与我行承兑的汇票记载内容一致。 2. 与我行承兑的汇票所不符的记载事项： 3. 其他： 查复行签章 经办人签章 查复日期　　年　　月　　日	

说明：查询查复书一式三联，一联查询行留存，一联送代理行作为查询依据，一联代理行作为查询结果回执。

8.5×17.5cm

说明：(1)取消出票日期栏中的“年　月　日”字样；(2)将“查询行：(盖章)”、“查复行：(盖章)”修改为“查询行签章”、“查复行签章”。

(附式十四)托收凭证

托收凭证 (受理回单)　　1

委托日期　　年　　月　　日

业务类型	委托收款（□邮划、□电划）　托收承付（□邮划、□电划）						
付款人	全称		收款人	全称			
	账号			账号			
	地址	省　市县　开户行		地址	省　市县　开户行		
金额	人民币（大写）			亿 千 百 十 万 千 百 十 元 角 分			
款项内容		托收凭据名称			附寄单证张数		
商品发运情况				合同名称号码			
备注： 复核　记账		款项收妥日期 年　月　日			收款人开户银行签章 年　月　日		

此联作收款人开户银行给收款人的受理回单

10×17.5cm (白纸蓝油墨)

托收凭证 （贷方凭证） 2

委托日期　　年　　月　　日

业务类型	委托收款（□邮划、□电划）　托收承付（□邮划、□电划）				
付款人 全称			收款人 全称		
付款人 账号			收款人 账号		
付款人 地址	省　市/县	开户行	收款人 地址	省　市/县	开户行
金额 人民币（大写）				亿 千 百 十 万 千 百 十 元 角 分	
款项内容		托收凭据名称		附寄单证张数	
商品发运情况			合同名称号码		
备注： 收款人开户银行收到日期 年　月　日	上列款项随附有关债务证明，请予办理。 收款人签章		复核　　记账		

此联收款人开户银行作贷方凭证

10×17.5cm (白纸红油墨)

托收凭证（借方凭证） 3

委托日期　　年　　月　　日　　　　付款期限　　年　　月　　日

业务类型	委托收款（□邮划、□电划）　托收承付（□邮划、□电划）					
付款人	全称		收款人	全称		
	账号			账号		
	地址	省　市县　开户行		地址	省　市县　开户行	
金额	人民币（大写）				亿 千 百 十 万 千 百 十 元 角 分	
款项内容		托收凭据名称			附寄单证张数	
商品发运情况				合同名称号码		
备注： 付款人开户银行收到日期 年　月　日		收款人开户银行签章 年　月　日			复核　　记账	

此联付款人开户银行作借方凭证

10×17.5cm (白纸黑油墨)

托收凭证（汇款依据或收账通知） 4

委托日期　　年　　月　　日

付款期限　　年　　月　　日

业务类型		委托收款（☐邮划、☐电划）			托收承付（☐邮划、☐电划）			
付款人	全称			收款人	全称			
	账号				账号			
	地址	省　　市/县	开户行		地址	省　　市/县	开户行	
金额	人民币（大写）					亿 千 百 十 万 千 百 十 元 角 分		
款项内容		托收凭据名称				附寄单证张数		
商品发运情况				合同名称号码				
备注： 复核　　记账		上列款项已划回收入你方账户内。 收款人开户银行签章 年　　月　　日						

此联付款人开户行凭以汇款或收款人开户银行作收账通知

10×17.5cm（白纸紫油墨）

托收凭证 （付款通知） 5

委托日期　　年　　月　　日　　　　付款期限　　年　　月　　日

业务类型	委托收款（☐邮划、☐电划）　托收承付（☐邮划、☐电划）							
付款人	全称			收款人	全称			
	账号				账号			
	地址	省　市县	开户行		地址	省　市县	开户行	
金额	人民币（大写）					亿 千 百 十 万 千 百 十 元 角 分		
款项内容		托收凭据名称				附寄单证张数		
商品发运情况				合同名称号码				
备注： 付款人开户银行收到日期 年　月　日 复核　　记账		付款人开户银行签章 年　月　日		付款人注意： 1. 根据支付结算办法，上列委托收款（托收承付）款项在付款期限内未提出拒付，即视为同意付款，以此代付款通知。 2. 如需提出全部或部分拒付，应在规定期限内，将拒付理由书并附债务证明退交开户银行。				

此联付款人开户银行给付款人按期付款通知

10×17.5cm (白纸绿油墨)

说明：将委托收款(委邮)、委托收款(委电)、托收承付(邮划)、托收承付(电划)凭证进行合并。

（附式十五）拒付理由书

托收承付/委托收款 结算 全部/部分 拒绝付款理由书（回单或付款通知） **1**

拒付日期　　年　月　日　　　　原托收号码

付款人	全　称		收款人	全　称	
	账　号			账　号	
	开户银行			开户银行	

					亿	千	百	十	万	千	百	十	元	角	分
托收金额		拒付金额		部分付款金额											

附寄单证	张	部分付款金额（大写）	

拒付理由：	付款人签章

此联银行给付款人的回单或付款通知

10×17.5cm（白纸黑油墨）

托收承付 委托收款 结算 全部 部分 拒绝付款理由书 （借方凭证） **2**

拒付日期　　年　　月　　日　　　　原托收号码：

<table>
<tr><td rowspan="3">付款人</td><td>全　称</td><td colspan="3"></td><td rowspan="3">收款人</td><td>全　称</td><td colspan="2"></td></tr>
<tr><td>账　号</td><td colspan="3"></td><td>账　号</td><td colspan="2"></td></tr>
<tr><td>开户银行</td><td colspan="3"></td><td>开户银行</td><td colspan="2"></td></tr>
<tr><td>托收金额</td><td></td><td>拒付金额</td><td colspan="3"></td><td>部分付款金额</td><td>亿 千 百 十 万 千 百 十 元 角 分</td></tr>
<tr><td>附寄单证</td><td>张</td><td>部分付款金额（大写）</td><td colspan="6"></td></tr>
<tr><td colspan="4">拒付理由：

付款人签章</td><td colspan="5">
复核　记账</td></tr>
</table>

此联银行作借方凭证或存查

10×17.5cm (白纸蓝油墨)

托收承付/委托收款 结算 全部/部分 拒绝付款理由书 （贷方凭证）　**3**

拒付日期　　年　　月　　日　　　　原托收号码：

付款人	全　称		收款人	全　称	
	账　号			账　号	
	开户银行			开户银行	

托收金额		拒付金额		部分付款金额	亿	千	百	十	万	千	百	十	元	角	分

附寄单证	张	部分付款金额（大写）	

拒付理由： 付款人签章	复核　　记账

此联银行作贷方凭证或存查

10×17.5cm (白纸红油墨)

托收承付/委托收款 结算 全部/部分 拒绝付款理由书（代通知或收账通知） **4**

拒付日期　　年　　月　　日　　　　原托收号码：

付款人	全称		收款人	全称	
	账号			账号	
	开户银行			开户银行	

					亿	千	百	十	万	千	百	十	元	角	分
托收金额		拒付金额		部分付款金额											

附寄单证	张	部分付款金额（大写）	

拒付理由： 付款人签章	

此联银行给收款人作收账通知或全部拒付通知书

10×17.5cm（白纸褐油墨）

说明：(1)取消付款人与收款人开户银行行号栏；(2)取消第二、三联右下角会计分录、转账日期内容；(3)小写金额栏增加亿元位。

主要参考文献

[1] 蔡玉明．票据法与律师票据业务．北京：人民法院出版社，1997.
[2] 陈天表．票据通论．北京：商务印书馆，1937.
[3] 董安生．票据法．北京：中国人民大学出版社，2000.
[4] 范建．商法．第三版．北京：高等教育出版社、北京大学出版社，2006.
[5] 高子才．票据法实务研究．北京：中国法制出版社，2005.
[6] 顾功耘．商法学教程．上海人民出版社、北京大学出版社，2006.
[7] 郭泽华．论票据权利的善意取得．载梁慧星主编《民商法论丛》第11卷．北京：法律出版社1999.
[8] 胡德胜，李文良．中国票据制度研究．北京：北京大学出版社，2005.
[9] 梁宇贤．票据法理论与适用，台湾：台湾五南图书出版公司，1980.
[10] 梁宇贤著．票据法实例解说．修订新版．北京：中国人民大学出版社，2004.
[11] 梁宇贤．票据法新论．修订新版．北京：中国人民大学出版社，2004.
[12] 刘家琛．票据法原理与法律适用．北京：人民法院出版社，1996.
[13] 刘心稳．票据法．北京：中国政法大学出版社，2008.
[14] 吕来明．票据法基本制度评判．北京：中国法制出版社，2003.
[15] 吕来明．票据权利善意取得的适用．法学研究，1998（5）.
[16] [英] 施米托夫．国际贸易法文选．北京：中国大百科全书出版社，1995.
[17] 施天涛．商法学．北京：法律出版社，2003：686.
[18] 施文森．票据法新论．自版，1997年版.
[19] 施文森．票据法新论．台湾：台湾三民书局，1987.
[20] 汤玉枢．票据法原理．北京：中国检察出版社，2004.
[21] 王明锁．票据法学．北京：法律出版社，2007.
[22] 汪世虎．票据法律制度比较研究．北京：法律出版社，2003.
[23] 王小能．票据法教程．第二版．北京：北京大学出版社，2001.

[24] 王小能．中国票据法律制度研究．北京：北京大学出版社，1999.
[25] 谢怀栻．票据法概论．增订版．北京：法律出版社，2006.
[26] 邢海宝．票据法．北京：中国人民大学出版社，2004.
[27] 杨小强，孙晓萍主编．票据法．广州：中山大学出版社，2003.
[28] 于莹．票据法．第二版．北京：高等教育出版社，2008.
[29] 张文楚．票据法．武汉：华中科技大学出版社，2006.
[30] 张严方．论票据责任//王保树．商事法论集．第六卷．北京：法律出版社，2002.
[31] 赵万一．商法．第二版．北京：中国人民大学出版社，2006.
[32] 赵万一．商法学．北京：法律出版社，2006.
[33] 赵新华．票据法．长春：吉林人民出版社，1994.
[34] 赵旭东．新编商法案例教程．北京：中国民主法制出版社，2008.
[35] 赵威．国际票据法理论与实务．北京：中国政法大学出版社，1995.
[36] 赵威，赵一民．票据抗辩研究//梁慧星．民商法论丛．第10卷．北京：法律出版社，1998.
[37] 朱羿锟．商法学——原理、图解、实例．北京：北京大学出版社，2006.